2014年度
法治文学精选
（纪实文学）

代表本年度中国法治文学最高创作水平

一年一度的中国法治文学盛宴

打造再生之门的人

中国法学会法制文学研究会◎选编

群众出版社·北京

图书在版编目（CIP）数据

打造再生之门的人／中国法学会法制文学研究会编．—北京：群众出版社，2015.7

（2014 年度中国法治文学精选·纪实文学卷）

ISBN 978-7-5014-5363-4

Ⅰ.①生…　Ⅱ.①中…　Ⅲ.①纪实文学—作品集—中国—当代　Ⅳ.①I25

中国版本图书馆 CIP 数据核字（2015）第 128563 号

打造再生之门的人

中国法学会法制文学研究会　编

出版发行：群众出版社

地　　址：北京市丰台区方庄芳星园三区 15 号楼

邮政编码：100078

经　　销：新华书店

印　　刷：北京通天印刷有限责任公司

版　　次：2015 年 7 月第 1 版

印　　次：2015 年 7 月第 1 次

印　　张：8.25

开　　本：880 毫米×1230 毫米　1/32

字　　数：237 千字

书　　号：ISBN 978-7-5014-5363-4

定　　价：33.00 元

网　　址：www.qzcbs.com

电子邮箱：qzcbs@sohu.com

营销中心电话：010-83903254

读者服务部电话（门市）：010-83903257

警官读者俱乐部电话（网购、邮购）：010-83903253

文艺分社电话：010-83903973

出版说明

为了深入贯彻党的十八届四中全会精神和习近平总书记在2014年10月文艺座谈会上的重要讲话精神，切实担当起法治文化建设的重任，以文学艺术形式为建设法治中国服务；根据中国法学会研究会工作座谈会会议和中国法学会领导有关指示精神，中国法学会法制文学研究会研究决定，自2014年11月25日起，正式开展“2014年度中国法治文学精选”征集编选活动。通过征集评选、编辑出版，推出代表本年度法治文学创作最高水准的作品。

经各地政法部门、新闻出版单位和全国著名文学评论家、作家、编辑、专家学者积极推荐，编委会认真审阅评选，现结果已揭晓，入选作品全部收入“2014年度中国法治文学精选”丛书，由群众出版社正式出版。“2014年度中国法治文学精选”丛书共计二卷，即小说卷《我不认识你》、纪实文学卷《打造再生之门的人》。

这是中国法治文坛第一次主办全国年度法治文学作品精选征集编选活动。此活动以后每年度举办一次。其宗旨是用文学艺术的生动形象，在全社会普及法治思维、法治方法，树立法治信仰，推出更多法治题材的优秀文学作品，发现和培养法治文学创作人才，推动法治文化的大发展大繁荣，为法治中国建设作出贡献。

“年度中国法治文学精选”编委会办公室

2015年5月18日

目　录

打造再生之门的人

——监狱长齐晓光和他的战友们

许　晨　李延国

如果法律的目的之一意味着受限和惩戒，代表着一种规范下文明生成的必不可少的制度性内容，形成对某一时代某一社会形态的制约和保障，那么，法律精神至少在相当长的人类社会历史中，还将长期地体现统治阶级的意志。

而“监狱”作为执行法律精神和内容的场所，在漫长的人类社会历史中，一直冷峻地出现在我们的现实和哲学语境中。监狱对犯人的惩戒、改造、规训和再生，对犯罪的震慑和预防，已经深入到社会的血液和骨髓里。

长期以来，对于监狱里的犯人，监狱的惩戒功能明显大于改造和再生功能。那么，这种状况能不能改进呢？山东省监狱监狱长齐晓光和他的战友，以悲悯的情怀、无畏的意志、开放而专业的法律理念，适时、适度、适宜、人性化地管理监狱，运用文明、现代化的管理手段，真正将犯人当人看，给予他们改造和再生的环境与机会，建设高度戒备的文明监狱，不断为犯人打造再生之门，成绩斐然，在监狱管理理念和实践上对新时期我国丰富和改进监狱管理具有很好的借鉴和参考意义。

引子　北大讲坛上的监狱长

在首都北京海淀区颐和园路上，矗立着一座恢宏壮观且富有民族气韵的建筑。从大门进进出出的，大都是抱着书本戴着眼镜、风华正茂意气风发的莘莘学子。不错，这里就是我国教育界的最高学府——北京大学，简称北大。早在清末民初，它就以“独立自主、兼容并包”的学风闻名遐迩，成为中国近代新文化运动的发祥地之一。蔡元培、李大钊、陈独秀、鲁迅、胡适……讲坛上一位位大师名家的名字如雷贯耳……

岁月如流，一百多个春秋转瞬即逝。北大还是北大，为新中国的腾飞贡献着人才与智慧。2003 年 12 月的一天，一位体格结实、脸盘方正的山东汉子走进了这所著名的高等学府。他既不是上课进修的学生，也不是联系工作的老师，而是作为特别邀请的嘉宾，前来为北大法学院师生演讲并进行研讨答辩的！

他姓齐名晓光，刚到不惑之年，时任山东省监狱副监狱长。

原来，为了纪念始建于 1904 年的北大法学院一百周年庆典，校方举办了“建院百年 · 名家讲坛”的庆祝活动，邀请国内外著名的法学专家和权威人士到北大法学院讲学，推进国家法治建设和法学研究进程。他们在国家司法部了解到山东省监狱建设现代文明监狱独具特色，成绩斐然，便委托著名法学专家、博士生导师张文教授前去调研。张教授等人行色匆匆来到济南，在分管教育、改造罪犯工作的副监狱长齐晓光的陪同下，参观了山东省监狱监区、工厂，进行了认真的座谈，不禁为这位年轻的监狱长丰富的理论知识、有胆有识的探索精神，以及卓有成效的监管实践所叹服。

离开时，年逾花甲的张文教授感慨地对同伴说了句："想不到，这里还有这样一个人物！"

回到北京大学，他立即向学院建议邀请齐副监狱长来校为师生们演讲。由此，在山东省司法厅和省监狱管理局的支持下，齐晓光携带着反映山东省监狱建设的展板、材料走进了燕园。据了解，这是登上北大法学院讲坛的第一位监狱长。

这天晚上，北大校园凯原法学楼大教室里，亮如白昼。尽管窗外北风凛冽寒意袭人，室内却是热气腾腾，温暖如春。与会人员有司法部犯罪研究所所长、北大法学院博士生指导小组成员郭建安，中国社会科学院法学研究所教授、博士生导师张绍彦，北大法学院教授、博士生导师张文，北大法学院副教授、法学博士梁根林，北大法学院副教授、法学博士张美英，以及北大法学院的博士生、硕士生和本科生们，济济一堂，座无虚席。

演讲会由北大法学院副院长、学术委员会主任、博士生导师陈兴良教授主持。他戴着一副近视眼镜，文质彬彬，站在讲台前，热情地介绍道："……过去提起监狱，总给人一种森严的感觉，对我们来说是另外一个世界，可以说我们过去对监狱的情况并不是很了解。今天十分荣幸地请到了山东省监狱副监狱长齐晓光来到北京大学，给我们介绍我国监狱行刑的一些最新情况……"

紧接着，齐晓光面带微笑走上讲台，做了一场题为《我国监狱行刑理念与实践——罪犯权利保护的新进展》的演讲报告。虽说是第一次登上国人心目中最高学府的殿堂、面对国家一流的法学专家和学者，年轻的齐监狱长却毫无怯意，侃侃而谈，引经据典，谈笑风生，赢得了这些法学专家的认可，会场上不时地响起一阵阵热烈而赞许的掌声。

他是全国监狱系统的代表，他是山东监狱人民警察的骄傲。那么，他究竟是怎样从位于泉城济南东郊的高墙下，一步步走上北大庄重的讲坛的？他和他的山东省监狱民警们是怎样励精图治、改革创新，创造出令世人瞩目的业绩的？

一切都不是偶然的……

岁月的车轮转到 2013 年春天，“又是一年芳草绿，依然十里杏花红”。春天是播种的季节，山东省监狱管理局决定实施一项重大的文化工程：由宣传处组织编撰一套报告文学集，要求全省监狱系统各单位积极行动起来，用生动形象的纪实文学笔法反映监管事业的艰辛与辉煌，纪念山东省监狱管理局（前身为劳改局）成立六十周年。

六十年艰苦创业，六十年团结拼搏，六十年栉风沐雨，六十年春华秋实。泰山南北的监狱人民警察赤诚为国、无私奉献，在正确执行刑罚、惩罚和改造罪犯、预防与减少犯罪等方面，做出了非凡业绩，值得大书一笔，载入史册。这是一件深谋远虑、利在千秋的大事，后来的人们会通过此书认识前辈，从中汲取奋进的力量和精神。就是在这种背景下，我们应邀来到了山东省监狱。

迎着朝阳，一路向东，汽车驶过泉城的东外环路，进入了一座高墙电网环绕的大院。这里就是省监狱所在地，当初还是一片荒漠的郊外野地，随着城市发展的脚步，如今早已被楼群车流所包围了。分管政工的党委委员、调研员贾吉生和政治处主任宁冬云，以及副主任李成波、干事殷丕山等同志热情接待，首先代表在外开会的监狱长和政委表示了欢迎，简要介绍了监狱情况，安排了具体采访体验日程。

这是一座管理规范、井然有序的监狱。热诚务实的贾委员曾在省监狱机关工作多年，熟悉业务，爱好广泛。而宁主任是一位年轻干练的女民警，毕业于山东师范大学中文系，携笔从警，不让须眉。通过初步交流与观察，我已然体味到了这座全国首批部级“现代化文明监狱”的风采，并且看到了他们的领头人——监狱长的影子。虽说由于出差在外，他还没有露面，但强将手下无弱兵，这里的一点一滴无不打着他的印记。

他是谁呢？他正是那位登上北大讲坛的齐晓光。一晃十度春秋过去了，他由副监狱长职位上不断进步，先后出任山东省监狱政委、监狱长，在一代代前辈打下的坚实基础上，率领全体狱警开拓创新，走出了一条闪耀着“人性光辉”的监管改造新路……

第一章　英雄无悔

古往今来，一提到监狱和犯人这两个名词，人们眼前往往会出现一幅阴森可怖的景象：黑洞洞的牢房、冷冰冰的枷锁，凶神恶煞的狱卒、荷枪实弹的卫兵……

这在一系列的文学作品、影视戏剧中，都有着生动形象的展现。从春秋战国卧薪尝胆的越王勾践，到水泊梁山从军发配的林冲、宋江；从戒备森严禁锢人身和思想的巴士底狱，到吞噬生命人间地狱般的奥斯威辛……监狱是人类社会发展到一定历史阶段的产物，它随着阶级的出现而出现，伴着国家的产生而产生。它是为统治阶级服务的，反映着统治阶级的意志，是国家的暴力机器之一。可以说，几乎所有的监狱牢房集中营，犯人和管犯人的都是敌对关系，其间充斥着严刑酷吏、苦役迫害、血雨腥风。

历史的车轮风驰电掣般驶进了 1949 年，中华人民共和国的诞生掀开了监狱史上新的篇章。那时，为了巩固新生的政权，全国进行了轰轰烈烈的“镇反”、“肃反”运动，有力地打击了蠢蠢欲动的反革命分子。但是，有些地方也出现了过火行为，引起了毛泽东主席的注意。一天，他看到公安部一份关于处决罪犯的情况报告后，点燃一支香烟，久久地思索着，而后提笔写道：

“杀人不能太多，太多则丧失社会同情，也损失劳动力……凡无血债或其他引起民愤的重大罪行，但有应杀之罪名者，例如有些特务或间谍分子，有些教育界或经济界的反革命等，可判处死刑，但缓期一年或二年执行，强迫他们劳动，以观后效。”

很快，中央通过了有关决定，并在全国第三次公安会议上形成决议，正式表达贯彻了毛泽东的指示精神，“对犯有死罪的反革命分子应大部分采取判处死刑缓期执行的政策”。由此，“死缓”这一刑名应运而生。那么如何关押管理这些死缓犯和各种犯罪分子呢？这是当时摆在新生人民政权面前的迫切问题，即应该创建什么样的监狱？监狱的性质和职能是什么？

还是毛泽东等第一代领导核心高瞻远瞩，以无产阶级改造社会、改造人类的博大胸怀和远见卓识，提出了一系列改造罪犯的思想理论。他在不同场合多次阐述："所谓被改造的客观世界，其中包括了一切反对改造的人们……""消极因素可以转变为积极因素""人是可以改造的，就是政策和方法要正确才行"……

一字字一句句，如同暗夜里光明四射的灯塔，为新中国监狱的创建和发展指明了方向——"惩罚与教育，劳动与改造"。这就从根本上有别于历史上的监狱与牢房，创立了具有中国特色的监狱制度。其中有不少单位直接叫作劳改大队，目的就是一个：促使罪犯改恶从善、真诚悔过，成为自食其力的新人。

不过，毕竟刚刚平息了炮火硝烟，阶级斗争的弦还绷得紧紧的，监狱民警面对形形色色的罪犯，仍然是敌我矛盾的关系，"只许你老老实实，不许你乱说乱动"。于是，一系列的法规条例，也都贯穿着这种理念。

比如监狱设施均为高高的围墙、带电的铁丝网；入狱服刑的犯人一律剃光头、穿囚衣；面对狱警回答问题，要相隔三到五米蹲下；稍有异动，警卫随时可使用枪械……这在那个年代是完全有必要的。如同看守笼中的野兽一样，必须严防死守，以防万一。

山东省监狱从上世纪五十年代起就集中关押着国民党战犯、反革命敌对分子、杀人犯、纵火犯、强奸犯、盗窃犯等重刑犯……这是一群灵魂扭曲、精神残疾，甚而是丧失人性的人。管理看押他们的则多是从战场上归来的老八路和解放军战士，经受过枪林弹雨的考验。齐晓光的父亲——原山东省监狱副政委齐林山同志，就是其中的典型代表。

那是一段激情燃烧的岁月，监管民警们以泰山般的责任心辛勤地工作，无私地奉献着青春和热血。可以说，他们是天天与"魔鬼"打交道的人。几句内部流传的话形象地说明了这一点："坐在火山口，守着炸药包。""两眼一睁，忙到熄灯。两眼一闭，提高警惕。”监管安全，是头等大事。曾经当过多年狱政科长的张正民回忆说：“防止罪犯暴乱、行凶、逃跑、破坏，是我们长期的重要工作，稍有疏忽，就有可能造成难以挽回的恶果和损失。监狱的外围警戒由一个连队负责，还与周围驻地单位建立关系，定期召开会议研究情况，布置应对突发事件的各项任务。监狱内部设立内管队，狱警昼夜值班，观察了解罪犯的表现和谨防可能发生的问题，使罪犯的一切活动都在狱警的控制之下；不允许有放手犯和自由犯，罪犯活动必须联组联号，二人同行，便于监督。对于警戒线外劳动，要制定预防措施，不安全不能出去劳动；每月召开两次会议，实行‘五固定’，定期清查狱内和劳改场所的危险物品，做到防患于未然，见微而知著……”

即使如此高度警醒，恨不能睡觉也要睁只眼，但罪犯在未刑满和改造好之前，谁也无法保证他们不会心怀鬼胎、仇恨政府，再次伸出罪恶的手——

1979 年 8 月 17 日中午，正是午休时间，省监狱一大队劳改车间里暂时安静下来。副教导员李朝明在办公室里填写在押劳改犯人一次性调查统计表。本来这是内勤的工作，可这时内勤家里来电话说妻子发高烧了，而表格要得又很急，他左右为难。李朝明得知此情，毫不犹豫地说：“你赶快上医院，看病要紧。调查表的事我来办。”

李朝明是一名优秀的复转军人，经受过解放军大熔炉的锤炼，1968 年 6 月，被选拔到省监狱当上了一名管教民警。他深知：这里虽然没有枪林弹雨，没有硝烟弥漫，但却时时进行着无声的战斗。他好学上进，吃苦耐劳，很快就熟悉了业务，成为监管战线上的行家里手。

这个时期，正值“文革”甚嚣尘上之际，国家政治生活风云变幻，社会处于混乱和矛盾之中，被禁锢在大墙内的犯罪分子也躁动不安……作为一名管教干部，李朝明尽职尽责，白天盯在劳动现场，晚上深入监室，密切关注犯人的一言一行，有针对性地做犯人的思想工作。

一天，李朝明按照惯例在车间里巡视，发现被判无期徒刑的张某揣着手四处溜达，立即意识到此人有问题，将他叫到一边谈话："大家都在劳动，你怎么不参加呢？这是违……"

不料张某竟粗鲁地打断说："队长，你不用讲什么了，我已经申诉了！有了结果再说吧。"

李朝明瞪了他一眼，明白了原由：此犯入狱以来一直不服，老说政府判重了，多次上交申诉改判材料，并借机抗拒劳改，成了不参加劳动的申诉"油子"。"这样做非常错误！别说你的申诉不一定行，即使改判成有期徒刑，还是有罪的。从法律角度上讲，你现在是一名服刑犯人，就要参加劳动，接受改造！"

言之有理，不怒自威。张某不吭气了，老老实实地去干活了。

收工后，李朝明又专门找到他深入谈心，听他复述作案情节，耐心讲解法律规定，表示理解他的心情和申诉的权利。但也教育他多从受害人一方考虑问题，别自以为是。在判决没有变化之前，应该服从管教，创造减刑条件。

一次、两次，这样的谈话不知道进行了多少次。人心都是肉长的，如此苦口婆心，张某终于想通了，主动交代了以申诉为幌子、"过一天玩一天"逃避劳改的想法。他此后再也不提所谓的申诉了，积极参加劳动，获得了多次减刑的机会……

善于学习总结的李朝明写道："做人的工作难，做犯人的工作更难。这就要我们坚持政策，讲究策略……不能感情用事，不能简单粗暴。"这样的狱警怎能不受重视呢？1975 年，年仅三十三岁的他被提拔为二大队副政治教导员，是当时省监狱最年轻的副科级干部之一。

几年后，为了加强一大队的工作，李朝明调任一大队副教导员。这是一个条件艰苦、任务繁重的单位，分铸造、锻造和铆焊三个车间，工种累，环境脏。如果穿一件白衣服从东门进去，再从西门出来，衣服就会变成黑灰色的。在押犯二百九十多人，大都是年轻力壮的重刑犯。

越是艰苦困难的地方就越是要去，这才是好同志。李朝明作为大队领导，主要负责监管改造，迅速以百倍的干劲和细致的作风展开了工作。他对犯人既严格又关心，对同志则更是一片赤诚。大家常说："我们的李教，好人哪！"每当遇到其他狱警碰上急事，他知道了总是一副热心肠："别着急，我能帮上什么忙吗？要不我替你值班吧。"

就是在一个替班的中午，发生了一件难以预料的事。正像前边所说的：尽管采取了种种措施，取得了无数成功改造的成果，但总有个别极端分子冥顽不灵、铤而走险。

当时，李朝明刚刚填写完报表，正准备整理在一起时，突然"砰"的一声，门被撞开了，因杀人未遂被判无期徒刑的孙某突然闯了进来，手提一把大铁锤，不由分说砸了过去。李朝明猛一抬头，敏捷地站起来一闪。咚！铁锤砸在桌子边上，现出碗大的一个坑。如果他此时夺门而出，还是可以生还的。不！不！那就不是我们英勇的省监狱干警了！罪犯手持凶器，穷凶极恶，绝不能让他再害人！

说时迟，那时快。"你给我住手！"李朝明大喝一声，冲上去就要夺锤。可是身材弱小、只有一米六的他，面对的却是一个一米八的丧心病狂的杀人犯。几经争夺，孙某占了上风，像红着眼睛的恶狼一样抡起铁锤砸向李朝明的头部，鲜血顿时喷涌而出……

好一个英雄李朝明，即使倒在地下，仍然死死抱住罪犯的一条腿。已经失去人性的孙某气急败坏，又一次次地挥锤砸下去，竭力挣脱逃跑。还有一丝气力的李朝明，拼尽最后一口气喊道："抓住他……"

这场搏斗惊动了大家，在远处听到声响的人们纷纷奔来。孙某扔掉铁锤，三藏两躲，最后逃到了车间顶上。听着一阵阵尖利的警笛，看到手持枪械的狱警围拢而来，他意识到自己罪孽沉重、难逃法网，一闭眼瘫在那里。

楼下，在那间办公室里，眼含热泪的狱警们抱起血泊中的李朝明，他的脸已经变形，已没有了呼吸。监狱长杨永巨闻讯大惊，带着哭音命令道："快送医院，哪怕只有百分之一的希望，也要百分之百的抢救！”然而，噩耗还是传来了：我们的英雄，我们的战友，我们的李朝明同志抢救无效，壮烈牺牲，年仅三十七岁……

“朝明啊，我们的好兄弟啊，你走得太早了……”

一句句撕心裂肺的呼喊，令人肝肠寸断；一声声低沉悲怆的哀乐，催人潸然泪下……

有人也许会说，这是一起不应发生的事故。不错。但笔者认为有必要为狱警们说几句话：长年累月在刀刃上行走，难免出现一两次意外。人们要在血的教训中及时总结，亡羊补牢。关键是在那种危难情况下，李朝明本来可以逃生，可他没有忘记自己是一名监狱警察，面对罪犯大铁锤毫无惧色，而是勇猛地扑上去，阻止其再次伤害别人，并为抓捕赢得了宝贵时间。从这点上说，李朝明副教导员就是一名称职的狱警、一位真正的英雄！

庄严肃穆的追悼大会上，山东省公安厅、监狱局（时称劳改局）的领导们都来了，面色凝重、心如刀割。这是一位多么优秀的部下啊！省监狱的民警沉痛而庄严地肃立着。灵堂里，摆放着一具玻璃棺，里边躺着李朝明瘦小的身体，一顶警帽戴在头上，警徽闪亮，变形的面庞被化妆师用棉花填充起来，化了淡妆，依稀还是旧时模样。身上覆盖着鲜红的党旗。正面墙上，悬挂着李朝明的遗像，两旁簇拥着洁白的花环和花篮，一幅幅白色的挽联长垂下来，上写：“汗流黄河岸边战士无悔，血洒历山脚下英灵长存”“碧血溅大墙，你为我们死；热泪滚泉城，我们为你哭”……

一声敬礼，狱警们齐刷刷举起了右手，紧接着又纷纷脱帽绕棺一周，向昔日的战友做最后的告别。李朝明的妻子抱着刚满三岁的女儿哭倒在棺前，已成一个泪人，几名女狱警泪流满面上前搀扶着。最让人痛心的是他那还未懂事的女儿，望着躺在那里的爸爸，小手拍打着玻璃棺，不停地叫着：“爸爸……爸爸……快起来啊，你不是答应我去公园玩吗?”“爸爸啊，你别睡了，这里凉，咱回家吧……”

铁汉子一样的狱警们，一个个再也忍不住了，整个灵堂里哭声一片……

写到这里，笔者已经泪湿键盘，无法继续了，耳畔仿佛响起那首熟悉而动人的歌曲：“金色盾牌，热血铸就，危难之处显身手……”

笔者平息了一下情绪，站起来，走到窗前，望着窗外万家灯火，心中升起无限情思：是啊！在和平年代里，天天与那些卸下镣铐的凶犯们零距离接触的监狱民警，就是这样比常人少了一份平安、多了一种危险！可他们换来的却是包括“你、我、他”在内的人民大众的安乐，无怨无悔！他们的优秀代表李朝明，用鲜血和生命谱写了一曲忠心赤胆的监狱警察颂歌。

他走了，义无反顾地走了，党和人民永远不会忘记他！1982年4月20日，山东省民政厅追认李朝明同志为革命烈士。他的妻子、女儿享受烈属待遇。山东省监狱管理局、省监狱领导和同志们也对烈士的亲属倍加关爱呵护，经常看望慰问，尽量帮助解决生活上的困难，在分房、工作等问题上给予优先照顾……

一个英雄倒下了，万千战士站起来。就在跨入上世纪八十年代之际，山东省监狱一方面完善各种监管措施，改进工作（其中一条就是监狱里的办公室一律不准背对着门口办公）；另一方面就是补充新生力量。大批青年学生、复转军人，以及一些监狱民警子弟通过考试走了进来。

我们前面介绍的监狱长齐晓光，以及后面将要介绍的政委张传林，副监狱长战化程，监狱长助理慕鹏，教育科长张磊光，侦查科长盖风涛，办公室主任刘宏利，监区长李伟、邓爱东，教导员胡波、许磊等人都是先后踏着英雄的足迹，走进山东省监狱，接过父兄的班，在新时期的风风雨雨中，努力学习，认真实践，奏响了一曲曲崭新的乐章。

后来，他们陆续走上领导岗位之后，继承发扬老一辈的优良传统，面对新形势新课题，转变观念，改革创新，不但罪犯袭警案件再也没有发生，也完全杜绝了脱逃破坏、自杀自残事件，改造成果突出，犯人出狱再犯罪率降到了百分之四的最低点，迎来了一个令国内外同行瞩目的黄金时代。

长江后浪推前浪，一代更比一代强。这是自然规律，要不然人类就不可能进步。当然，一棵好苗子不可能一夜长成参天大树，年轻的他们还要走一段很长的路……

第二章 “把犯罪的人当作人”

在美丽的泉城济南东部，矗立着一个景色怡人的大院，进门迎面是假山流水，花木葱茏。宽敞平坦的柏油马路，掩映在梧桐树荫下，两旁盛开着由月季花、美人蕉等花卉组成的花坛。放眼望去，一片花的世界、绿的海洋。如果不是远处的高墙电网和不时巡逻的武警战士，很难想象这是一所监狱。不错，这里就是山东省监狱所在地。

这天，平静的监区里，几名身穿囚服的犯人正在路边打扫、装运修建房屋剩下的碎砖烂瓦。迎面来了两位监狱民警，看到车下边撒了一些土块，便走过来问道：“你们是哪个区的？这是什么任务？”

“报告队长，五监区的。”他们见狱警问话，便齐刷刷地蹲下，眼望着地面，神情紧张。一个组长回答：“分配我们清理这些建筑垃圾。”

“噢，不用蹲下，起来说话。”那位狱警抬手示意道，“各区不是都传达了，咱们监狱改革，取消下蹲回答问题，你们不知道啊？”

“知道，可还不习惯哩！”犯人们不好意思地咧嘴笑笑。

“起来吧，慢慢就习惯了。你们看看车底下撒了不少土，最后别忘了打扫干净啊！”

犯人们站起身，脸色和缓了一些，看着前方，立正应道：“是。请队长放心，一定干好。”

这是山东省监狱实行的一项重大改革。

我们知道，在过去有关监狱管理条例中，曾经明确规定服刑犯人一律剃光头或者留寸发，面对管教民警提问时，要相隔三到五米，蹲下回话……此举是为了便于管理和狱警安全，在强调阶级斗争为纲的时期，这是行之有效的措施。

但是，时代在前进，社会在变化，进入二十一世纪的犯人成分、文化程度、犯罪案情、心理需求等，都与二十世纪大不一样了。战国末期著名思想家、法家代表人物韩非子说：“圣人不期修古，不法常古，论世之事，因为之备。”意思是：聪明人不墨守成规，而是根据当前时势，制定相应的措施。尤其是1994年国家颁布了《监狱法》后，一切更加规范。山东省监狱一班人审时度势，经过认真调查研究，结合省司法厅、监狱局倡导的“法德结合、文明改造”口号，提出了“以人为本”进行监管的新理念，采取了一系列教育改造罪犯的新举措。其中“不剃光头，取消下蹲”是重要内容。

此前，服刑犯人剃光头，被各地监管民警认为是天经地义的，而社会上也十分认同此现象。就像古代犯了刑律的罪人，坐牢发配，先在脸上刺上金印一样，借以打击人的自尊心，时刻提醒你是个罪犯。如今不管你原来是官员、老板，还是歌星、影星，只要入狱服刑，首先剃掉一头秀发，打上犯人的记号。同时，规定见到狱警要蹲下低头答话，这就等于在心理上挨了一顿“杀威棒”，感到自卑。

然而，人是有血有肉有思想的“高级动物”，这些强制措施使他不敢不从，但心中是怎样想的，就很难说了。甚至个别人还会产生强烈的逆反心理，感到人格上受了莫大的侮辱，与狱警更加对立，如果处置不当，就可能会发生不测事件。实际上，这是把犯人看作“敌我矛盾”的产物的体现。自从改革开放以来，监狱民警与服刑犯人随着大环境的变化，除极少数罪大恶极的罪犯外，大部分已变为“人民内部矛盾”了。我们的监管措施也应因时因事因人而变化。就在这种背景下，山东省监狱率先改变监管措施。

一石激起千层浪。“不剃光头，取消下蹲”，这在全国各地监狱是第一家！争议反对之声，来势汹汹，不绝于耳。不少人认为，犯人就是犯人，甚至引经据典说古人造字，犯字偏旁是个犬，与狗同类，不能与普通人平等对待。曾有一位领导打电话，找到力主改革的分管副监狱长齐晓光，连珠炮似的责问道：“你想干什么？你好大的胆子！这还能正常监管吗？这样下去会出事的！”

“领导好！要改革就会有风险。我们做好了充分的准备，放心吧，不会出事的。”

“你啊，晓光，我曾经是你父亲的老部下，也是看着你长大的，不希望你犯错误。全国没有这么干的，你们干吗出这个风头？”

虽说电话里看不见表情，但齐晓光仍然面带微笑，语气坚定地说：“谢谢领导关心！这不是出风头，我们的事业需要创新。我敢立军令状，如果出了问题，唯我是问！”

山东省监狱领导班子是一个团结战斗的集体，监狱长费广和、政委张厚房等人全力支持、主动承担责任，以分管教育改造工作的副监狱长齐晓光为主的改革创新，迈出了大胆而扎实的步伐。

齐晓光出生在一个老革命干部之家，也可以说是监狱警察世家。他的父亲齐林山早在 1937 年就参加了革命，率领着抗日武装出生入死，浴血奋战。新中国成立后，齐林山不计个人得失，服从组织上调派，从肥城县长任上转到公安劳改战线上，接连负责筹建了几个劳改单位，一是泰安公安局劳改队，二是山东省少年管教所，三是山东省劳教所，所到之处均是白手起家，从零开始。后来，他又参与建设了山东省第十七劳改队，以及后来合并到一起的山东省监狱（任职副政委，离休时享受副厅职待遇），他是当之无愧的山东省监狱事业的开拓者。

为了支持丈夫的工作，齐晓光的母亲也从地方区长的任上调到监狱机关。而齐家的二儿子齐德玉，也就是齐晓光的二哥，在二十世纪七十年代初亦加入了监狱民警的行列，能文能武，历任劳改队管教员、中队长，省劳改局（后改称监狱管理局）教育科科员、调研科长、办公室副主任，济南劳改支队副支队长，省监狱局经济贸易处处长、宣传教育处处长等职位。十分巧合的是，二十世纪九十年代中期他也担任过山东省监狱的监狱长、政委，与党委一班人带领全狱上下励精图治、改革创新，一举成功创建了全国首批五个“部级文明监狱”之一，被司法部领导赞为“五分天下有其一”，享誉神州司法战线。

多少年后，已经就任省监狱领导职务的齐晓光，半开玩笑半认真地说："如果说起谁在省监狱资格老，没有比得上我的。我一岁就跟着父母和哥哥们来了！"是的，生于1962年的他，排行老五，是齐家最小的儿子。与许多监狱系统子弟一样，他从小生活在省监狱家属院里，小学、中学也都是在周围学校上的，对父辈为了监管改造罪犯而废寝忘食地工作留下了深深的印记。1980年春天，也就是发生"李朝明事件"后的半年，血脉传承，前赴后继，十八岁的齐晓光考入监狱企业，当了一名车间电工。两年后，全国统一招考人民警察，他刻苦复习，一举通过了考试，成为山东省监狱一名年轻的管教民警。

当他穿上熟悉而又新鲜的警服，精神抖擞地站在父亲面前时，齐林山满意地笑了，叮嘱道："你是咱们家第五个（齐晓光的三哥齐建中从部队转业到山东省监狱，后调入山东省委政法委，现任济南市副市长）从事监狱管理工作的，千万不能给老齐家丢脸！"

"爸爸，你就放心吧，我一定好好干！"

齐晓光是这样说的，更是这样做的。起初任后勤管理员，他一边跟随着老同志勤学苦练，一边利用业余时间不断为自己充电。1984年，他考上了在职电大，两年后毕业分到一大队任管教警察，直接从事管理改造犯人的工作，天天与罪犯打交道，一干就是九个年头。

这是他终生难忘的九年，也是他茁壮成长的九年。后来，当笔者与已是监狱长的齐晓光面谈时，他充满感情地说了句："在一大队的九年，对我一生影响很大！"随后，他陷入了长久的沉思，仿佛曾经的岁月河流，又在眼前跳跃起一朵朵浪花……

山东省第一监狱一大队（现在的一监区）关押着两百多名杀人、抢劫等重刑犯，主要从事监狱企业生建电机厂的铸造锻造等工作，又累又脏，几乎年年都难免出事，前面所说的李朝明烈士就是在这里牺牲的！1987年，为了统一管理，省监狱决定把反管抗改的犯人集中到一大队，强化严管善教。齐晓光和他的战友们经受了更加严峻的考验。

犯人张某，文化不高，性情粗野，在社会上经常打架斗殴，惹是生非。一天又同邻居争执起来，他拾起一块石头把人家脑袋砸开了花，被判了无期徒刑。入狱后对前途悲观失望，软磨硬抗不干活儿，还动不动声称："不想活了，谁要惹我，捎上你！"

狱警们不敢硬管，犯人们都怕他，张某更嚣张了，成天除了吃饭睡觉，就是揣着两手东游西逛，成了一个特殊罪犯。齐晓光认真研究他的案情，揣摩他的心理，决定以毒攻毒，杀一儆百，拔掉这个硬钉子。这天，张某又违犯了监规，齐晓光一瞪眼，砰砰给他戴上了镣铐，关了禁闭。

不料，这家伙根本不服软，还大声地叫唤："你凭什么，不就是有枪有铐子吗？有种的咱单练。"

"行啊！"齐晓光一听正中下怀，"就依你，咱俩空手一对一，谁打赢了服谁！"他摘掉张某的械具，自己也脱了警服，找了一块空地，咣咣地打将起来。

张某哪里知道，齐晓光从小喜欢练武，曾经是市里比赛的武术冠军。一个扫堂腿，加一个大背挎，三下五除二就把他摔得趴在地上爬不起来了："齐队长，别……别打了，你厉害……"

由此，这个家伙再也不敢胡搅蛮缠了，老老实实地参加劳动。齐晓光又不失时机地做思想工作，严正指出他的错误，唤醒他的良知，鼓励他争取减刑早日出去。一来二去竟交上了朋友，张某说了实话："我知道你们都怕自杀、怕出事，才故意闹腾。其实我也怕动真格的……"

这句话引起了齐晓光的深思，也更加激发了他研究管理改造罪犯的责任心。从此，他加强自学，博览群书，结合实践，反复实验。他天天泡在监区里，与新老狱警一起反复琢磨，攻心与"包夹"、孤立与关怀结合起来，软硬兼施，创造了一整套监管改造的新办法、新措施，取得了显著的成效。那几年，一大队再也没有发生自杀、伤人的事件，一跃成了"五好大队"。

齐晓光也迅速成长起来，入了党，提了干，从科员到中队长、副教导员，一步一个扎实的脚印。不久，刚到而立之年的他又通过竞争上岗，被任命为一大队教导员，成为当时最年轻的中层干部之

一、改造罪犯的专家。

曾有人问："在你眼里，这些犯人都能改造吗?"

"是的。只要他不是精神病人，就能改造过来。"齐晓光信心百倍。

是金子总会发光。1995 年早春，上级一纸调令，提拔齐晓光为齐州监狱副监狱长，远赴黄河北开辟新战场了。他对他的省一监、他的一大队、他的战友们恋恋不舍，甚至还舍不得他的犯人们。临走前一天，办好了一切手续，收拾完了东西，他一个人又悄悄回到一大队队部，住了一晚上。

听着隔壁犯人们的鼾声，看着窗外熟悉的灯光，齐晓光失眠了：整整九个春夏秋冬，多少心血，多少汗水，多少情感洒在了这里。他也从一个青年警察，一步步走到了今天。一个人有几个九年啊！特别是人生最宝贵最美好的风华正茂的九年！他暗暗发誓：这辈子就献给祖国的监狱事业了……

三年后，经过加钢淬火的齐晓光又回来了，出任山东省第一监狱（后改称山东省监狱）副监狱长，主管监狱管理、教育改造罪犯。这是一个非常重要的领导岗位，因为监狱第一位的任务就是监管安全和改造犯人。齐晓光不负众望，勇敢而智慧地挑起了这副重担。

经过一番细致的调查研究，加之天长日久的思考与实践，齐晓光认为时代不同了，今天管理改造罪犯的理念和措施，都应有一个全新的改变。其中最关键的一条是：把犯人当人！在此基础上，并征得监狱党委的一致同意，他拿出了一系列的改革创新方案，创造了闻名遐迩的"省监模式"。

实际上，在新中国监狱史第一页上，就书写着改造罪犯应当坚持人道主义和给出路的篇章。日理万机的毛泽东同志曾专门针对监狱工作多次批示："要把犯罪的人当作人，对他们有点希望，对他们有所帮助。当然也要有所批评。""改造罪犯要阶级斗争与人道主义相结合。"1964 年，他在接见外宾时，又专门说道："我们的监狱不是过去的监狱，我们的监狱其实是学校，也是工厂，或者是农场……”

然而，在很长一段时间里，由于种种原因，我们的监狱管理还是以强调阶级斗争、强制管理为主，有的狱警简单粗暴地对待犯人，违纪现象时有发生，甚至打骂虐待。这样表面上管住了，实则内心不服，容易滋生抵触情绪，激化矛盾。过去发生的某些伤人自残事件，可以说与此不无关系。

打铁还需自身硬。齐晓光副监狱长决心就从这里入手来一个大变化。首先，他看到管理条例、政策条文好几大本子，难以熟记，便组织有关部门根据《刑法》、《监狱法》、《人民警察法》等法律法规，结合监狱工作的实际，提炼制定了《监狱警察执法十大规范》。同时成立了教导队，由狱政科科长战化程任队长。

“十大规范”具体细致，包括收监程序、狱政管理、警察值班、犯情分析、罪犯劳动现场管理等，涵盖了监狱警察工作的方方面面，明确规定了监狱民警每天应该干什么，必须干什么，何时应在何位置，简明扼要，易懂好记。从部队转业回来的战化程拿出当兵的劲头与作风，办了整整一个月的教导队，集训各大队的正副队长和教导员们，他们回去后再分头轮训，夯实基础。

过去一提规范化，往往是指对犯人如何规范。现在，山东省监狱不仅规范罪犯，首要规范狱警。这是为了强化狱警的岗位责任，加强监管工作的现场管理和过程管理，防止管理漏洞和管理盲区的出现。与此同时，更加严格落实司法部颁布的《罪犯改造行为规范》，并在此基础上，又制定了《服刑人员日准则》。一切做到有章可循，制度管人，使监管安全工作步入制度化、经常化、法治化和程序化的轨道。

人都是有自尊心的，即使是犯了罪的人，也有做人的权利和独立的人格。如果得到应有的理解和尊重，会促使他改过自新，重新做人。基于这种理念，山东省监狱提出了“尊重人、理解人、关心人”的口号，甚至引申为“尊重罪犯、理解罪犯、关心罪犯”……

就在齐晓光刚刚就任省监狱副监狱长时，一天去监区搞调研，路过足球场，发现一帮年轻的犯人正在打篮球。一个个穿着长袖长腿的囚服，戴着胸牌，大汗淋漓的，跑起来很不方便。他问旁边看管的狱警："犯人打球也不换衣服吗？谁定的规矩？"

"以前定的吧，具体什么时候不知道，可多年来一直是这么执行的。"

"这不跟穿着衣服游泳一样，能好受吗？既然这种规定不合理，那就得改过来。"

在不久的狱务会上，齐晓光提出了这个问题。经过大家讨论做出决定：犯人在进行体育运动时可以穿背心短裤，不着囚服。这一来，爱好体育的犯人们高兴极了，更加积极地服从监管，接受改造。

过了不久，山东省监狱一班人又审时度势，采取了断然措施，允许犯人"不剃光头"，以理平头、寸头为主。同时，"取消下蹲"，犯人可与狱警平视答话。还加强械具管理，需要时应逐级报告，请示批准后方可使用。

为了更加深切地感受犯人们的处境和心情，齐晓光还提出管教民警进监舍，体验一天犯人生活，从起床吃饭、排队点名，到出工劳动、学习汇报等，换位思考，尊重犯人人格，找出存在的不足之处，并逐一整改。

齐晓光就住在监狱旁边的家属院里，每天早晨上班前，他都是先上各监区里转上一圈，看看值班狱警，了解一下情况。见到熟识的犯人，握握手，说说话。晚上也是如此，下了班应酬完了，他往往再到监狱里看一看，才能放心休息。

有一次，他转到一个监舍，听到一个犯人在低低地抽泣，便走过去问怎么回事儿。那人看看他，欲言又止，看样子是不敢说。"别怕，到底发生了什么事？你跟我说。"后来终于弄明白了，原来是一个狱警打了他两巴掌。

齐晓光马上把那位狱警叫来："你先赔礼道歉！不管因为什么，打人是不对的，没学过'十大规范'吗？"

还有一次，寒风凛冽，夜深人静，他照例来到监狱查看，发现禁闭室里关着一个犯人，冻得蜷缩着身子。齐晓光询问了值班员，知道这是一个抗拒改造的罪犯，已经关在这儿三天了，没想到天气降温。“关禁闭不能体罚，你让食堂冲一碗红糖姜水给他喝，就说我让送的。”

那个犯人得知了实情，喝着热腾腾的红糖水，竟流下了眼泪。

有一天，各监区正在组织会操，忽然阴云密布，凉风一吹，下起了小雨。几位年轻的狱警按照惯例，连忙给站在主席台上的领导们打起了雨伞，齐晓光锐利的目光回头扫了一眼，喝道：“收起来!”

风雨中，犯人们看见几位监狱长、政委与他们一样被雨水淋着，十分感动和振奋，列队走得更带劲了，口号喊得震天响：“一二一、一二一、一二三——四!”雨越下越大，台上台下的人们甘苦共尝，好像不是警察与罪犯，而是军队里的首长带着自己的兵……

凡此种种，犹如一股强劲的春风，吹遍了山东省监狱里里外外。虽然某些人认为齐晓光的做法是离经叛道，产生会出事的担心，但犯人们却受到了强烈的震撼，如同心中升起了明亮的太阳，感到无比温暖。犯人们一个个喜形于色，把这些新规定和感受，纷纷写信告诉家属亲友，甚至有的犯人号啕大哭：“这是把罪犯也当人看了，那咱可得像个人一样好好活啊……”

第三章　敢为天下先

时代不同了，各种理念和行为也在发生着明显的变化。比如过去一说罪犯就是阶级敌人、专政对象，而现在的定位是：触犯法律被判刑的特殊公民。罪犯的自我意识和维权意识也在增强：初时要求比较简单，能吃上饭，让见家属亲人就行，现在增加了许多精神文化方面的需求。同时，警察队伍也在向知识型、专业型为主转变。狱警的文化程度普遍提高，由人治为主转向了以法治为主——依照法律法规管理犯人。

如今，山东省监狱关押着全省的危害国家安全罪的罪犯、重要职务犯罪的犯人、五年以上的邪教类罪犯和其他死缓、无期及十年以上的刑事案重刑犯。监狱共有十一个监区，狱警五百余名，关押能力在三千余人。上至曾经威风一时的领导干部，下至一些盗窃犯、诈骗犯等社会渣滓，五花八门，类型繁多，监狱已经成为一个特殊的小社会。

“我们的工作，是要在如何提高犯人的适应性上下功夫。”“要放在同样一个人的平台上，管理教育，塑造健全的人格。”“宽容、包容、理解、信任。犯人也需要尊重，要让他在希望中改造。”……以齐晓光监狱长为代表的山东省监狱一班人，陆续提出了一系列新观念、新理论，促进监管改造。

就是在这种背景下，他们发扬一代代老前辈的优良传统，开始了一系列改革创新，以敢为天下先的气魄走进二十一世纪。前面提到的“不剃光头，取消下蹲”只是其中的一项举措，前前后后，接二连三，他们陆续创造了监狱系统诸多个“第一”。

1. 狱务大公开

古人云：“人君之德，莫大于至明，明以照奸，则百邪不能蔽矣。”意思是君王实行德政，没有高过公开、透明的了。如此，邪奸的东西就被阳光照见，黑暗就不存在了。应该说这是管理治世的至高境界。

长期以来，监狱给人的印象就是神秘阴森，铁窗牢笼。现在，山东省监狱决定对各项环节、各项工作全部公开，设立各种狱务公开栏、电子显示屏、监狱长信箱、举报电话等。特别是在执法环节、罪犯奖惩、物资供应、日常花费等方面，严格执行“四公开四监督”制度，即向犯人、犯人家属、全体狱警和社会各界公开监狱执法依据、标准、程序和结果，全面接受检察院、社会各界、犯人及其家属的监督，实行高透明度管理。

监狱中服刑的犯人最关心的是什么？归根结底就是一件事：计分考核，累计减刑。过去往往是凭印象、看表面，甚至也有个别的靠关系、讲人情的现象，对哪个犯人凭什么加分，为何减刑、假释，不甚了了，也难以完全服众。如今，山东省监狱把犯人的累积积分，按月公布，全部显露在阳光下，谁也无法作弊。狱警必须按照程序，有效执行，科学评估，犯人也能掌握自己的命运。

40分记功，80分原则上减一年，各种奖励，各种处罚，全部上墙公示，清清楚楚，一目了然。如有异议，犯人们可以提出，必须及时给予答复。比如减刑、假释、保外就医等环节，需要经过监区、狱政科、检察院、法院等部门，四次审核公示无误，才能生效。如此公开、公平、公正，激励了犯人们服从管理、积极改造的劲头儿，也杜绝了请客送礼、行贿受贿等司法腐败现象。

2012年春天，笔者前往山东省监狱参观采访，在政治处小殷同志的陪同下迈进戒备森严的大门，沿着干净平坦的大路走去，首先在拐角处遇到几名服刑人员。看见我们过来，他们马上毕恭毕敬地站在路边。小殷告诉笔者："这是监督岗，负责管理院内秩序，都是刑期较短、表现较好的犯人担当。"

笔者是第一次近距离地观察监狱，看到他们身体健康，脸上泛着光泽，一个个礼貌地站在那里，目光平视，表情坦然，显示出营养良好、心情不错、精神状态也是阳光的。如果不是身穿蓝白相间的囚服，一时还看不出是犯人来。

当我们穿过一排排车间、厂房组成的生产劳动区，跨入第二道大铁门，来到另一个宽敞的大院子时，又听小殷介绍说："这是犯人生活区，每天点名收工后，所有监区的犯人都回到这里，大门就落锁了，谁也不能出去。"

"哦，那他们住得怎样呢?"

"走，我们上去看看。这几栋监舍楼，一两层一个监区，每间房里关押十二个人左右……"

随着他的介绍，我们顺着楼梯来到一个监区，正是上工时间，各个房间里静悄悄的，几名轮流休息的犯人看到来了人，立即规规矩矩地站起来。笔者摆摆手，示意他们坐下，但他们都笑笑仍然站立着。笔者以作家的眼光观察着，发现室内窗明几净，上下铺的床单平平整整，被子叠得像豆腐块一样，整整齐齐。盥洗室里所有的牙缸牙刷摆成了一条线，就连悬挂的毛巾都一般高低。看他们的内务标准，俨然训练有素的军营一样。只是窗户和房门上的铁栏杆，提示着这里是监舍。这反映了狱警的严格要求、耐心教育，以及服刑人员的改造成效和精神面貌……

监区北边是一个较大面积的长方形空间，既是走廊，又是电视室、活动区。犯人们平常开会、看电视、洗衣服都在这个区域。墙上贴着各种各样的标语、板报和公告栏等。笔者走近一看，上面写有犯人的行为规范、学习体会、出勤记录、记分表格，还有《监区之歌》："我们在这里，学习和成长，重塑自我，再次起航……"

正看着，忽然听到窗户外面一阵喧哗，只见一群犯人互相说笑着涌出教学楼，如同放了学的学生一样。"这是工间休息，正在学习的犯人下课了。走，出去看看。"笔者跟随着小殷来到了楼下。

那面楼墙上镶嵌着一面巨大的电视屏幕，正在不时地滚动显示着一串串姓名和数字。犯人们三三两两地围在前边，有的凝神观看，有的指指点点，有的兴奋异常，有的表情木然。笔者走近一名年轻的犯人问道："你们在看什么呢？"

"报告队长，五一节快到了，这是政府在公示减刑和假释名单。"

"哦，有你吗？"

"没有，我才来了两年，还不够条件呢！"

"那你是因为什么进来的？几年刑期？在这里感觉怎样？"

"这……"他眼光暗淡了，低下头说，"抢劫伤人，判了十年。这里的队长对我们都挺好，慢慢习惯了。我现在就想好好改造，争取多挣分多减刑，学点儿技术早点儿出去。"

笔者鼓励他说："你有这样的认识很好嘛！你还年轻，前面的路还长着呢！监狱这样公布每个人的情况好不好？"

"好！谁干得咋样，该不该加分、减刑，全都一清二楚的。据监狱长说，这就是阳光狱务，互相还能监督，咱们心服口服……"

2. 监狱长接待日

实践中，人们发现经常上访的人有一个心理：有了冤屈得有地方说话，不然就会特别难受，甚至闹事。犯人也是这样，一旦无处倾诉、无话可说，就可能走向变态和极端，不利于监管改造。为此，山东省监狱设立了监狱长接待日制度。每个星期天上午，由分管副监狱长带领狱政科、教育科的科长们在狱内接待犯人咨询或反映问题。每月 1 日、15 日，则在会见室接待犯人家属的来访，耐心回答他们的问题，帮助解决遇到的困难。

在此基础上，适时召开狱务公开大会，每年酌情召开三到四次，每次组织一定数量的犯人家属到监狱里面来参观，安排与服刑的亲人一起吃饭，实地了解监狱情况，共同帮教犯人转化改造。同时，还成立了罪犯维护权利委员会，成员全部由犯人自行选举产生，可直接与领导、检察院驻狱检察官对话。进而成立了刑罚监督委员会，聘请了新闻、司法和政协人大的领导作为监狱的监督委员，定期进行评估、监督指导。这样就通过各种方式，让社会更加了解和理解现代监狱……

自从 1998 年实施上述制度以来，分管改造的副监狱长齐晓光一马当先，几乎每个星期天都风雨无阻地走进监狱，热情接待前来反映问题的犯人，耐心倾听并回答他们关心的事宜，尽力帮助解决他们遇到的实际困难，使犯人们感到无比温暖。“星期天去找齐监狱长”成为山东省监狱服刑人员中间的流行语，无论是谁，无论遇到什么情绪苦闷、家务纠纷等事情，都愿意去向监狱长说一说。

第八监区收押的犯人姜某，原先在村里横行霸道，民怨沸腾，终因打架斗殴致人死亡，被判了死刑缓期两年执行。当他戴上镣铐被押走时，全村像过节一样放起了鞭炮。随后，他的家人受到了不应有的对待：孩子受歧视，无法上学；宅基地被占用，年迈的父母无家可归……

这在精神上给姜某极大的打击。他觉得自己连累了家人，心灰意冷，陷入痛苦绝望之中，一度产生了悲观厌世的念头。在狱友们的指点下，他走进了监狱长接待室，一进门就号啕大哭：“队长啊，我不想活了……”

“别哭，坐下，坐下，慢慢说。”齐晓光倒了一杯水，放在他面前，“怎么回事儿，说给我听听，没有过不去的火焰山。”

面对和蔼可亲的监狱长，姜某渐渐安静下来，一五一十地讲述了自家的遭遇，最后说：“我犯了法我坐牢，可别牵连家里啊。你说，现在我该怎么办啊……”

齐晓光听罢陷入沉思：如果情况属实，就是侵犯犯人的权利了，应该予以纠正，才能使犯人安心服刑，避免发生意外。“不要着急，也不要灰心泄气。我马上派人去你家看看，要是真像你说的那样，一定帮助处理好。”齐晓光说。

第二天一上班，齐监狱长立即安排有关狱警前往姜某家乡调查，酌情做好群众工作。果然，姜某反映的事情属实，村民们都愤愤地说：“活该！这家伙太坏了，咱村没有不恨他的，就该这样治治他。”狱警们苦口婆心，向村干部和村民们讲政策讲人情：“大家的心情可以理解，但一人有罪一人当。他已经受到法律严惩了，不能殃及别人。这样不符合政策规定，也不利于犯人改造……”

言之有理，以理服人。村民们渐渐平息了愤怒，转而理性地考虑问题了，最后归还了姜家的宅基地，并且积极做工作，让他的孩子重返学校读书。当家人写信把这些情况告诉姜某时，他几乎不敢相信自己的眼睛，捧着信纸又号啕大哭起来，当然这是感激的眼泪、喜悦的眼泪。

又一个星期天来临了，姜某再次跨进监狱长接待室，进门一句话也没说，面对齐晓光，“扑通”一声跪在地下，磕了一个响头……

3. 大墙内的超市

春天到了，监狱大墙内也是一片阳光明媚、花团锦簇……

这天，分管改造的副监狱长齐晓光照例来到监区检查工作。犯人们对他都比较熟悉，倍感亲切，有事愿找他反映，没事也想找他谈谈心。“齐监狱长，你好！”“你来了，齐监狱长！”“好好，大家好！”……

人们互相笑脸问候，心情舒畅。其中一名犯人打完了招呼，欲言又止。齐晓光看出来了，笑着问道：“有事吗？尽管跟我说。”

“监狱长，我想反映个问题：我家属探亲时讲，咱们小卖部卖的大鸡烟，每包比外边贵三毛钱……”

“是吗？”这句话引起了齐晓光的注意。最近他正在琢磨改善犯人生活呢，闻言马上找到生活科长孙四平了解情况。

“这是个历史遗留问题。”孙四平原原本本地汇报道，“在计划经济时代，犯人的生活物资都由国营商店定点供应。他们给什么监狱就吃什么，说多少钱就是多少钱。现在市场经济了，还延续着这种做法。他们从市场上便宜进货，转手加价再卖给我们，所以犯人买东西就比外边贵了。”

“那为什么不直接从市场上进货？”

“他们一是有国营的牌子，二是有正规的发票。我们也早想改一改，可观念上还没有突破。”

“以后咱们也从市场上进货，谁的便宜谁的好，就买谁的。”齐晓光一锤定音，“有什么问题，我来解决。”

由此，在省监狱主要领导支持下，齐晓光狠抓了犯人生活管理制度的大变革，提出了六字方针：市场、人权、教化。市场是指生活管理全部推向市场，让犯人回归社会后，也了解市场经济。人权是指在生活管理上，尊重犯人人权，这在 1999 年是十分超前的提法。教化是指对犯人起教育转化作用。犯人有三盼：盼减刑、盼接见、盼着生活大改善。生活好了，人心得安。

监狱要从市场上直接进货了！消息传到定点供应商耳朵里，可把他们急坏了。多年来靠着监狱无忧无虑地过日子，怎能甘心放弃呢？这天晚上，齐晓光家里来了一位不速之客——某副食品公司的经理。寒暄几句，经理便直奔了主题：“监狱长，我们可是多年的老关系了，以前监狱有什么要求，我们都是尽力满足啊。现在听说你不打算从我们那儿进货，这日子可就不好过了。几十号人都等着吃饭呢，希望还要多多关照。”

“我代表监狱感谢你们多年的支持。但现在市场上东西便宜，谁也不能做赔本的买卖啊。对不起，实在是无法关照。”齐晓光耐着性子解释。

“这么大个监狱不在乎这点儿吧。我们有数。”经理把带来的礼品往前推了推，打着哈哈说，“你们吃肉也得让我们喝点儿汤啊！”

此话一出，把齐晓光压抑已久的怒火点燃了：“知道你那碗汤里是什么吗？那是犯人的血！带上你的东西，走！”

货比三家，物美价廉。在监狱长的有力指挥下，孙四平带领生活科东奔西跑，与三十多个厂家或驻济办事处建立联系，直接购物，减少中间环节，实现了进货最低价。成果立马显现出来：商品价格平均降低了 17%，犯人食堂物价降低了 25%，1999 年全年比上一年节约采购物资资金九十余万元。这些钱全部用在改善犯人伙食上。

过去，犯人一个月吃三斤肉，一天一斤蔬菜，馒头定量。改革后，馒头放开吃，肉一个月七斤，蔬菜一天一公斤，生活标准翻了一番。尊重少数民族风俗习惯，专门设立了民族灶、素食灶。山东省监狱使犯人逐步由“吃饱、吃热、吃得卫生”向“膳食均衡化、营养化、科学化”过渡。犯人切实感受到政府在为他们着想，狱警在为他们努力。

在此基础上，他们又在酝酿开办狱内超市。

当时，社会上已经兴起了自主选择式的超市购物，这极大地方便了顾客的购物需求。为了使服刑人员跟上时代步伐，提高生活质量，促进改造，山东省监狱决定取消原来的小卖部，把超市引进大墙里来。

2001 年 8 月 10 日，齐晓光副监狱长主持召开了由狱政科、教育科、生活科参加的专题会议，研究确定了创建犯人超市的具体工作——分成四个组，分别装修店面房屋、考察进货运营、制定规章制度，组织培训……

与许多新生事物一样，同样争议不小。请来市内几家有名的超市经理帮助筹建，一个个连连摇头：“我们几乎经常丢东西，关在你这里的盗窃犯都是那些小偷的师傅，在监狱里办超市，还不全丢光了！”

“嘛，我们有办法，再说也不能光用老眼光看人啊！相信他们，也是对人格的尊重……”

8 月 17 日上午 10 时，在一阵喜庆的鞭炮声中，全国监狱内第一家超市——“育新超市”正式开业了，立刻受到了服刑人员的热烈欢迎。仓储式管理，开放式购物，给犯人充分的信任，反而唤醒了他们内心的良知，加之周密的管理手段和奖惩制度，一直正常平稳地安全运营。

齐晓光为此专门做过研究：如果去传统商店买东西，让营业员拿几次商品就烦了，自己也不好意思。而在超市里可以随便拿，似乎都是我的，往往超额花钱。这就提供了一个实现自我价值的环境。开始有的犯人一进超市，想要什么拿什么，结果到门口一算账，傻眼了！慢慢地，他具备了正常消费者的心态，享受了社会自由人一样的宽松权利，通过自我约束消除了内心的占有欲望。这是对犯人心理的一个考验，也是对他们道德水准的培养和矫正。

按照规定，犯人入狱时必须上交所存现金，统一保管。怎样使超市更好更方便地运营呢？省监狱决定引入现代化信息管理技术，充分发挥计算机网络高效、稳定、快捷、准确的优势，实现微机化管理。这项工作由生活科杨冰具体负责，抽调四名具有技术专长的犯人组成开发小组研制。那些天，杨冰天天“钉”在办公室里，饿了，泡碗方便面；困了，在沙发上打个盹儿。经过三个月的努力，几十次的修改，终于研发出了具有自主知识产权的犯人生活管理计算机软件系统……

监狱投资二十多万元，购买了数台计算机、网络终端设备，铺设了光缆，建成了具有先进技术水平的计算机管理局域网，实现了犯人存款购物消费“一卡通”。这年 12 月 15 日，育新超市购物卡正式下发使用，称为“育新卡”。犯人每人一卡，正面为山东省监狱新建监室全图，左上角标有徽标；背面左侧为服刑人员一寸彩色免冠照片，下方为其姓名，右侧为蓝底白字：战胜自我，重塑自我，新的生活在向你招手。

后来，服刑人员的“亲情电话”、“医院计费”、“伙房食谱”等并网运行。山东省监狱实现了犯人生活全部微机化管理。育新超市和“一卡通”，开了全国监狱系统的先河，省及全国报纸电视纷纷报道，引起了强烈的反响，但最受震动的还是那些犯人们：

“社会超市办到了监狱，这真是一大奇迹，对有罪于人民的我们来说，真是想都不敢想，这充分体现了政府的关怀教育。”

“是啊，走进超市，真不敢相信这一切是真的。看到大家自由地选购想要的东西，脸上是发自内心的喜悦。在这么好的环境里改造，有何理由不认罪悔罪，不积极改造呢？”

此后，山东省监狱又从济南新华书店、爱书人音像超市等文化单位引入赞助资金五十万元，创办了文化超市、电子图书阅览室，开通了局域网——可以打游戏、写文章等。这些举措营造了监狱贴近现实生活的环境，使犯人身临其境地体验社会的发展变化，激发了求知向善的热情，不至于把人关了几年，关傻了、变呆了，而是最大限度地实现监狱与社会的过渡衔接，将来出狱，能够跟上时代的步伐。

4. “十一大协会”

“咚咚锵、咚咚锵……”

随着一阵阵节奏分明的锣鼓点儿，一排排穿红披绿、身背腰鼓的人冲到场上，围着两只威风凛凛的黄毛狮子有节奏地耍弄起来。一会儿逗得它高扬四爪直立身躯，一会儿引得它转着圈咬尾巴，场上场下犯人和狱警们，不时地爆发出欢快的笑声……

对了，这一天是2010年7月23日，山东省监狱举行第八届育新文化节开幕式。育新文化节内容丰富，形式多样，有中华传统经典朗诵会、歌咏会，有“承传统美德·走新人之路”主题征文、读书演讲，还有书法、绘画展览以及篮球、足球、乒乓球、棋类比赛等，几乎每一个犯人都可以找到感兴趣的活动，一年一届，实在是全狱上上下下的节日。

这是监狱以人为本、尊重人权、建设人文环境的重要组成部分。

那还是在十年以前，正值山东鲁能泰山足球队夺取全国联赛和杯赛“双冠王”的时候，足球热波及齐鲁大地，监狱里也不例外。主管教育改造的副监狱长齐晓光发现每天下工后，一些犯人不管多累，总喜欢踢上几脚足球，旁边还会围上很多看球的服刑人员，谁踢了一个好球，一片喝彩，其乐融融。经过了解，还有不少爱下象棋的、爱练字的。

兴趣是最好的老师，爱好是最好的稳定剂，何不因势利导，寓教于乐，让犯人在自己喜欢的爱好中接受教育和改造呢？齐晓光的想法得到了监狱党委的赞同与支持，一个允许服刑人员组织文体活动的方案诞生了。不久，各监区犯人根据不同的爱好，自发组成了足球、篮球、象棋、歌咏、书法、文学、美术、计算机等十一个协会，还有合唱团、诗社、读书会等兴趣小组。每到工余时间，各协会就热热闹闹地开展活动了，服刑生活变得充实而丰富起来。

记得在足球协会成立时，齐晓光特意到场祝贺，并讲了一段意味深长的话：“球场就是个社会，每个人都想进球，进球就是实现人生的价值。人的机遇不均等，必须拼命抢球，也有下绊子的、有犯规的。最让你接受不了的是，裁判，也就是球场上的法官，他吹黑哨……”

哄——大家都笑了，响起一片掌声。因为此话抓住了犯人的心理：他们大多数人普遍认罪不服判，攀比心理严重。齐晓光接着说：“遇到黑哨怎么办呢？怨天尤人、自暴自弃都不管用，关键是面对现实，从头再来，在哪里摔倒就在哪里爬起来……”

不知不觉间，讲明了一个人生道理，服刑人员心服口服。接下来，他们利用各协会不断地搞各种活动，仅足球一年内就搞了四十多场比赛，进而举办了育新文化节、自编自演节目、狱内网吧、读书征文演讲等活动。这些活动活跃了气氛，陶冶了情操，激发了自尊心和荣誉感，十分有利于犯人的管理教育、改过自新。

苗某，个子高、反应快，是个“九死一生”的青年犯人。父亲是上海来支援内地建设的技术人员，为山东工业发展立下了汗马功劳，可惜儿子不争气，被坏人拉下了水，成为流氓团伙的小头目。他欺男霸女，无恶不作，甚至纠集他人抢到了公安局长女儿的头上，民愤极大……

天网恢恢，疏而不漏。公安机关一举打掉了这个黑恶团伙，从重从快，依照罪行轻重判了九个立即执行的死刑。苗某因为少参加了两次流氓活动，排在第十名，判了死缓，这就是“九死一生”的由来。然而，初入监狱时他并不服气，嚷嚷着判重了，不想活了，还动不动跟其他犯人瞪眼打架，成为反管抗改的人物。如此下去将会十分危险，可能会因表现不好改判为死刑。

狱警们恨铁不成钢，又为他捏着一把汗，可怎么说他也听不进去。偶然间，齐晓光发现他爱看电视里的体育节目，上了篮球场也有模有样的，便有意无意地跟他聊天，了解到他曾是校篮球队的前锋。齐晓光脸上露出一丝笑意，便问他：“让你当篮球队队长，你愿意干吗？”

“什么？别逗我了。我这样的，能当队长？”

“真的！现在咱球队打不过别的监狱，我看你行，敢不敢带着大家打个翻身仗？”

听了此言，苗某来劲儿了：“不是吹的，我要是队长，早打上来了！”

随后，监狱正式任命苗某为篮球队队长，这把他的积极性调动起来了，不但一门心思带着队伍训练、打比赛，还主动服从管理，参加劳动，来了个一百八十度的大转变，从不服管教的典型成了积极改造的明星……

他的刑期也一再加分减刑，两年前出狱了，回到家乡，还常常打电话来找齐监狱长、找监区长和狱警们汇报情况，表示永不再做犯法的事。

大力开展这些健康文明的文体活动，不仅丰富了文明、和谐的改造环境，而且充实了服刑人员荒芜的精神世界。

第四章 从“座上客”到“阶下囚”

俗话说，落地的凤凰不如鸡。这是指曾经风光一时的某些达官贵人，一旦从“座上客”沦为“阶下囚”，往往会感到灰头土脸，一落千丈……

随着社会主义市场经济的日益繁荣，一些手中掌握实权的党政干部和国企老总思想道德的防线渐渐放松，早晨围着车子转，中午围着盘子转，晚上围着裙子转，转来转去转昏了头，以至于跌进了人生的深渊。

作为一所重点监狱，山东省监狱就关押着这样一批人员——过去有的是处长、局长、县委书记、高级经济师，有的是总经理、主任、厅长，甚至是省政协副主席、副省长、省委副书记。如今或因贪污受贿、挪用公款，或因渎职枉法、卖官鬻爵，抑或是腐化堕落、作风败坏，触犯了党纪国法，被起诉判刑。他们有一个共同的身份：职务犯罪者，或称腐败分子。

如何教育改造他们，使其心悦诚服地认罪悔过，积极改造，早日洗心革面重新做人，是摆在监狱警察面前的一个新课题。

善打硬仗，且不打无准备之仗，是省监狱多年来的光荣传统。齐晓光副监狱长专门召集狱政科、教育科，以及集中关押管理的十一监区等负责人开了几次会，制定相应的对策。他特意对十一监区的负责人说：“老张、李伟，那些‘高官’大部分在你们那里，要瞪起眼来，细下心来，不能出岔子啊!”

“好的。不过这些人比我们职务都高，能说会道，还真得下点儿功夫呢!”

“进了监狱他就是罪犯！道义上我们高一头，要认真分析，对症下药，争取总结出一套经验来。”

“是！我们记住了。”

不管什么罪犯，工作原则就是“法德结合、文明改造”，首要标准是成为一个改恶扬善的新人。怀揣着真诚的事业心，发挥着崇高的责任感，狱警们一如既往地投入了对职务犯罪者的教化改造之中，冬去春来，同样取得了不俗的成绩，赢得了犯人及其家属的尊敬与信赖，也得到了同行和上级领导的肯定与赞扬。

这些罪犯有一个共同特点——“四高”，即职务高、学历高、年龄高、虚荣心高，初入监狱时大都感到落差很大、情绪低落、无脸见人。有人当年就是本区域的领导，曾经吆五喝六地到监狱视察过，还对求他办事的监区打过官腔拿过架子，现在落到监狱手里，既没脸又没自由，那还能有个好？抑郁者有之，怨天尤人者有之，甚至还有想轻生者……

我们的狱警既意志坚定又心细如发，及时梳理总结出行之有效的办法来应对此类犯人。一是要尊重他的人格，肯定其过去为党和人民做过有益的工作。二是要让他面对现实，及时从往昔的成功中跳出来，好好改造。三是要体谅关心他的生活，保重他的身体。四是发挥他的特长，让其感到自己还有用处。

曾任华东某省委副书记的王某某，贪污受贿数额特别巨大，归案后因认罪态度较好，并积极追回相关款项，被判处死刑缓期二年执行。他曾关押在北京秦城监狱，后来转到山东省监狱服刑，来时都六十四五岁了，身体患有高血压、糖尿病等多种疾病，而且由于当了多年“高官”，洗衣缝被等家务活儿全生疏了，整天躺在床上唉声叹气……

十一监区当时的领导是张磊光，李伟，还有副教导员胡波（现任教导员，也是个经验丰富、富有人情味的老狱警）。他们都亲自上阵做工作，与他聊天谈心，劝他放下思想包袱。遇到例行检查时，全体犯人都要出监列队等待，但破例让王某某等年纪大的犯人拿个小凳子坐在旁边；老年人肠胃不太好，冬天打饭时间长了，饭菜容易凉，监区就自己买了微波炉，专门给他们热饭。王某某体弱多病，往往超过犯人每月规定的医药费，就从别的年轻犯人身上匀一匀，保证他能吃上药……

一来二去，王某某感到这里的环境是好的，软件硬件都不错，尤其是“法德结合、文明改造”的理念，以及实践这些理念的警官们。他们有一副热心肠、两只温暖手，把王某某那颗冰冷的心融化了。他渐渐调整好自己的心态，正视现实，就像当年刚从山村走出去上大学一样，睡上下铺，自己洗衣服，拖地板，一心好好改造。

同监舍里有个顽固的邪教类罪犯，刚进来时抗管反改，竟然动员王某某退党。王某某苦笑了一下："我是罪人，已经被党开除了。"

"那不一样，你自己表示一下才显心诚。"

"住口！我对不起党，但心里还爱着党。你们这么胡闹才是邪恶的，应该退出的是你！"

此后，他配合管教狱警，积极帮助做此人的工作，终于使其转化了……

王某某曾毕业于农业大学，长期以来负责农村改革方面的工作，对我国"三农"问题有些研究。监区领导用其所长，专门请他给犯人们讲课，并算作他的劳动，可以计分。这极大地调动了他的积极性，每次都认真准备，侃侃而谈，似乎又找到了自我价值。不久，他从死缓减成了无期。

经过这样的忏悔、反思，他主动找到监区长、教导员表示："我犯了罪，给党抹了黑，我要用余生的汗水洗刷罪恶，弥补自己的过失。我保证四个不变：一是信仰不变，二是信念不变，三是感情不变，四是精神不变。虽说今生今世我无法在组织上入党了，但要争取在思想上'第二次入党'……"

2011年，省监狱心理指导中心按季节开展了主题活动，分别为"春雨润心田"、"夏日别样红"、"秋月寄亲情"、"冬风催醒日"。这些活动别具一格，寓教于乐，引起服刑人员的极大兴趣和参与热情，特别是春季活动之一——"清明释怀"，反响十分强烈。

清明节这天，心理中心主任吕辉峰带领几个年轻狱警收集了许多怀亲悼亡的诗词和音乐，并请电视台帮助制作了录像，在闭路电视上播放，分别组织各监区犯人观看、座谈，怀念祭奠逝去的亲人，诉说自己改造的决心和状况。

缓慢低沉、悲怆思恋的音乐一响，立刻把人们带进伤感而又充满亲情的意境里，一个个服刑人员低着头想念着为自己日夜操心的亲人，流下了悔恨的泪水。这对王某某触动犹深，他竟禁不住老泪纵横……

原来，他在入狱不久，相濡以沫四十多年的妻子就因忧虑成疾，糖尿病越来越重，一病不起，最终撒手人寰。儿女担心他受不了这个打击，一直瞒着。直至三个月后，实在瞒不住了，才吞吞吐吐地说出实情。这个消息犹如晴天霹雳，他当时就差点儿休克了，好在监区领导及时开导，并允许他在监舍里放上遗像祭奠，这才和缓了。清明时节，他又沉浸在对爱妻的怀念里了。

当晚，王某某辗转反侧，夜不能寐，挥笔写下了一封长信，情深意长，催人泪下——

给在天堂里爱妻的信

××爱妻：

今天是清明节，你在另外一个世界还好吗？那里冷不冷？住的是什么样的房子？你的邻居待你好吗？你还有钱花吗？孩子们给你送去了钱，别不舍得花。我不在你身边，又有谁能疼你、爱你呢？你的糖尿病好些了吗？医生护士待你好吗？亲爱的，你不要感到孤单，别难过，到时候，我会到你那里去的，咱们来生再做一次恩爱夫妻，共享天伦之乐，好吗？

××爱妻，你知道吗？你辞世之后三个月，孩子们才告诉我你去世这一如晴天霹雳的噩耗，我泪如雨下，心如刀绞，悲痛欲绝！这真是祸从天降，你怎么说走就走了呢？你走之前，咱俩没能见上一面，没能说上一句话，甚至连一个短信也没来得及发。四十年恩爱夫妻，风风雨雨，相濡以沫，难道这就是我们的悲惨命运吗？难道这就是上苍的安排吗？天哪，天哪！我一遍又一遍呼唤着你的名字，一次又一次端详着你的遗照——你那面部略显浮肿并含有苦涩笑容的照片。我意识恍惚，呈现在我面前的是我们过去的一桩桩、一幕幕……

你还记得吗？我曾多次对你讲过，年轻的时候，我因为忙于工作，追求事业，没有给你更多的关爱和温暖，没有珍惜这人生最为宝贵的夫妻间的恩恩爱爱，没有这四世同堂、儿孙绕膝的家庭幸福……我欠你的实在太多太多，这是我一生无法弥补的最大遗憾。每当想到这儿，我的心就像一把把刀子在捅，就像一座大山重重地压到我的身上，我几乎窒息。我的眼在流泪，心在流血，浑身在颤抖，任何评议、任何表达都无法倾诉内心的苦痛与悲哀！你离开了这个家，就像天塌了，地陷了，一下子失去了精神的主心骨。这个时候，也只有在这个时候，我才真正感悟到家庭团圆是多么美好！自由、爱情是多么美好！我真正体味到“平平安安过日子，舒舒服服做夫妻”比什么都好……想一想那些平常百姓人家，虽茅屋草舍，粗茶淡饭，但能团圆欢聚，不图名，不图利，忠厚善良，这比那些高官厚禄不知要强上多少倍！

××爱妻，现在我才真正体味到失去了的是最令人神往的，而失去了的也是最珍贵的，是无法挽回的，所谓覆水难收，就如日月光阴，一去而不复返！……在那漫漫长夜，我趴在冰冷的铁窗前，遥望着那深邃的夜空，月光如水，繁星闪烁，太空是那么神秘莫测。这茫茫宇宙，大千世界，你在哪儿栖身？我睁大眼睛找啊，找啊，可总是找不到你。我默默地呼唤着你的名字，自言自语，仿佛在和你窃窃私语，相拥而泣！我的爱妻，你在哪里？你在哪里？欲问各路神仙，我的爱妻，你在哪里啊……

××爱妻，你就放心吧，孩子们是争气的，他们都刻骨铭心地纪念你，爱着你！我在监狱里服刑，这里的领导对我很好，教育我，关心我，帮助我，挽救我。我一定在有生之年，努力学习，遵守监规，积极改造，争取早日走上新生！

……人居两地，情发一心。你我的心将永远在一起！××爱妻，你安息吧！我将永远永远地爱着你！

你的夫婿王某某
2011 年清明节

男儿有泪不轻弹，只是未到伤心处。这一纸泪痕斑斑的无法寄出的“与妻书”，倾吐了一个深情丈夫的心声，也反映了一个脱胎换骨的“高官”犯人的忏悔。可以想象，当初他身居高位、整天“酒色财气”之时，是写不出如此闪着真情之光的书信的。经过大起大落、悲欢离合的洗礼，特别是“法德结合、文明改造”的教育，良知苏醒了，人性回归了！

当这封信交到省监狱心理指导中心、交到监狱长齐晓光手上时，齐晓光既同情理解王某某的心情，又为他的醒悟感到由衷的欣慰……

“嘀铃铃……”

那是 2007 年春节前的一天，山东省监狱某办公室的电话响起来，值班警察拿起电话：“喂，你好，请问找谁啊？”

“我就找这个号码啊，请问你是哪里？”

“嘀，有意思，你打电话不知是哪里吗？我们这里是监狱。”

“监狱？怎么会呢？”电话里是一个男子的声音，显得十分诧异和迷惑。值班员也感觉蹊跷，便耐心询问，终于弄清了情况。

原来，打电话的人叫刘军，是济南天桥区官扎营社区的一位居民，其女儿刘安然不幸患了白血病，可她自强不息，乐观向上，一边与病魔斗争，一边还唱歌跳舞慰问帮助其他病友，感动了社会。《生活日报》、《齐鲁晚报》等报纸接连报道，各界人士纷纷为其捐款治病，2007 年中韩交流年友好形象大使——韩国女明星张娜拉也关心着安然，特意委托自己的父亲带上礼物前去看望。

这些报道被省监狱六监区的一名服刑人员王某看到了，他深受感动，特别是他有一个与安然差不多大小的女儿，这激起了作为父亲的万千情丝。他把登载小安然照片的报纸珍藏起来，时常拿出来看一下。过几天就是春节了，他想女儿，更牵挂病中的小安然，就决定为她做点儿什么。

王某找到监区长徐文宝，说明了想法：从自己银行卡上捐给安然三千元钱，同时在狱内超市购买一些食品寄去，但不愿意让对方知道自己的身份。“这是好事啊！我们帮你办！”徐区长爽快地答应了，并允诺替他保密。

大年三十那天，刘家正在准备过年，收到了邮递员送来的包裹和汇款单。全家人十分感动，便想感谢一下这位好心人，可是单子上没有留地址和姓名，不知道谁寄来的。小安然的爸爸刘军仔细查找，发现包装箱上有一个电话号码，这就出现了开头那一幕。

“明白了，这件事我们知道。这是六监区一位服刑人员献的爱心。”

“那就更不容易了，我想代表安然和全家人去看望他一下，当面感谢感谢！”

“这个……不过他说这是小事一桩，只想表示一下心意，不愿意暴露身份啊！”

双方在电话里反复说了好久，监狱方面还是按照王某的意愿婉言谢绝了。

这个王某是谁呢？这个举动是一时的心血来潮吗？不不，其间隐藏着鲜为人知的故事——

王某曾经有过光彩照人的过去：历任某市市政府的处长、贸促会会长、区委书记等职，年轻有为，思维敏捷，写得一笔好字，曾为这个城市的经济社会发展作出了应有的贡献。然而，在与国内外某些老板以及港澳商人的经济往来中，迷失了方向，一失足成千古恨，幸亏认罪态度较好，并有立功表现，被判了死缓，送到省监狱服刑。

曾经的辉煌已成美好而痛苦的回忆，看看镣铐囚衣，看看铁窗高墙，人生巨大的落差犹如天壤之别，尤其是妻子离婚携女儿而去，家中老母亲痛心疾首卧病在床，更令他万念俱灰、痛不欲生……

王某刚来时分在五监区，教导员李亭看到他情绪不高，便将其列为重点帮教对象，经常找他谈心，开导聊天，让他放下思想包袱，轻装上阵。渐渐地，他亲身体会到这所监狱的人性化管理，没有把犯人当作另类看待，心中升起了一线阳光。

在看守所时，他被强行剃了光头，感觉受到污辱一样，心里着实矮了三分。没想到，省监狱取消了这项不成文的规定，犯人可以留平头或者寸头，人格上平等了，呼吸就顺畅了一些。

那年夏天，泉城“火炉”发威，白天晚上都热得没处躲没处藏的。恰恰监舍正在重新修缮，几十名犯人被集中在一个大会议室里住宿，更是热得睡不着觉，风扇呼呼地转，也不管用。晚上，自由的人们可以哪里凉快哪里去，服刑人员只能老老实实待在屋里。

一天晚上，大家集中在大屋里准备休息，一个个手摇纸扇、大汗淋漓。时任副监狱长的齐晓光照例走来检查，见此情景，毫不犹豫地指示：“天气这么热，让大伙儿到院子里乘乘凉。”

“齐监，这行吗？犯人晚上不能出监舍，不安全啊！”

“灵活掌握一下嘛！我相信说明了情况，没人找麻烦的。再说咱们都看着呢！”

当监区长宣布齐晓光的指示时，犯人们兴高采烈，响起一片掌声，连忙搬着板凳来到院子里。值班狱警们，包括齐晓光都坐在旁边，围成一圈聊天乘凉。犯人们非常感激监狱的关怀和信任，没有一个想趁机逃跑……

这一切，王某全看在眼里，记在心里，慢慢适应了自己的身份和这个环境，主动参加各种文化教育活动，尤其是在“学雷锋促改造”活动中，愈加激发了一心向善、助人为乐的愿望。曾经的良知回归了，沉睡的人性复苏了。这时王某又遇到了一件刻骨铭心的事情，更使他坚定了自己的信念。

夫妻本是同林鸟，大难临头各自飞。这句悲凉的预言，在王某身上应验了。他入狱，妻子和他离婚，家中年迈的老母亲心疼儿子，经常一人奔波几百里，乘车前来探监，他的心就像针扎一样痛。

这时，一位曾经暗恋他的女士义无反顾地站出来，平时照顾他的老母亲生活，每当到了接见的时间，她就陪同王母一路前来，给痛苦孤单无助中的老人巨大的安慰。可惜，由于她不是直系亲属，按规定不能与王某见面谈话，只好等在会见室外边，直到接见结束再搀扶着王母回去。如此往复，感动了周围很多人。王母曾向监狱方面求情：大老远来了，请让她与我儿子见上一面吧！

回答是：不行！尽管监狱领导十分同情和理解，但监规就是监规，法律就是法律，谁也不能逾越。为此，这位勇敢而痴情的女士产生了一个大胆的想法："我要同王某结婚！"征得同意后，她与他通了亲情电话，说明了自己的决定。

"什么?"王某初听吃了一惊，尽管早有此愿，可毕竟身陷囹圄，不敢有此奢望了，"不行，我是个死缓犯人，这辈子可能就死在监狱了，不能连累你啊！"

"我心甘情愿。只要有了夫妻名义，就可以更好地陪同照顾母亲，也可以名正言顺地去见你了！再说你好好改造，还能减刑呢！"

几句话让他看到了一个女子金子般的心，王某眼眶湿润了："你可想到，就是减刑，也得坐十几年二十年的牢啊，真等到我出去，恐怕早已七老八十了。这些年你得吃多少苦，遭受多少白眼啊！你家里也不会同意的！"

"没关系！我认定你了，你虽然犯了法，但你不是坏人。我想好了，我的事情我做主，这辈子非你不嫁！什么困难，什么歧视，我都不怕！不管多少年，我都等着你！你就说你愿不愿意吧！"

好一个现代版的"王宝钏守寒窑"，好一个"问世间情为何物，直教生死相许"的奇女子。王某仰天长啸，泪流满面："天哪，这是我王某哪辈子修来的福分？一个犯人还能得到真爱！我有何不愿意的，我是怕亏待了你啊！"

两人就此说定，王某马上向监区打报告要求登记结婚。然而，毕竟他是一个有影响的死缓犯人，即使减刑，离出狱也是遥遥无期，这样的监狱婚姻没有意义，也没有先例，因而不予批准。王某认为自己没有被剥夺公民权益，双方自愿为何不行？便直接写信向齐晓光监狱长反映……

铁骨柔情、侠肝义胆的齐晓光，反复看了来信，“啪”地拍了桌子一下，自语道：“这是好事啊！既然有这样的贞烈女子，就应该成全他们。这不但有利于犯人改造，也会起到一个好的示范作用。不管犯了多大的罪，只要认罪服法，好好改造，同样会有真诚的爱情和光明的未来！”

他拿起电话，马上与有关部门联系，不料并未得到同意：“注意，死缓犯人要结婚，好像还没有先例吧。你别出这个头，万一因为他犯个错误不值。”

“王某表现不错，已经减成无期了。”齐晓光据理力争，“再说符合婚姻法，成人之美有什么不好？如果说有什么错误，我担着就是了！”

就这样，在齐监狱长的大力支持下，选了一个好日子，监区负责人派出几名狱警，专门要了一辆轿车，拉着王某和那位女士来到民政局婚姻登记处，郑重其事地领取了大红的结婚证。

王某夫妇心情特别激动，老母亲更是乐得合不拢嘴。虽说没有举办婚礼，也没有入洞房的仪式，但一家人已经心满意足、喜笑颜开了。这是自王某出事以来从未有过的欢乐。

从此，王某认定在这样的监狱里服刑、遇上这样的监狱长和管教民警，是自己的幸运！真不愧是现代化的文明监狱。社会没有抛弃他这个犯人，他也要为社会作点儿贡献，获得灵魂的自我救赎！因而，本章开头所描写的他为小安然捐款的一幕，就不是无源之水了……

过了几天，安然的爸爸刘军还是千方百计打听到王某的情况，专程来到省监狱看望感谢，并且带来了重病中的小安然写的一封信。现在摘录一二，读者会体味到王某捐款所产生的积极效应，同时也会折射出文明监狱的改造成果：

伯伯新年好！

我已经收到了您给我写的信和那些食品，还有三千元钱。非常感谢！……伯伯，我得了重病，虽然是不幸的，但我感觉自己是天下最幸福的孩子，因为有那么多人疼爱我，喜欢我，又带给我一连串的惊喜，让我在爱的包围下一天天成长。

其实，伯伯您，还有很多和您一样服刑的人也都被别人关爱着，和我一样都是幸福的。我们的社会主义大家庭在给我们重生的机会。我们要比以前更加珍惜这一切！我坚强是因为我爱我的家人，爱我的老师同学，还有我最喜欢的韩国影星娜拉姐姐等一些身边我不认识的人，他们给了我信念，给了我力量，我舍不得他们，我要过好我的每一天，让他们看见我快乐地面对病痛的折磨，这样他们的痛苦就会减少一些……

伯伯，相信你也会坚强面对一切的，对吗？让我们互相鼓励吧！希望我们的明天会更好！我请伯伯接受我爸爸妈妈的祝福！他们希望伯伯好好改造，争取戴罪立功，为了和家人的早日团聚而努力吧！让我们一起加油吧！再次感谢伯伯。我的这个新年过得很开心，很难忘！我会尽快把身体养好，去看望您！

祝所有服刑的伯伯、叔叔、阿姨、爷爷、奶奶们新年快乐！身体健康！

小安然敬上

二〇〇七年二月初二

哦！天真无邪的小安然，坚强懂事的小安然，这封信写得何等好啊！她的比喻十分贴切：一个是身体得了病，一个是心灵得了病，但都被社会所关爱着，只要坚强面对，互相鼓励，就会获得重生的机会。最后，那句祝福所有服刑的伯伯、叔叔、爷爷、奶奶的话，深深震撼着读者的心灵。在这个可爱的小姑娘眼里，世界是五彩的，哪怕一时阴云密布，只要不放弃希望，不久仍然是彩虹满天。

王某把安然的信在监舍里读了，大家一时无言，泪光盈盈……

第五章　监狱长与法学教授

2003年12月的一个晚上，闻名遐迩的北京大学校园凯原法学楼大教室里，亮如白昼。尽管窗外北风凛冽，寒意袭人，室内却是热气腾腾，温暖如春。为了纪念始建于1904年的北大法学院一百周年庆典，校方举办了“建院百年·名家讲坛”的庆祝活动，邀请国内外著名的法学专家和权威人士到北大法学院讲学，推进国家法治建设和法学研究进程。

作为我国监狱行刑理念与实践的创新代表人物，齐晓光受邀成为走上北大讲坛的第一位监狱长。他微笑着面对着眼前座无虚席的法学教授和博士生、硕士生们，侃侃而谈：

> 各位老师、各位专家、学者、同学们，晚上好！我们一说起监狱长，成天管犯人，来了一定很严肃，不会笑，不会和人开玩笑，其实不然，你们看我不冷酷吧？呵呵……
>
> 咱们新中国的监狱发展脉络，总的情况大家可能比较清楚。在新中国成立初期，毛泽东同志在回答记者斯诺的谈话中说，我们的监狱不是过去的监狱，其实是学校，是工厂，是农场。但是他老人家这个发展思路，一直到现在，应该说并不落后，还是指导监狱往前改革发展的。我们国家历来重视罪犯的人权保障，对罪犯的管理是严格、正规、有序、尊重人文的。改革开放以后，监狱有了比较大的变化，特别是《监狱法》公布以后，七十多条的内

容，就有三十多条是讲犯人权利的。监狱工作方针大家可能比较清楚，就是惩罚与改造相结合，以改造人为宗旨。因为我来自一个地区监狱，只能从实践工作中，直接谈身边对罪犯的改造和管理，以及对其保障人权方面的具体做法。这里，我先把我们山东省监狱的基本概况向各位专家、学者和同学们介绍一下：

山东省监狱始建于 1955 年，主要关押死缓、无期和十年以上的重刑犯。现关押能力是 3000 多人，实际关押罪犯 2400 人。监狱共有 11 个监区，狱警 500 余名，监狱正在进行扩建。我们从建狱以来发展经过了几个阶段，过去多是关押历史反革命、重大刑事罪犯，现在关押的罪犯类型多了。1996 年通过了部级现代化文明监狱验收，我们监狱连续九年无罪犯脱逃、行凶，连续六年没有罪犯自杀、自伤、自残，截至 2012 年已经连续十八年无脱逃事故……

监狱为什么要改革，这是摆在我们面前的一个新课题。首先一句话，就是无愧于时代，因为时代在发展，国家实行了法治化，继续沿用过去的办法、传统的模式已经不能适应现代监狱了。社会结构发生了变化，罪犯成分发生了变化，思想观念发生了历史性的转变。我们将二十多年前的办法拿到现在来，你管犯人管上几天就出问题了，为什么？过去是讲阶级斗争，讲无产阶级人民专政，罪犯是敌人、是专政对象，就讲严肃管理，严格执法，对罪犯采取强制性措施。如果将现在的监管办法拿到过去，对罪犯又关心又爱护，自己就有可能被打成右派了。所以随着时代的变化，监狱必须要变化，它要符合时代的节拍。

我们省监狱改革，总的目标就是建设成高度戒备的文明监狱，在设施上要与本省的经济水平相适应，在管理上要体现当代中国监狱的管理水平。下面我就从七个方面介绍我狱的改革情况，在介绍改革情况的同时，介绍我们监狱的十大变化。这七个方面包括：第一个是对罪犯进行狱务公开，就是公开化管理；第二个就是对罪犯的人性、人文、人本式的管理；第三个就是规范化管理；第四个是对罪犯生活管理市场化；第五个就是狱内侦查控制体系；第六个是罪犯素质教育体系；第七个是亲情工程。

十大变化是：1. 对罪犯的定位由敌对分子转换为触犯法律被判刑的特殊公民。这个转化是比较大的，过去一说罪犯就是阶级敌人，就是专政对象，而现在已经不能那么讲了。2. 警察队伍由传统型为主向知识型、专业型为主转变。现在有文化的多了，专业要求也高了。3. 罪犯成分由过去的单一刑事犯和个别历史反革命犯向刑事、危害国家安全、经济类及邪教等多种类型的罪犯转变，这使监狱成为了一个特殊社会群。这就是说，过去社会上有的，监狱里不一定有；现在社会上有的，监狱几乎都有了，上至领导干部，下至一些经济类罪犯，各种类型的犯罪现在已经五花八门，监狱成了一个小社会了，犯罪类型多了。4. 由人治为主转向了以法治为主。过去主要是以人的传统观念对罪犯进行管理，现在我们主要执行的是依照法律执行刑罚制度。5. 罪犯的价值观念由单一型向多元化发展，自我意识增强、维权意识增强。过去的罪犯要求得比较简单，能吃上饭，让回家见家人就行，现在的要求多了，价值观念也变了。6. 管理由封闭式向开放式转变。因为以往的监狱几乎是全封闭的，除了开放的监狱之外，其他监狱是不对外的，现在管理逐步走向社会，邀请社会的有关人士到狱内对罪犯实施帮教。7. 教育由强制灌输式向启发引导式转变。这个比较简单，过去管犯人采取的是我说什么你听什么，不管道理你懂不懂，淡化了让人心里接受，强制让罪犯接受。这就是个误区，应该让人去引导，因为思想政治工作的定义就是两个字：疏导，即疏通引导。8. 行为管理由约定俗成的传统观念为主向科学统一的规范为主转变。这也是我们监狱比较大的一个变化，过去人们的管理，是沿用了传统的习惯。9. 生活管理由计划分派向按需供求制转变。监狱受市场经济影响比较大，以前它受计划经济的影响，对罪犯的各种管理、物资供应都是和部队一样。10. 对罪犯整体与个体管教由刻意追求罪犯规矩听话向注重调整罪犯心理转变。过去书本上的监狱和电影上的监狱都过时了，前不久张文教授到了我们那里说，没想到监狱发展那么快，过去讲犯人只许你老老实实，不许乱说乱动。对待罪犯按搞运动时揍坏分子那么揍，这个办法对不对？根本不对。

心理问题在监狱是高发区。我看了张文老师做的调查，有五分之一的犯人有心理问题，因为犯人处于一个比较封闭压抑的环境，他心理上也很压抑，所以在改造罪犯的文明程度上要加强。你不去理解他怎么去尊重他？有的狱警有个毛病，就是不站在平等的角度上去理解犯人，这是对人权的不尊重，这需要我们对过去的监管模式有所改变。咱们国家的现状是上世纪八十年代末各个监狱开始搞心理咨询工作，现有90%的监狱已开展心理咨询工作了，但参差不齐，有些监狱的标准还是比较低的。我们从今年开始把罪犯心理工程作为工作重点，成立了专家委员会，建立了心理工作教研室，对每个犯人建立了心理档案，设立了心理门诊，配备了监区咨询员。

特别是我们搞了“启明星”热线，由六名女狱警通过电脑屏幕与罪犯进行直接的心理交流，和犯人站在平等的位置上，这也算是一大突破吧。因为让罪犯长期处在同性的环境里，他容易产生畸形的心理，这样就让我们的女狱警和犯人进行对话。大家都知道，一旦有异性和你通电话，你心理上马上产生另外的感觉，特别是男性与女性接触少了，一接电话，心里是很甜蜜的，这都是正常的心理习惯和心理活动。这样我们通过这个活动，解决了犯人很多问题，他们把女狱警当作“知心大姐”“知心妈妈”，有的犯人心理有了危机，找到女狱警咨询后，心里疙瘩就慢慢解开了。

我们下一步还要创造更好的人文环境，因为人的思想形成主要有三大要素——遗传、环境、教育，遗传我们解决不了，但后天的环境和教育我们是能做好的，是能起到辅助作用的。这样我们努力创造良好的环境，让罪犯身心得到陶冶、思想得到校正，另外我们还想邀请有关专家到我们监狱进行课题研究、案例分析，对罪犯中比较典型的问题进行排列。我们将来会本着专群结合的路子，下大气力，约请各位专家，到我们监狱现场指导，特别是我们一些学法律的、学心理的同学，可以到我们监狱，根据犯人的情况，搞一些课题，帮助我们做些分析……

年轻的监狱长毫无怯意，引经据典，谈笑风生，从中国古代监狱的起始到古希腊哲人对监狱下的定义，从欧洲文艺复兴时期著名法学家对宗教法庭的批判到中国特色监狱法的形成，从社会变革导致犯人成分的变化到共产党人打造的以人为本的监管文化，一直演讲了近两个小时，激发了这些国内一流高校师生、法学专家的极大兴趣。在获得热烈的掌声的同时，也引发了他们尖锐的提问和争论。齐晓光始终面带微笑，认真倾听，一一耐心地做了解答。

当齐晓光演讲结束后，主持人陈兴良院长站起来，面向会场说：“刚才齐监狱长比较系统地介绍了山东省监狱在犯人矫正和监狱管理方面的一些经验和做法，使我们对监狱关于犯人权利保护方面有了更深的了解。下面进入评论阶段，首先我们请张文教授进行评论，因为张教授前几天专门到了山东省监狱调查研究。”

张文教授接过话筒，看着大家说：“我是一个月之内吧，第二次听齐监狱长讲监狱的情况。第一次呢是齐监狱长给我和一个民警讲，讲了一个小时。这次是给咱们师生这么多人讲，讲的时间更长了，内容更多了。现在监管犯人方面有好多新事。譬如说，对罪犯讲人权、讲人性、讲人情，还讲心理工程，我看这都是新事。另外在监狱里面成立（罪犯）维权委员会，我过去连想也没敢想。监狱内有网吧，不同监区的犯人可以通过网吧互相交流，这能想象吗？还有‘启明星’热线，刚才他讲了，挑选几个女狱警跟犯人通电话，还确实起了作用。我觉得我们国家现在的监狱，发生了很大变化，有好多新的提法和做法，这反映了什么？监狱行刑的理念发生了变化，过去把犯人当成专政的对象，管呀押呀，犯人表面上规规矩矩地在那劳动，实际上内心里不知道想啥呢。现在不是了，监狱真正把犯人当人来看，了解犯人的心理，了解犯人的需要，针对这样的心理和需要再去做他的工作。

“对一个监狱来讲，罪犯是监狱行刑的对象，也是监狱一切工作的出发点，监狱就是要将严重危害社会的罪犯矫正为对社会有用的人，这是监狱行刑的唯一的目的和归宿。按照山东省监狱的说法，就是要尊重罪犯的权利，把罪犯当成人来看待。从这个理念出发，根据罪犯的实际情况，教育他、改造他，使他真正做一个转变，成为社会的一个正常人。我觉得新中国成立近六十年了，应该认真总结监狱行刑的经验，尤其是现在像山东省监狱这样，结合监狱罪犯发生的这些变化和他们的实际情况，真正地对罪犯采取教育改造的方法。我看山东省监狱有好多做法都代表着现代文明监狱发展的方向。另外一个呢，我觉得监狱是社会文明的一个窗口，体现社会的文明程度。评论监狱是不是文明，也不完全在于它的物质条件的好坏，关键在于看它对罪犯采取了什么样的政策，是单纯采取惩罚的方法，还是采取矫正的方法。

“我最近因为科研课题的需要，先后跑了几个监狱，像北京二监、山东烟台监狱、山东省监狱，还有山东女子监狱，我发现我们的监狱现在确实发生了很大的变化，这也反映我们国家社会文明的进步。尤其是山东省监狱，他们这几年对监狱实行五大改革，他们叫‘五大工程’，使监狱的面貌发生了很大的变化，我知道这确实是对我们社会的文明作出了很大的贡献。另外，通过对监狱的考察，我感到监狱的民警很伟大，人们说教师是人类灵魂的工程师，我认为他们更应该是特殊的人类灵魂工程师。我在山东省监狱就跟齐监狱长讲，我说我们教育的对象是张白纸，在那些白纸上写字画画。你们的教育对象，我看要难得多，他们不是白纸，他们已经在纸上胡乱涂抹了，你们的任务呢，是将他们乱涂的东西抹掉，要他重新写、重新画，我认为你们更难。因此我们认为像齐监狱长这样的千千万万的狱警，更应该受到社会的尊重。

“回来以后，我跟几位老师讲了讲，都觉得我们国家监狱行刑的经验，需要在理论上更加深入地调查研究，进行总结。也有一些问题，等一会儿许多老师还要提。我呢，提这么个问题吧：你这监狱采取了一系列改革措施，最后的效果那要看你这监狱出去的犯人再犯罪率到底是多少。我在这几次调查当中发现一个问题，就是有些累犯、惯犯短期之内改造不了。有一个盗窃犯，他说再过两年我就出狱了，我说出狱以后你还干不干，他说那不一定，我说那怎么不一定呢，他说我出去没工作，我饿了还要偷啊。我说假如每月能有七八百块钱收入呢，他说那可能不偷了。最后他说张老师除非你砍掉我这双手，不然我回去我还要偷。我说像这样的人到底要怎么办，他刑期到了是不是要放，我就问监狱民警，我说这个人怎么办，他说没办法呀，到期得放，你把他放出去以后，很可能一上公共汽车又开始偷。这种人怎么办？这是我的问题，谢谢。”

齐晓光笑笑说：“首先回答张老师的问题。对于重新犯罪率，咱们中国和其他国家的统计方法不太一样。咱们国家重新犯罪率让人觉得统计数字低得有点儿离奇。为什么低得离奇？发达国家一般重新犯罪率在40%以上，而我们国家重新犯罪率一般都在10%以内，甚至有的比这个数字还低。山东省公安厅当时给我们山东省监狱回了个文儿，它说重新犯罪率在2.7%，这个数字大家觉得奇怪吗？要是猛地一听肯定得奇怪，实际并不奇怪，因为咱们国家统计是按刑法来的，以前三年以内重新犯罪叫累犯，现在是五年以内重新犯罪叫累犯，公安部门统计的是2.7%，我们觉得它有一定的科学依据，因为是派出所报上来的。但是从数字上看，我们觉得有低的成分。比如有的人重新犯了罪，村里和村支书不上报，街道不上报，这就没统计上来，这种情况确实有。咱们国家一直按刑法累犯这种统计办法，五年以内，所以数字相对比较少，山东省是 2.7%，这也不是监狱自己统计出来的，是公安厅给的数字。

“张老师说的从监狱里就想再犯罪的人是有的，这是摆在我们面前比较大的一个课题，因为短刑犯改造后，刚才特别讲了盗窃犯，有的出去混不上饭吃，就重操旧业。有的刑满释放还没有满月就重新回来了，有的还没到家在路上就偷了。这是为什么？有很多情况，第一个是他家庭的特殊环境，好逸恶劳的恶习没改正。第二个是到了社会不被接纳，反正现在盗窃判不了多长时间。对短刑犯的改造确实是个社会问题，不仅仅是监狱改造方面，社区的相关部门也要参与。监狱对罪犯进行良好的教育和培训，非常重要。张老师刚才说的是安置问题，让他能挣七八百块钱，我们再就业培训中心就是考虑这个问题，让他出监后有个工作、有个生活来源。”

“好，下面再请郭建安教授来做评论。大家欢迎……”

司法部犯罪研究所所长、北大法学院博士生指导小组成员郭建安点点头，说：“首先祝贺齐晓光监狱长给大家做了一个非常成功的演讲。我先说明一下，北大法学院是研究咱们国内刑事一体化的，这对实体、程序和执行，都有一个公正的问题，我不知道各位同学怎么理解，我觉得在‘三个公正’中刑法执行方面的公正更为重要。如果说你实体再公正、程序再公正，到了最后兑现刑法的时候，公正没了，你前脚收进来我后脚放了，我给他法外执行，造成了其他伤害，这就前功尽弃了。另外，从四个刑事程序的阶段来看，侦查、起诉、审判、执行，哪个环节最困难？我觉得也是执行环节最困难，周期最长。你把案子破了人抓了就完了，起诉也是一个简单的过程，量刑也是对照事实和条文做出个判决就完了，但到了执行阶段就不一样了，一个是周期太长，另外呢，我们面临着要把他们改造过来的任务，同时可能还得消化前三个环节，确实是很不容易。

“希望大家能够更加关注刑罚执行理论。齐晓光监狱长从七个方面把他们监狱五年以来的改革情况向大家作了展示，我总的评价就是，他们在没有系统的理论指导下，在没有上级主管部门的指导下，能在这几年里做了这么一系列的改革，我觉得这是非常难能可贵的。我觉得，所有的这些改革的措施都是从保护罪犯人权出发，是符合现代行刑的一些理念的。刚才张文教授也讲到了，从国际社会来说现在强调的比较突出的一个理念，就是要尽量缩小先进生活与自由生活的差距。他虽然没有谈到这个理念，但从他的做法上看，我觉得是跟这个理念相当接近的。为什么说要缩小先进生活与自由生活的差距呢？那就是我们要考虑到行刑的目的到底是什么。刚才齐监狱长跟大家也讲到了，我们中国社会是想把犯人真正地转化过来，不再重新犯罪了，不再重操旧业了，这是我们的根本目的。再说，过于强调监狱的威慑和惩罚的话，可能会距自由生活越来越远。对于他们成功地回归社会来说呢，可能困难越来越大。我觉得从现在国际上公认的行刑理念来说，山东省监狱做得相当不错。

“最近司法部在监狱工作方面也抓了几件大事。其中一件是调整监狱布局。对于布局调整，大家可能不太清楚。为什么要进行调整呢？原来监狱为防止暴乱，很多设在偏僻的地方，要从地理环境上解决制约监狱发展的问题。另外，对监狱的体制进行了大幅度的改革。大家都难以想象，我们在1949年新中国成立之后，由于国家不给钱，很多监狱在创业过程中不得不自己建劳改队，建监狱，还要创造一些经济效益。此外由于地处偏僻，还得解决当时劳改民警的一些生活问题，包括他们家属子女的生活，这样就形成了一体化的监狱管理模式。我觉得从齐晓光监狱长介绍的情况来看，咱们监狱所推出的一系列改革措施，对于我们司法部目前所抓的工作方向来说是非常对口的。总之，我和张文教授一样，向监狱一线的民警致敬，他们确实作了很大努力，同时我希望咱们监狱进一步把改革的经验总结一下，更加条理化，从理论上进行一些升华……”

一片掌声过后，主持人说：“郭教授从大的方面介绍了情况，肯定了山东省监狱的做法，当然还需要不断完善。下面如果谁有什么问题，可以提出来讨论。”

一位教授接过话筒说：“那我就不客气了，刚才齐晓光监狱长做了一个非常不错的报告，张文老师和郭教授也作了点评和高度评价，赞誉的话我就不多说了，他们已经代替我说了。我想呢，我们的《监狱法》确定了建设现代化文明监狱的目标，山东省监狱沿着这个方面作了大胆有益的建设性的尝试，这都是非常可贵的努力。但是我也在思考几个问题，第一个问题，我们要建设现代化文明监狱，刚才包括齐监狱长、张教授都提到监狱是社会文明的一个窗口，我考虑的问题是什么呢？文明不是个抽象的概念，文明是有一定制约的，也就是说，在什么时代我们评价一种现象是文明的还是不文明的，可能要受到一个社会历史文化各方面条件的制约，那么我们判断我们的监狱是不是现代化文明监狱，可能也没有一个抽象的标准来加以判断，而是从社会文明、政治文明、物质文明、精神文明的程度出发，来判断我们建设的监狱是不是现代化文明监狱。但是在建设现代化文明监狱中，我们一定要考虑文明的制约性，也就是说，不要超越我们社会的政治文明、物质文明、精神文明的程度，来片面地追求现代化文明监狱，那么我这里绝不是说咱们山东省监狱在追求这个。而是说在理念上，我们在指导思想上一定要注意这个问题，否则的话，可能会使我们在建设现代化文明监狱的发展方向上出现一些问题。

“那么我为什么会有这样的担心呢？因为我们是一个有着重大的地区、城乡差异的国家，我们有非常富裕发达的地方，不亚于西方发达国家，但是我们也有非常原始落后的地区。在第二种情况下，物质文明程度有着重大差异，我们社会的精神文明也有着重大差异，如果我们在建设现代化文明监狱这个过程中不考虑这样一种地区差异、这样一个现实条件，我们把监狱建设得过于现代化，过于文明，以至于监狱成了人们向往的地方，那么我想，这样会导致整个刑罚的失衡。我们必须承认，不管这个刑罚如何文明，不管我们的社会如何向人道方向发展，刑罚首要的属性仍然是惩罚，惩罚就意味着痛苦，这一点必须强调。那么第二个，在我们对罪犯的教育行刑矫正的过程中，首先要考虑监狱执行的是惩罚功能，而惩罚意味着痛苦，这种痛苦在过去主要是肉体痛苦，或者是一种物质上的损失，但是在现在可能更多的是一种在精神上的痛苦，是一种自由的丧失，所以我们在建设现代化文明监狱过程中，还是要体现刑罚的痛苦性。我们想一想，当我们的农民、工人面临着没活儿干、没饭吃，甚至没衣穿的时候，当我们的工人、农民在为吃馍还是吃窝窝头而操劳的时候，如果我们的监狱所有的罪犯都吃上了白面，几乎罪犯每天都能吃上肉，我们的罪犯不仅能上学，能拿到技术岗位证书，而且还能拿到大学文凭，还能看电视，组织各种各样的协会，也能上网，感情苦闷的时候还可以跟异性交流，那么如果在我们的监狱，现代化文明真的到了这种程度，对那些失业的、下岗的、整天为生计奔波的普通工人、农民来说，这意味着什么？我们的监狱发展下去，会不会走向它的反面？这是我们在致力于建设现代化文明监狱过程中，一定要注意避免的一种倾向。

“这是一种学术探讨，绝不意味着否定山东省监狱在建设现代化文明监狱过程中所作出的重大努力。我非常真诚地认为山东省监狱系统的很多同志，就像张文老师讲的是人类灵魂的特殊的伟大工程师，不是一般的工程师。但是，我想跟齐监狱长提一个问题：我们山东省监狱主要是关押重刑犯，有一点我不是很清楚，我们是一开始就对罪犯实行这样的以人为本、全过程的人性化管理，还是说分阶段进行？这种管理、警戒上的措施，是经历了由严到宽的过程，还是说我们这种人性化管理，自始至终就是这样呢？我想还请齐监狱长解释一下。但是总体来讲，我要表达一个基本观点：我们要追求现代化监狱行刑理念，我们也要跟随世界行刑改革的国际潮流，但是我们一定要立足于中国的国情，从实际情况出发，来追求现代化文明监狱建设的目标。好，也借此机会谢谢齐监狱长的精彩报告。谢谢！”

话音一落，大家立即把目光投向了讲台上的齐晓光。恰在此时，话筒出了问题，工作人员赶紧上来查看。齐监狱长从容不迫地说：“还是我来直接给各位老师说吧，我的声音比较洪亮，不用话筒了。这位教授的问题是，我们是不是一开始就为关押的犯人提供这种以人为本的环境？监狱会不会变成让人向往的地方？我的回答是：监狱生活再好，对人们的向往毕竟也是一个制约。我们对犯人调查的时候，曾专门问过想跑不想跑，几乎所有的犯人都说，想跑！你看我们文明到这种程度，犯人还几乎都想跑，不愿待在监狱里。由此我想起一首裴多菲的诗：生命诚可贵，爱情价更高。若为自由故，二者皆可抛。咱们国家执行的是自由刑，就是剥夺自由的刑期，除了剥夺自由以外，其他权利几乎都要保障，就是犯人享有的权利都应该保障。过去执行的有身体刑，有使役刑，可以说有各种刑罚，但现在咱们国家规定实行自由刑。在座的都知道，人最大的痛苦可以说就是失去自由，人最难以忍受的，就是孤独和不被人理解。从心理学上讲，人最大的压力来自于他的心理——他失去自由了。这个不用说犯人，闹‘非典’的时候，我陪犯人在里头待了两个月，我就有这个体会。咱们监狱法规定惩罚与改造相结合，把惩罚放到前头，以改造人为宗旨。犯人想跑，这是普遍心理，再说他们想减刑，也是一个最强烈的追求目标，犯人‘三盼’，第一盼不就是盼减刑，想和家人团聚吗？因为他在监狱这个特殊环境里，集体化的生活再文明，也没有一个自由的空间。学生上学再紧张，也可以到街上去；工人劳动再苦再累，也可以上外边游玩去。咱们不平衡在哪里？刚才这位教授说的，也是社会普遍的心理：犯人吃肉吃面，吃得这么好了，觉得不理解。这是什么？这也是咱们国家人权斗争的需要，也是国际发展的需要。正常人，比如农民、工人吃不上饭，他自己可以通过条件创造。而犯人关在这里，你给他吃他就吃，你不给他吃他一点儿也捞不着，所以国家必须在这方面体现文明。你正常人吃不上饭，他说你是没本事，可以找理由。罪犯没饭吃、吃得很差，他说是国家虐待他。

“从新中国成立开始，中央领导人一直提出监狱方针是改造第一，生产第二，就是把罪犯改造放在第一位，经济利益放在第二位，先让犯人吃饱、吃熟、吃得卫生，解决这个问题后，再就是对罪犯每个时期都有严格标准，罪犯和其他正常公民不一样。现在都公开透明了，在过去，你如果对犯人进行压制，甚至打骂，他没地方说话去。刚才那位教授曾问对犯人是不是始终这样人性化对待，这是一个比较直接的问题。我们现在对罪犯实行分级管理，叫‘三等五级’，有从严级，有从宽级。刚来的犯人让他学会守规矩，学会服管。从严级，改造到一定程度，不同的犯人享受不同的待遇，表现好了享受更高的待遇，表现得很好的，家属来了可以在一块吃饭。如果进来不服管，将犯罪恶习带到监狱里来，那肯定不能享受很好的待遇。再就是调整他的心理。人都是向上的，你积极努力，就能得到财富；你好吃懒做，就会失去致富的机会。所以说，我们对罪犯是实行分级的，刚进来时解决服管问题，中间是一个正常的过渡时期，再到最后一个出监教育，不同的表现形式，采取的措施是不一样的……”

讨论越来越热烈，师生们争先恐后地发言：

“我听了齐监狱长的报告以后，觉得讲得很好，刚才几位教授作了点评，我有同感，好听的我就不多说了，我就讲一点，山东省监狱作了这么多努力和尝试，我听了最留意的是可以把头发留住。如果我是一个犯人，我是到三十岁以后才知道头发多么重要，头发是人们能够支配的身体的一部分，其他意义我们就不说了。头发，山东省监狱能给留住。咱们看到外面街上那些留着寸头的，我心想我还可以抹一点儿水啊，甚至可以打点儿摩丝，像我一样。由此我想到的是什么？想到山东省监狱的犯人可以不剃光头，是不是意味着像我们一百年前，把辫子剪掉了，或者像咱们的女同胞把脚放开了一样，会不会有这样的意义？这是我最赞赏的一点。至于其他的大道理我就不说了，听了这个报告以后，我有几个问题，我的问题不只是向齐监狱长提出来的，也是向我自己提出来的，我希望咱们一起来思考这个问题。我的第一个问题是，山东省监狱在推进罪犯权利保护这项事业和工作当中，我们为什么保护罪犯权利，或者说我们的动机是什么。在咱们这个报告里面一再提到了人权和教化，特别是在生活卫生管理方面，市场化、教化和人权联系起来，这是一个什么关系？我想请监狱长谈谈对这个问题的理解。另外，牵扯到对犯人的认识问题，这儿有研究犯罪学的，我不太赞同你的意见，你担心对犯人太好了，会使人们对监狱产生向往。我觉得我们经历过‘非典’的人都知道，‘非典’期间可以吃得很好，但我不愿意过‘非典’那种监禁的生活……”

“是啊！我给你补充一点，这次我们去调查，一从监狱出来，我问同伴你的感受是什么。他说，我最深的感受是自由太可贵了！高墙里面再好，也不如在高墙外头。”

“在这里面除了丧失自由以外，还有一些跟自由相联系的其他权利都被剥夺掉了。不是说仅仅一个自由的问题，还有以自由为基础的一些权利。”

“对不起，我再插一句，当社会上还有相当多的人为生存而挣扎的时候，这种人身自由，对他们来说是没有什么意义的。人身自由对我们来说很宝贵，但对那些为生存而奋斗的人来说，人身自由是没有多少价值的。”

“你只讲了一个方面，如果没有自由他怎么生存？自由是什么？是目的、是前提，如果没有自由，那么只有死。我的第二个问题是什么呢？刚才齐监狱长说，我们犯罪学是研究一个好人怎么变成坏人，而监狱学和行刑学是研究怎么把一个坏人变成一个好人。我有两个问题，第一个，他是不是好人或坏人？我研究监狱学二十多年，我觉得我和犯人没有区别，我有很多犯人朋友，我不认为犯人是坏人，我认为他们跟我们一样，只是经历不同，当然还有很多因素，也就是说，我不认为咱们北大法学院的学生都是处在同样的环境，其实是不同的。我看在座的各位，不能说是处在相同的环境，尽管都在法学院，但我们的教育、我们的遗传，还有我们成长的环境都不尽相同。第二个问题，就是我们监狱的根基。我们监狱的根基到底是什么？我们监狱的根基是不是就是立足于改造？如果不为了改造，我们的监狱大厦是不是就要倒塌了？最后，我想送齐监狱长一句话，如果你想当一个好监狱长，我请你放弃教育好、改造好犯人那个崇高的理想，全身心地对他们严管好吧！”

话题又回到齐晓光身上，他仍然一笑答道：“第一个问题是犯人的权利保障问题。第二个主要说的是监狱的根基问题。咱们的监狱，为什么要保障犯人的人权呢？首先我们作为监狱警察，是执法机关的工作人员，尊重国家的法律，尊重国家制度。在座年龄大一点儿的同志，都知道当时邓小平同志对中国最大的贡献是搞起了启蒙运动。启蒙运动最大的贡献在哪里？并不是在改革开放经济手段上，而是在他提出来人的独立性上，首先关于真理标准问题的讨论，让人看到自身的价值、自己的存在、自己的权利、自己作为人应该有的东西。过去是思想封闭，文化禁锢，环境受制约是我们过去想看书，有些书你看不到，而后来，让真理问题讨论时，使当代中国人思想获得启蒙，让人们看到自身权利、自身价值，而我们在尊重正常人的权利基础上，逐步发展到对罪犯的改造上来。毫无疑问，罪犯也应享受人正常有的权利，但在过去，这往往被忽视了，只强调对他们的专政，强调对他们的管理。那时讲无产阶级专政。无产阶级专政最早在哪里提得比较多？就是马克思的《资本论》里，连着有六次提到无产阶级专政，第十八页上就提到了。当时为什么讲这个？这代表无产阶级社会，后来叫人民民主专政。对罪犯过分讲专政了，人们在讲阶级斗争的场合忽视他们的权利了。现在从监狱法上，就明确规定犯人的人身权利，可怎么能使犯人的这些权利获得保障呢？我们在专政的基础上——因为专政也不能忽视，对罪犯既要惩罚又要考虑保障人权。我们的《监狱法》规定，以改造人为宗旨，但怎么改造成正常的人？如果他没有从监狱里培养出来维护自己权利的意识，将来回到社会上，他对自己的权利也不能有个正确认识，只是培养出来有人所说的‘监狱人格’。我们要的是社会人格，培养出来就是个正常人。

“这是回答第一个问题。第二个问题是监狱的基石是什么。监狱属于上层建筑，监狱、军队、警察都是上层建筑，就是为统治阶级服务的。我们的《监狱法》是这么规定的：惩罚与改造相结合。我们的监狱首先是个惩罚机关，这是永远不可动摇的，然后是改造人的场所。其实对罪犯进行矫正也不是现在的说法，西方在一个世纪以前就提出来了。这样就提到了那位教授最后一个问题：就是对罪犯不要改造，不要改造思想。现在，改造人的思想这个话，在理论界是有争议的。笼统地说，改造人的思想，让人们过分地讲政治教育，讲改造人的思想，实际上是一种侵权行为。人的思想不是随便可以改造的。不要轻易评价人的信念。我刚才说这个问题，是指从人的行为中去矫正。他的行为，是在指导思想下形成的，他的指导思想和社会格格不入，和周围的社会群体格格不入，而且和这个社会的法律道德、人文环境相悖，这样咱们就用他的错误行为去进行比较，让他寻找出更好的行为来。经过一次次寻找，他就能找出思想错在哪里，然后自己去修正，而不是我们主动去改正谁的思想。因为人的思想、成年人固有的思想，需要去尊重理解，不能硬性地去说思想的对与错，而只是从具体行为上，去评价是否正确。”

一位女教授接过话筒说：“刚才郭所长讲到了刑事科学一体化，人们确实应该关注到刑事执行这一块。我在课堂里对我们的学生强调，现在我感觉到，作为社会主义文明的窗口，我们国家的监狱是非常重要的，现在引起了我们国家的重视，特别是监狱各级领导的重视。我在与每个监狱的监狱长的接触中，深有体会，我觉得这是一个非常好的现象。第二个呢，我就感觉到，我们加入 WTO 以后，国际社会对中国执法的社会文明程度要求更高。现在我们监狱呢，在整个的执法过程中，已经关注到这一点。这就是我们今天讲的，监狱的行刑理念与实际结合起来。那么至于罪犯的权利，自上而下地开始有意识了，我只能说有意识。也就是说，现在关注到犯人的权利了，我感觉我们的监狱的各级领导能够在行刑的理念中更加注重一点：以人为本的人性化管理，也叫人文化管理。今天，齐监狱长在这块虽然没有更多的介绍，但是，他们已经开始了人文化的管理、科学化的管理。我跟张教授、郭所长有同样的感觉。我们的研究还在继续。我在听了你的报告之后，我想提几个问题。

“一个呢，就是自由刑。对于自由刑我们究竟该如何理解？那么，我们不仅对他的自由的剥夺，也包括其他方面。比方惩罚与矫治之间的关系，刚才各位专家都提到了，我们把犯人管起来，给他造成一种痛苦。另外，在执刑的过程中，我们要对他的行为进行矫治。这只是对他的行为的一种矫治，对他的自由的剥夺，那么其他的权利，他到底应不应该有，比方最近有的说了，在监狱里面结婚，媒体现在很关注，也来问这样的问题。这涉及对自由刑的理解问题、对犯人权利的理解问题，这个问题你是怎么理解的？

“第二，我们国家由于传统的原因，在关押犯人的时候，跟西方不太一样，西方有各种等级的不同的监狱，所以矫治方法可能更有针对性。我们现在呢，就是自由刑为主，比方说开放式的监狱，在我们国家是较少的。犯人出监前三个月的时间，能够把他放在一个地方去进行教育，为他适应社会作准备。我觉得这不只是对出狱人的保护做得不够的问题，而是我们本身在监狱行为这一块得进行改革。好多应有的权利，但是分为不同的处遇来给他。实际上就是说，到底哪些是他应有的权利？比方亲情电话，你表现好，达到等级，我就给你，作为一种分级处遇，还是应在不同程度上从宽处理，也就是说，根据自由的不同程度来进行从宽处理？这两个问题，你是怎么理解的？这也是我在教学和实践过程中遇到的问题。在此我感谢齐监狱长做了一个精彩的报告。另外呢，我们确实应该工作在第一线的狱警所做的辛苦工作表示感谢。我曾经带着我的学生去监狱，他们说，我们只去一天，已经觉得很辛苦，但是我们的狱警成年累月在这样的环境当中，他们是我们最值得尊敬的人，谢谢你！”

“谢谢这位老师！现在我来回答你的问题。孟德斯鸠在《论法的精神》中说过，自由不是无限制的自由。自由是一种能做法律许可任何事的权利。你提的第一个问题是咱们的自由刑指的范围是什么，第二个问题是在实际工作中应怎么去对待犯人，到底哪一部分属于自由，哪一部分属于权利，特别是涉及犯人的婚姻。第一，咱们国家的自由刑是对罪犯一进监就实行的一种管理办法。自由刑是刑法上给予他自由，但并不是无限制的自由。咱们对他实行自由刑，和纯自由刑这个概念有差距，因为咱们说的自由刑还有一些附加的内容，就像有些罪犯是被剥夺政治权利的，有些罪犯是不被剥夺政治权利的。另外，尽管就像我们说的是自由刑，但是限制了他的一些自由以后，其他民事方面（自身方面、家庭方面）应有的权利实际上他已经没法履行了，这是个实际情况。就像我看到的前几天出现的法律上一个争议问题，我估计咱们北大的师生可能参加争论了，就是一个死刑犯要生育权的问题，你怎么回答这个问题？法律上没规定，法律上没规定禁止的就有两种可能了。

“我们也进行过一次讨论，就像讲的自由刑问题，因为犯人他不是纯粹的自由刑，他有很多附加权利已经没法履行了，就像当父亲的承担子女的养育，但他在这方面的权利自然就没有了。第二个问题，犯人要些待遇，比如要求结婚，这是在社会上说得比较热的问题。过去监狱归公安部的时候，在上世纪八十年代有个批复：犯人在监狱期间不能结婚。但是从《婚姻法》出来以后，这个批复自然就立不住脚了，为什么呢？批复只是个文件性的批复，只是个内部制度，《婚姻法》只规定外籍罪犯不允许结婚。从条文上讲，法律上没禁止的那就是可以的，就是说咱们国内的罪犯可以结婚。他有这个权利，但困难重重。即使登记了也难有婚姻之实，不能夫妻共同生活，不能照顾孩子，等等。还有一部分犯人是事实婚姻，没有登记，咱中国又实行户口制度，孩子登不上户口他就没法儿上学，所以我们监狱现在亟待解决这些问题。前两天我们又有一个登记结婚的，因为咱们的法律没有限制这个权利，所以我们的理解是：法律上没规定剥夺的权利，就应该是享有的权利，但是它在监狱这个特殊环境里，没法儿完全履行这个权利和义务。

“刚才一个同学递上一个纸条，问在监狱里搞侦查存在刑讯逼供吗。如果存在刑讯逼供，罪犯能获得司法救济吗？我的回答是：在新中国成立初期劳改条例上明确规定，禁止刑讯逼供。刑讯逼供是一个比较原始的，就是在新中国成立前的民国监狱也明确规定，不允许刑讯逼供，刑讯逼供容易屈打成招，容易出冤假错案。进一步说，如果存在刑讯逼供，罪犯能得到司法救济吗？不要说刑讯逼供了，就是他们不满意被狱警管教的，我们有检察院的驻狱检察室，他可以直接报告。另外，有监狱的纪委，也可以直接申诉。罪犯的控告信不受任何限制去传递，犯人的正常信件要受检查，犯人的控告信件不受任何限制，可以直接向上级部门投诉，包括检察院，包括人大部门，包括上级管理部门。刑讯逼供已经是废止的了，打骂犯人都是不允许的。我给大家讲个例子，几年前一个狱警因打骂犯人受到了处分，他有点儿不服，说犯人先骂他了，才打了他两巴掌。我说你怎么不打我骂我呢，当时这个狱警说，我敢吗？不说好听的你都可能给我小鞋穿。我说这就对了，犯人也是人，尽管他在这里服刑，服刑只是按照咱国家的法律规定执行刑罚，并没有说你可以侮辱他的人格。从道理上讲，上至帝王将相，下至乞丐囚徒，在人格上都是平等的。人格上没有差异，只是他们的社会身份、社会地位不一样。”

又有一位教师站了起来：“我先自我介绍一下，我来自北京工商大学，是专门研究犯罪学的，现在我是北大的博士生。今天听了齐监狱长做的这个报告，我觉得很精彩，因为我曾经七次到监狱里面，有三次是带着我的学生，有四次是我自己去的。我想今天跟监狱长交流一下问题，首先我想说的是尽管我不像监狱长一样常年地跟罪犯打交道，但是我见过这么多的犯人以后，仍然没有形成罪犯是好人或者是坏人以及我们是好人或者是坏人这样明确的印象。这就像刚才那位老师讲的——关在里头的那些人就是坏人吗？这个问题曾经一度困扰着我。有一次我曾经带着六七岁的儿子到监狱里去，在监狱的门口，狱警就拦住了。我儿子就说，我知道，里面关的都是坏人，我当时感觉发自内心的痛苦，因为我当时不知道怎么去向他解释。我想跟他说，这里面的一些人可能是违反了刑事法规的人，但未必是坏人。可我当时哑口无言，罪犯是坏人的概念在儿子幼小的心灵中已经形成，这是一个令人震颤的事情。我为什么这么说？实际上有很多罪犯跟我们是一样的，犯人跟我们是一样的人。还有一句话就是‘犯罪的行为是我们的行为，不是他们的行为’，这是我在犯罪学上经常说的一句话。另外，在这里也附带着说一下，张文老师，也是我的老师，他说过‘犯罪人格’这样的词，我不是十分赞赏，因为我觉得如果有‘犯罪人格’这样一个词的话，那么大约也可以把它界定为是突破规范限制的人格。我就可以说，一切英雄的人格，一切创造性的人格，都属于‘犯罪人格’，所以说专门论述‘犯罪人格’这样一个概念，恐怕是一个正面与反面效应同时具备的问题，这是需要讨论的。

“另外一个问题可以跟监狱长交换一下看法，就是关于监狱功能的问题。刚才监狱长说了一句让我震惊的话，犯罪学就是研究好人变成坏人的。刚才我已经说了，不能说好人与坏人的定位是正确的，犯罪学实际上不是研究好人怎么去变成坏人的原因的，或者说不仅仅是研究这样一个东西的，犯罪学更多的是研究社会原因的，也就是说，在监狱里面，你看不到犯罪的原因，监狱里面顶多能研究到犯人的个体原因。现在国际上通行的看法就是社会原因占主导地位，因此我要说的是犯罪学不是研究好人怎么变成坏人的，相反，犯罪学可能更多关注的是犯罪的控制问题，而这就涉及监狱的功能，监狱到底在犯罪控制中占一个什么样的地位呢？我曾经说过这样一句话，可能有些过分，可能也有些极端，监狱在犯罪控制中功能是微乎其微的，简直起不到作用，或者说监狱可能就是在制造着罪犯！为什么这么说呢？因为监狱里关的人越多，社会上的罪犯就越多，也就表明它是社会上犯罪多的一个标志。相反，如果我们去修改刑事立法，我们就可能让犯罪减少一些，监狱里关的人就少一些，是这样的一个关系，不能简单地说监狱就遏制了犯罪的增长。一个人在监狱里面获得了一种惩罚、一种痛苦的体验，获得这样一种体验以后，是不是在社会上就起到了警戒作用？即使起到了警戒作用，对于他个人的再犯能起到多大的功能呢？可能不如去改造这个社会、控制这个社会起到的效果更大，我们去考察它的原因也是如此。不管监狱有没有惩罚的功能，有没有报应的功能，像监狱长说的，我们在控制犯罪当中，把它放在一个举足轻重的位置是不适当的，这是很值得探讨的。我们需要改造这个社会，而不仅仅是改造监狱，我就探讨这两点。谢谢。”

会场一阵骚动，齐晓光当即发言：“我来回答这位老师的问题。一个是好人与坏人的问题，刚才张教授也提到了，监狱改造方面的好人和坏人这个概念，并不是我们在社会上通常说的好人和坏人的那个概念，只是用了这两个名词！人们走向犯罪，好人和坏人是相对性的词语，并不一定是固定的词语。就像两个人打交道，一个人打了另一个人一下子，就说这个人是坏人、坏蛋，他帮了他一点儿忙就说他是个好人吗？这是相对性的词语，并不是法律固定的术语。所以在这个地方，犯罪学研究的就是研究人们怎么走向犯罪，你总不能说罪犯是好人吧！这是一个老百姓通用的词，就像孩子用童心说的那样，因为当时我在回答这个问题时，变成好人了，成为新人，不再犯罪了，就是成了好人，学雷锋不就变成好人了吗？

“这是一个，再一个就是刚才咱们这位同志说的，监狱对制约罪犯是微乎其微的，这是一方面，另一个方面就是监狱在制造罪犯！这个观点可能是在特殊背景下提出的吧，因为监狱对制约罪犯是微乎其微的，这有一定道理。犯罪是个社会问题，犯罪是个社会构成的词，没这个词就不叫犯罪。犯罪是什么原因呀？有很多人是因为违了法，但是他没有被判刑就不叫犯人，就不叫犯罪，既成事实才叫犯罪。人们都说他在从事犯罪行为，但是没有在法律裁决之前，他不叫犯罪。再一个就是说监狱制造罪犯，任何一个国家如果没有了监狱，那对犯罪的惩戒，只有回到原始社会，犯了罪就杀，那样就不用监狱了，因为监狱还是惩戒罪犯的。没有监狱，国家就失去了对犯罪制约的机关。监狱也是社会文明发展后才有的。要不在原始部落的时候，互相争斗，逮着谁就杀，血亲复仇。后来一看这么多俘虏咱不杀了。把他管起来，关老实了，让他跟咱，那样就开始形成了监狱。后来，监狱是逐步地改造罪犯的。要让监狱把社会上的犯罪全部制约了，那是不可能的。打个比方说，这个人再善良，人的理性修养再高，思想境界再纯良，但是在一定特定环境下，他也有可能走向犯罪。如果不给你饭吃，一回家，家里人都吃不上饭，找活儿谁都不给你干，你可能就偷东西去了。这个谁都不能保证，这属于社会问题，因为犯罪是社会问题，归结于哪个行业、哪个部门，都是不能解决的。随着社会的发展，人的文明程度不断提高，犯罪的概念及其内涵已经越来越不一样了。过去说个落后话就可能是犯罪，造成多大的渎职却不算犯罪，而现在渎职给国家造成损失，在济南三十万就够立案的，过去造成多大损失没有管你的，拍拍屁股调走了就行，而现在就不行了。还有，现在你说什么落后话都没有管你的，言论自由了，犯罪的概念和区别都不一样了。随着人对社会的影响力，犯罪的内涵不断在被调整。”

一位女教授接过话筒说：“今天听了齐监狱长浓重的乡音，很亲切，我也是山东人。我看他刚才回答大家的问题时思维非常敏捷，很机敏，知识非常渊博，让我印象很深刻。我将来也有一个课题，也要去那儿，在这里先挂上号。提个问题，就是八月份有一个政法系统法律硕士论文答辩，是保定司法警官学院的一个教师，他的论文题目就是‘儒家文化对改造罪犯起的作用及影响’。那么我就想，因为儒家文化的发祥地是咱们山东，那么作为这个地域的特点，这个文化影响也很深，咱们省监狱在改造罪犯时有没有考虑过这个问题？它起到过什么作用？他曾经给一些罪犯作过问卷调查，调查马列主义对罪犯的影响，罪犯的问卷上是零，就是没什么影响。另外西方的文化的影响也是零，唯有儒家文化比例很高，影响很大，对他们有帮助。另外一个问题就是狱警的水平的问题。为什么提这个问题呢？因为1995年、1996年应北京监狱管理局的邀请到过六个监狱给他们股长以上的干部讲过课，当时包括天津的清河监狱。那里条件非常差，狱警也不愿意在那儿，说犯人是有期的，我们是无期的，天天在这儿，甚至一辈子都干这个，他们有些不甘心。所以呢他们整个管理机构，也不让这些人考学出来，有些属于‘世袭’，也就说他们的子女又在那儿当狱警。整个素质、文化水平比较低，我想，现在有些犯人的文化水平各方面较过去有提高，那么咱们狱警的素质或者文化程度、教育程度，较以前有没有提高？谢谢！”

“好。”齐晓光爽快地应道，“第一个问题可能与课题有关系——儒家文化对罪犯的教育能起什么作用。说到儒家文化，就涉及中国传统的思想理念问题了。儒家文化对罪犯的影响，应该说是很大的。我们也进行了这方面的尝试。我需要多说的是咱中国几千年的思想史是几大派系形成的，过去是儒家第一派，再就是道家、法家、墨家，有这四大体系。这四大体系后来延伸儒道佛三大教，但是到了明代以后，朱熹开始形成一个理学的时候，他是以儒家的中庸为主的阳刚之学，再就是以道家为主的阴柔之学，阴阳相济，形成了中国几千年的思想史。理学是以这两大体系形成的。儒家文化的核心在哪里？就是孔子的《论语》。《论语》这本书现在被许多学者推崇为中国成就最高的书。它讲了许多人生的哲理。我们在研究罪犯管理的时候，孔子的伦理思想用得特别多，监舍里就挂着孔子的‘己所不欲，勿施于人’的格言。《论语》讲了许多做人的道理，特别是中庸之道，中庸是中国人的思想，为什么中国人和国外人不一样，最大的差异在哪一个思想上？那就是受中庸思想影响。中是什么？是不偏不斜。庸是什么？是不能超越。这个思想一直影响着中国人。儒学对罪犯的改造确实是一个比较实用的办法。

“我们山东有个监狱，就是离曲阜不远的运河监狱，专门提出来过：用儒学的思想来教育犯人。我在研究罪犯的思想的时候，也在用这样的办法。我们中国人现在的思想行为和伦理行为里，几乎没有脱离儒学的这种烙印。改造犯人也不例外。第二个问题是狱警的素质。从现在来说，监狱已经发生了比较大的变化，我说十大变化这是其中一个。狱警从过去的经验型已转变到现在的知识型、专业型。刚才有老师说狱警现在‘世袭制’的特别多，我就是一个‘世袭制’的，我父亲就干狱警，当时也受儒学思想影响，子承父业，父亲干什么，你就跟着干什么吧。实际上后来自己也后悔过，干了这个行当也没有什么发展，但是后来想想，能改造罪犯，能减少犯罪，能引起社会的认可，也觉得是个可干的工作吧。狱警素质这几年最大的变化，就是随着公务员的改革，进入监狱的警察必须是大专以上，这是必需的。我们监狱还有三十多名研究生呢，狱警的素质已经有了一个比较大的提高……”

“我向齐监狱长提两个具体的问题吧。你们监狱搞得这么好，你们要花钱，钱是从哪来的？第二个问题，你们还要搞一些多媒体，罪犯之间还要相互交流，如果他们朝另一个方面交流，比如说切磋犯罪技艺，或者交流犯罪方法，你们怎么办？谢谢！”

“监狱搞得这么好，钱是从哪里来的？这个问题比较实际，美国对付基地组织，第一个行动叫断血行动，先把财路给它断了，它的血液不流畅了，自己就慢慢成了干尸，所以钱很重要。我们监狱钱从哪儿来，一个是监狱有财政拨款，另一个是我们监狱办企业，我们不但多年向国家缴纳相当数额的税收，还用一部分资金完善监狱设施。有一部分劳动效益给予奖金补偿。说到犯人相互交流，好的方面、坏的方面，这都有可能。但在公开场合是不允许交流坏的方面，传播犯罪伎俩的。可是背后呢？犯人和犯人在一块儿能不互相传播吗？必然互相传播。就说上学吧，同学们在大学、在中小学的时候，可能在一块儿也商量着对付老师的办法，这是一个道理。他们商量着怎么脱离我们的管理，怎么回避我们对他们的制约。有的监狱确实存在这样的情况：刚进监狱的时候，还是单面手，回到社会上就成了多面手了，什么都会了。为什么？搞好了，监狱是一个改造人的场所；搞不好，监狱就是一个大染缸，污泥浊水都染上了。就是看我们怎么用积极的工作去制约。但再制约再引导，他们自己互相交流犯罪的这种动态、这种行为是无法杜绝的，因为人都是有思想要交流的，物以类聚，人以群分。关键要看我们怎么去引导他们去减少这种情况。”

“你们这个网吧怎么去控制呢？”

“这个网吧主要是搞游戏，一个是搞游戏，一个是电子阅览，再就是互相上网。说实话，在网吧里很难做过分的事。因为平时人很多，争着上网的人也很多，他一做，立功心切的犯人就给他报告了。这是个实际情况，也是监狱里一大特色。”

看看时间不早了，主持人陈兴良院长总结说：“好，刚才齐监狱长跟各位嘉宾做了很好的交流，最后我想谈一点儿我的感想。今天晚上，齐监狱长给我们做了一场很精彩的演讲，这里面主要涉及监狱的行刑理念问题。因为过去的监狱给人一种残酷的、黑暗的感觉，还有影视作品的引导，使人认为监狱是一个折磨人的场所。但是随着社会法治文明的发展，监狱的理念发生了重大变化。今天晚上听了齐监狱长的演讲，给我感觉最深的一点就是建立起‘以人为本’的监狱行刑理念，也就是说把犯人也当作人，实际上，犯人本身也是我们社会成员中的一部分，我们如何对待犯人，也就是如何对待我们自己，因此对待犯人的态度，恰恰是一个社会的法治文明程度的试金石。

“监狱行刑理念的转变，是非常重要的。犯人到底是好人还是坏人？我们的监狱是否要对犯人进行改造，使他从一个坏人被改造成一个好人？刚才齐监狱长也做了解释，他这里的好人坏人并不是我们在通常意义上讲的好人坏人，这里讲的坏人是指犯罪的人。但是抛开我们今天所讲的特定语境，在我们的社会生活中，一般来说还是把犯人看作是一个坏人。就这点而言，我非常赞同刚才几位教授所讲的话，也就是说，在监狱里关的犯人未必都是坏人，没有在监狱里关押的倒有不少坏人，因此不能简单地把监狱里的人看作是坏人。像监狱里关押的，有的虽然触犯了法律，但在某种意义上来说，可能是好人。因为人是很复杂的，人性也是多样化的。一个人犯了法，但是他可能是个好丈夫，或者是个孝子，或者是个好父亲。因此我们对人的评价不能光从一个方面来看，加以否定。

“齐监狱长他们对山东省监狱在监狱行刑方面，作了很多探索，尤其是在监狱管理方面，引入了很多新的理念、新的方法，给人以很多启发，但也确实产生了像有的师生说的那种担忧，就是我们监狱的这种文明程度是否超过了社会发展的一般水平，会不会使监狱成为人们所向往的一个地方。这样一种担忧本身是会存在的，事实上也确实有这种情况。美国作家欧·亨利曾经写过一篇小说，在他的小说里，描述过一个流浪者，到了冬天天气非常寒冷，他没有衣服避寒，没有地方去住，因此在冬天来临之前，他必须故意犯罪，然后进监狱，这样他能够度过一个温暖的冬天。我记得前几年在湖北某地有一个在监狱里关押了十多年的罪犯，刑满释放后回到农村，他发现某些地方的农村的生活比监狱还要艰难，因此他觉得还不如在监狱里生活。但是我认为对这个问题应该这样来看，也就是说这并不是监狱的过错，并不能因为社会上某些人吃不饱穿不暖，监狱在能够改善条件的情况下而不去改善，不去提高生活水平。现在的问题是需要改善我们的社会，错在我们社会在某些地方还不尽如人意，不能满足人的全面发展这样一种需求。从这种意义上来说，监狱是社会的一个缩影，监狱是个小社会，所以从监狱的这样一种生活可以反映社会生活的总体面貌。

“当然齐监狱长所在的山东省监狱，也是个例。这个监狱的情况，包括物质方面的情况，可能并不能代表全国所有的监狱情况，尤其是一些条件比较艰苦的监狱。我们监狱在当前的社会转型当中，实际上也面临着一个巨大的转型。过去在计划经济体制下，我们的监狱是‘监企合一’，也就是监狱的管理和监狱的生产两者是合一的，但是市场经济以后，监狱也被推向市场，在这种情况下监狱很难和其他的企业在市场之中竞争，监狱的生产面临一个巨大的压力，尤其是在国家不能保证监狱的财政拨付的情况下，使得监狱为了保持生计不得不在市场中竞争。犯人的流动量很大，犯人的技术知识难以在市场经济当中去竞争。在这种情况下，我们有很多监狱实际上很难谈得上对犯人进行教育和改造。所以我们的监狱只是犯人的‘人身保管场所’，其他都谈不上。因此，我们从今天齐监狱长介绍的山东省监狱的情况来看，应当使我们对中国监狱将来的发展，持一种乐观的态度，给我们以某种希望。但是我们决不要以为，齐监狱长这个监狱就代表了我们全国监狱，认为我们全国监狱都达到这个水平，这可能会是一个错觉，因此我们需要对我们监狱的情况有更多的了解。

“另外，刚才郭教授也谈到了，也就是刑事一体化的思想理念。我们在研究当中，不仅要研究《刑法》，而且还要研究《刑事诉讼法》，尤其应当研究《监狱法》，应当把监狱行刑放在我们研究的一个非常重要领域当中。昨天上午，我到全国监狱研究会办的一个监狱民警的培训班去讲课。在讲课当中，有一个民警向我提出了这样一个问题，他说我们国家在进行刑事政策决策的时候，到底有没有考虑到监狱行刑这一块？是否应当考虑？那么我就回答他，我们有关部门在制定刑事政策的时候，确实是忽略了监狱行刑这一块，比如说我们讲‘从重从快’，是在相当长一段时间内指导我们国家刑事的一个重要政策，这样一个政策主要是基于社会治安比较混乱，犯罪率比较高，在这样一种情况下就提出了从重从快，所以法院往往就重判——长期的关押。但在这种情况下，我们就没有考虑到监狱人满为患，监狱的行刑能力到底能否承受严打带来的监狱人口的大幅度增长，尤其是监狱的行刑效果，对于社会治安、对于犯罪率又有着直接的影响。如果这些问题不去考虑，就会陷入严打和高犯罪率的恶性循环。也就是你越是严打，越是重判多押，而监狱的行刑效果越是不好，监狱里更多地产生出一些犯罪的人，然后又进入新的一轮严打，由此形成一个恶性循环。因此我认为，我们在刑事政策的制定和刑事政策的实施当中，必须要把监狱行刑这一块纳入我们的视野，要把监狱行刑作为我们制定刑事政策的一个重要根据。只有这样，我们制定出的刑事政策才是切实可行的，并且能够取得良好的社会效果。这是我的一点儿简单的感想。下面还有一点儿时间，看看下面同学还有没有……我们这位教授还有补充，请说。”

“我要再提两个问题，我也是接着刚才各位老师的问题往下展开的。我非常同意刚才各位老师提到的监狱里面关押的并不都是坏人的说法，他们只是犯法的人，事实上也是如此。那么，如果这个命题成立的话，马上会提出另一个问题：监狱的教育矫正改造的功能是不是虚构的，或者说是不是在所有的情况下都能够适用？如果不都是适用的，那么我们监狱到底履行一种什么功能？这需要引起大家的深思。我个人认为，监狱毫无疑问首先履行的是对犯罪进行清偿的功能。犯罪的人应该为他自己所实施的罪行、为他的行为所造成的危害而付出代价。那么监狱首先要履行这个功能，我们在追求现代化文明监狱的过程中，对这个功能不能予以忽视。第二个问题，我记得刚才有老师提出一个问题说，在法律公正当中，有实体公正、程序公正、行刑公正。说行刑公正更为重要。也有学生给我发过帖子，说某教授说过程序公正是法律公正的最高境界，程序正义相对于实体正义更为重要。我们搞实体法的人，一向认为，在实体法中，实体公正是更为优先的。那么，我现在就搞不清楚了，到底是实体公正更为重要，程序公正更为重要，还是行刑公正更为优先？在我看来这是一个问题，请大家一起思考。”

一直挤在后排听讲的一位本科生举手示意，得到允许后，站起来说：“刚才老师都发了言，我觉得我们学生也该发发言了。我要代表学生提个问题。首先说明我个人的观点，我觉得制约我们国家行刑理念的实践和改革一个重要的因素，是我们对自由理念的追求。大家的认识和了解都和西方是不一样的。刚才张老师好像说过，目前世界上流行的行刑理念就是从监禁生活和自由生活的差距来做的。世界上都承认这种差距，但是西方国家可能更强调保持这种差距。由于我们新中国成立还不到六十年，但是西方国家民主和自由可能有上百年或者更长时间。从有国家到新中国成立这几千年，我们一直处于不自由、不民主的状态，大家对自由的追求并不是很彻底、很清楚。如果监狱行刑建立在追求监禁生活和自由生活的差距，并努力缩小这种差距，会不会出现这样一种现象，就是监狱不再成为监狱，而是成为生活条件很差的人追求安逸生活的地方呢？如果监狱生活比现实生活更美好，我可能就追求监狱生活了。我本来感到监狱很可怕，甚至觉得监狱很恐怖。那里有铁丝网，有荷枪实弹的警察，我一逃跑会被打死，我之所以不犯法是因为我害怕警察和监狱。刑法对我来说并不重要，不过是几个月的审判而已，而监狱对我来说，我可能要面对的是一辈子的牢狱之灾。所以监狱成为我国惩治犯罪的最后一块堡垒。

“现在对于监狱行刑这样大胆的改革我就有点儿担心，如果我们这样大刀阔斧地改，犯罪的人数会不会上升呢？山东省监狱在改革后有没有对改造的效果进行统计和调查呢？你们没有，你们只是根据公安厅的调查说犯罪率只有2.7%，这当然很低了，我觉得这绝对是偏离事实真相的。一个犯罪的人对监狱一点儿恐惧都没有的话，他就会变得疯狂。如果一个人疯狂的话，他很快就会走向灭亡。上帝说过要想让一个人死亡首先让他疯狂。监狱根本不重要了，修那么多监狱的效果还不如修一所学校，可能修学校的效果更好。所以我提醒一句，如果山东省监狱真要在行刑理念和实践上作出大胆突破的话，一定要注意对行刑后果的理解和后果的追查。实践和探索可能是失败的，但这并不重要。重要的是你要了解你错在哪里，要如何改正。”

学生毕竟是学生，有话敢说，不怕说错，而且最后竟煞有介事地想象人家改革创新错了。齐晓光只是微微一笑，直截了当地说：“这个同学啊，有关监狱的自由这个问题，我刚才好像已经回答过了。在我们的调查中，曾问过很多犯人一句话：‘想跑吧？’他们几乎都想跑。到了这种环境都想跑，这说明了什么？我们刚才有老师说尝过‘非典’隔离的滋味，关你一个月还能和家里联系你都受不了。人对自由的追求是最高的追求，刚才我也说过裴多菲的那首诗。再说重新犯罪率这个数字，公安厅的数字要比我们的数字准，我们去调查是不会给数字的，只有派出所调查才能出数字，就目前而言是最准的数字，但肯定会有误差。还要说明的是，我们国家统计的方法和国外不一样，为什么文明程度高了犯罪率反而低了？原因在哪里？这里我可以给老师同学们说犯人被改造成什么样儿。改造成心理健康、有一技之长、热爱社会的人，这是我们追求的境界。如果他一放出去就想报复社会，就是因为监狱里监禁太痛苦，他要报复社会，在过去的时候出现过很多这种例子，把他改造成社会的仇人了。你要给他文明，让他感到这个社会的温暖，他就去理解这个社会，去热爱这个社会。

“我讲一个风和太阳的故事：风想让人脱了衣服，可越吹越冷，人把衣服裹得越紧。太阳说这个办法不行，它散发温暖，直至这个人热得把大衣脱了。这就说明，你如果想强烈刺激他，只会适得其反，人的思想行为只会越裹越紧，而用温暖照射，他就能敞开思想接受你。把罪犯改造成社会人，就是减少犯罪心理，培养社会心理。现在相当多的犯罪在农村发生，就是因为犯罪的人没有一技之长，没有能力养家糊口而走向犯罪的。没有一技之长的，我们培养他一技之长。再就是心理变态的，我们就对他们从心理方面进行改造。还有就是道德有问题的，要在道德方面进行培养。虽说有的改造不成功，刚才张老师说了，有的回去还要犯罪，毕竟有不成功的，做一件事不会完全成功的。人和机械的东西不一样，他的思想是属于他自己的，从外界只能感化他。所以从这个角度说，我们越近于文明，越能减少犯罪，减少他对社会的敌视。”

主持人看看手表，准备结束，不料师生们热情很高，反而纷纷举手要求参加讨论。陈院长只好说：“好，最后一个问题。”

“非常感谢监狱长给我们做了一场非常精彩的、具有高度理论水准的报告。但是，我觉得刚才你对有的提问没有做很完整的回答，就是说你开通那些热线，允许犯人打游戏，那种监狱生活背后有没有一种利益驱动？换句话说，我听你表述中，关押的两千四百多名犯人仿佛也有家庭很贫困的，我似乎有种错觉，仿佛关押在你那里的犯人是幸福的，甚至是令人向往的。对那些暴力型犯罪，像抢劫、杀人这样的犯罪，用你那种温情式的管理，效果是怎么样的？是不是你们有类型的选择，比如说经济犯罪、诈骗犯罪？因为我有亲戚在监狱系统工作，工作很辛苦，但是工资水平、各方面待遇相当好。你的言语中，有很强烈的市场经济的痕迹在里面，比如在采购方面的市场化，可是你没提到你的收益、回报。有的东西比较离谱，比如说监狱里的东西比市场价格还低。可是你的收益在哪里，像网吧，甚至以后桑拿会不会出现对犯人的差别对待上？我有钱了，可以过监狱化生活，可以打游戏、上网、睡席梦思床、洗桑拿？你觉得会不会产生这样的东西？”

齐晓光看看他，答道：“你的担心是不存在的！至于有没有经济效益的问题，我可以负责任地告诉你，犯人的钱一分不挣！在我们监狱，让人看到可能最有经济效益的是亲情餐厅，吃饭的特别多，还有犯人百货供应站。有没有效益呢？我们定了一个原则：犯人的钱一分不挣，向犯人卖百货。犯人为什么有钱啊？因为我们全部实行有偿劳动，给予一定的奖励。有人想会不会有钱的犯人拉拢没钱的，我们有个严格的规定，犯人自己的货币只能买自己适用的物品，不能给别人用。消费标准呢，比如抽烟都是中低档的，不准许高消费，市场只是给他搞个氛围，将来出狱后，不会和社会脱节，不挣他的钱。”

“上网要不要收费？”

“要收。市场经济要有市场的氛围。犯人上网，仿效市场，但很便宜，一小时只要一块钱，比社会上便宜。这个钱不能从家里出，只能从有偿劳务费中出，他想去学习、上网娱乐就要拿这个钱。他不能光去玩，得先好好劳动，这对他是个激励。不挣他们的钱，社会上每小时两块钱，是不是？”

“我觉得你这样做，就在某种程度上改变人的预期，就像有人说的，还有福利待遇，还有政府补贴，那岂不是让人们心驰神往？起码在某种程度上改变了基本的犯罪成本构成。”

一直坐在前边的张文教授听不下去了，说：“我建议你，提这个问题啊，必须到监狱里待几天，就能自己回答这个问题了。”

齐晓光接着说：“是的，就算你天天给犯人好吃的，侍候得多好，他也不愿意在那里，因为人失去了自由很痛苦。我就尝试在监狱里关了自己一个月，最后别说一个月，连一个星期我都受不了了。”

此时，郭教授也忍不住讲话了：“我听了刚才的讨论，觉得有必要说两句话，不然就会进入一种误区。我觉得犯罪的后果、犯罪的代价远远不是剥夺自由和监禁。你必须还要联系到受到监禁后其他的附加后果，比如说监禁之后你还要出来。尽管你在监狱里生活得好，但立法上把你好多的资格给剥夺了，而且社会歧视已经形成，在婚姻家庭工作各个方面，都没了。进监狱绝不是犯罪的唯一后果，所以我们决不能简单地说，监狱的生活好了就会怎么着。与1982年相比，我们监狱今年关押的犯人数量增加了1.5倍。1982年的时候我们的总人口是多少？十亿两千六百万。现在我们总人口多少？十三亿多，增加了20%多。在押犯增长的速度和社会总人口相比增加了这么多，不能说我们处理得不重啊。监狱在二十世纪八十年代初是什么水平啊，好多没有人道的待遇啊。但是严了这么多年，我们的犯罪还在增长啊，而且增长的速度比人口增长得快了这么多。如果觉得监狱生活好了，犯罪就会增长，这是很天真、很幼稚的问题，是绝对没有任何刑罚体验的人才会提出的问题……”

主持人陈兴良教授走上前台，说：“由于时间关系，我们今天的讨论到此为止。再一次感谢山东省监狱的齐晓光监狱长，感谢他为我们做了这样精彩的演讲和讨论!”

掌声四起。齐晓光站起来，微笑着与主持人和教授们一一握手。将近三个小时的演讲讨论，他没有一丝倦意，面对各种各样的，甚至是刁钻古怪的问题和责难，竟如同当年诸葛亮舌战群儒一样，谈笑风生，对答如流，令人刮目相看。这源于在他背后有一个实实在在的成效突出的现代化文明监狱。

一场特殊的演讲，成了监狱改革创新、文明改造的大研讨。其意义不仅仅是解剖一个监狱的改革实践，还将对全国监狱行刑理念产生非常积极的影响……

第六章　榜样的力量

时光的车轮转到 2009 年，齐晓光以出色的创新工作和高尚的人格魅力，赢得了上级党委和全狱民警的信任，正式升任为监狱长。这所监狱十分重要，所以一直由上级机关选派监狱长。齐晓光是几十年来，第一位从本单位沿着管教民警、指导员、副教导员、教导员、副监狱长、政委的台阶，一步步成长起来的监狱长！他把全部精力投入到管理改造犯人中去了，研究犯人心理，尊重犯人人格，做了许多开拓性的工作。

他常常以一个寓言故事阐述“以德服人”的监管理念——

一天，太阳和风在争论谁更有力量。风说：“当然是我。你看下面那位穿着外套的老人，我打赌可以很快把他的外套吹下来。”说着，风便用力对着老人吹，可是它越吹，老人把外套裹得越紧。

后来，风吹累了，太阳从后面走出来，暖洋洋地照在老人身上。没有多久，老人便开始擦汗，并且脱下了外套。于是，太阳对风说道：“温和友善永远强过激烈狂暴。”

“瞧！只要不是极端反管抗改的罪犯，就应该关心、理解、尊重他，进而促使他悔过自新。历史上改造人最失败的是吴王夫差，他抓住了越王勾践就羞辱虐待，结果让其‘卧薪尝胆’，激励起强烈的复仇心态。而最成功的范例是三国时期的司马昭，当他擒拿了蜀汉后主刘禅后，给予优待，封为安乐公，从而使其‘乐不思蜀’，绝了后患。两相比较，仁德的教化力量更大。”

为此，他在省监狱提出了大量富有创见的思路。比如，狱警与犯人是合作关系，没有犯人哪有狱警？应该包容、宽容。要尽力缩小监狱生活与社会生活的差距，要创造一个科学的适应犯人改造的环境。要让别人做到，自己先做到。在道德规范上，狱警就是要做犯人的表率和榜样。学雷锋是学其精神，而不是把犯人都改造成雷锋，那个标准太高，正常人还难以做到，如一味强求，则可能培养出雷锋他哥——雷管了！要加强学习教育，向教育要安全。过去说罪犯是文盲流氓加法盲，并不科学，实际上最缺乏的还是素质教育。为了降低刑释人员重新犯罪，就必须用学习来提高他们生存发展的各种素质。缺什么补什么，把刑期当成学期，有了技术在身，他出狱以后就有了希望。建立整体性全方位狱侦全控体系，运用信息论、系统论等原理，全员参加侦查。主要是以狱警为主体的主导控制线；以罪犯积极面为依靠的辅助控制线；以罪犯落后面为对象的借用控制线；以工人和其他人员为对象的比较旁证控制线；以先进技术手段为依托的技防控制线，把狱内脱逃、伤害等事件消灭在萌芽之中……

好一个齐监狱长，视野开阔，真情似火，把犯人和改造工作看得十分透彻。同时，他自己首先以身作则，一身正气地走在前面。每年大年三十晚上，他总是下到监区与犯人们一起包饺子、看电视，特意安排生活科购买烟花爆竹，让犯人们开心地燃放，减少想家思亲的悲伤。看到有的犯人家属来探望，衣衫破旧，舍不得坐车，他常常掏出自己的钱送上。每当在外边评优立功、上课演讲获得了奖金报酬，他都悉数捐出来，以此设立了“爱心基金”，带动大家纷纷捐款，专门资助生活困难的犯人。据不完全统计，至今他个人已经捐出了数万元。此外，他还经常去无偿献血，为帮助病患者、为社会公益事业做点儿事情。在他的感召下，省监狱许多警官也常常无偿献血，以至中心血站缺乏医院用血了，就开着采血车来到监狱。大家纷纷挽起袖子，排着队说："抽我的……"

榜样的力量是无穷的。有什么样的将军，就有什么样的部下；有什么样的监狱长，就有什么样的监狱。

这天，时任监狱长助理的战化程前往会见楼检查，发现一个小女孩儿蹲在角落里哭，连忙上前询问，原来她的父亲郭某犯了爆炸罪，被判了死缓入监服刑。家庭一贫如洗，正在上大学的她也断了经济来源，每天只是啃馒头吃咸菜度日。如今想申请助学贷款，需要父亲签字。可来了才知道，死缓罪犯连门都出不去，怎能去办贷款呢？

"别哭别哭，我们想想办法……"战化程安慰着，心中起了波澜。他当场打电话请示了监狱长，决定特事特办，选派狱警陪同郭某到有关部门去，协助他办理贷款手续。

"这下好了，解决问题了。"说着，战化程还掏出身上的六百元钱，递给这位女学生，"孩子拿着，我就带了这么多，给你当学费吧！"

"叔叔，好叔叔啊，俺家该怎么感谢你啊……"女孩儿哭着跪了下去。

"别别，快起来！"战化程连忙拉住她，"你好好学习就行了。"

女学生回校后，把战化程当作亲人一样，经常写信，汇报学习情况，并积极促使父亲安心改造。郭某通过此事，心灵受到震撼，深刻反思，表现积极，接连获得了减刑奖励。后来，这位女生毕业了，应聘到一个大公司工作，找了对象，结婚成家，还专门前来向战化程报喜……

九监区的罪犯赵某也有一个女儿，从小没了娘，当爹的进了监狱，她就跟着叔叔婶子生活。毕竟不是亲生的，说不准啥时就拌两句嘴，一次让婶子说重了，这孩子一赌气，乘人不备喝了农药……

幸亏发现得早，叔叔连夜把她送到了济南军区总医院。经过一番抢救，她总算醒过来了，但人还很虚弱。赵某得到了消息，忧心如焚，可是犯人不能出监探视，急得他拿脑袋直撞墙。监区教导员张广谟了解到这个情况，立即派两位狱警买了营养品，代表赵某来到医院看望，还给她捐款，使其继续康复治疗。

“你们就是孩子的父亲啊！真是太谢谢了，谢谢……”孩子的叔叔非常感动，双手合十，不停地作揖。

“不用谢！孩子没事儿就好。”

为了让监狱里的赵某放心，狱警们拿出手机，拍了一段视频。已经脱离危险的女儿特意对父亲说了几句话：“爸爸，警察叔叔看我来了，给我买了好多营养品。现在我已经好了，你就放心吧。你在里边好好改造，都盼着你早点儿回家呢！我保证，再也不做傻事了。”

回去放给赵某一看，好似跟女儿见了面。听着稚嫩的声音，他不停地流眼泪。此后，他成了接受改造的积极分子……

一监区有个犯了重罪被判死缓的犯人于某，熬了几年，终于盼到了减刑。可是家中的妻子实在熬不下去了，准备来见见他就离婚。如果爹坐牢娘嫁人，孩子可就成了没人管的野草了。

于某从心里不愿意，感觉两个人还有感情，就想利用接见时坐在一起吃顿饭，跟妻子好好谈一谈。可是他处遇等级较低，还不够享受“亲情餐厅”的条件。于某找到狱警刘宏利，跪下请求：“队长啊，求求你了，让我跟媳妇儿吃顿饭吧，也许就能说动她不离婚了……”

“快起来，你这个事我很理解，但有规定啊！这样吧，我给你向上边反映一下。”刘宏利十分同情于某的遭遇，马上打电话请示了有关领导。不用说，又是一个“以人为本，特事特办”，破格批准了。

整整五年，于某没有与妻子一起吃饭了，这种平常人最平常的生活，在犯人身上竟成了高级的待遇。两人坐在亲情餐厅里，百感交集，回想过去的点点滴滴——村头小河边初恋的海誓山盟，新婚燕尔的喜庆欢愉，还有孩子出世的苦与乐，这一切都被“冲动的魔鬼”瞬间毁掉了。说到动情处，两人抱头痛哭……

饭菜早凉了，可两人的心热了起来。于某介绍说省监狱警察文明管理，环境舒心，一定好好表现，争取早日减刑。妻子听后连连点头，眼睛里闪出希望之光，表示愿意等着他归来。

一桩濒临破裂的婚姻挽回了，于某回到监区，紧紧握着刘宏利的手，颤抖着声音说：“刘队长，我不会说好听的，反正这辈子让我干什么就干什么！”

监狱的夜晚来临了，各个监区统一熄灯入眠，一片静悄悄的，只有狱警值班室的灯光和武警战士的枪管时刻睁着警惕的眼睛。凌晨两点左右，四监区一个监舍里突然响起了尖叫声：“哎呀，快来人啊，老陈不行了！”

“怎么了？”值班员马上赶了过来。原来是一个老年犯人陈某突发心脏病了，“噗噗”地上不来气，脸憋得青紫。不一会儿，接到报告的监区长邓爱东和一名狱医急匆匆赶来，经检查发现其病情相当严重，应该马上送大医院抢救。

正值第十一届全运会在济南召开之际，国际奥委会主席罗格，时任中共中央总书记、国家主席胡锦涛等领导人和其他贵宾莅临泉城。安保纪律规定：犯人一律不许出监。特别是夜里，更需严格执行。紧急电话惊醒了梦乡中的齐晓光监狱长，闻讯后他一步跳下床，果断下令：“救人要紧！你们马上送中心医院，我这边上报省局。有什么事我负责。快！”

“是！”邓爱东放下电话，立即叫来救护车，带着几个警察抬上病人“呜呜”地鸣着警笛飞奔而去。

经过电话联系，中心医院做好了准备，病人一到就直接进了急救室。很快，检查结果出来：大面积心肌梗死，必须做搭桥手术，不然性命难保。邓爱东心里一颤：老天，这得花多少钱呀！立即打电话上报。正在焦急等待的齐晓光毫无二话：“爱东，先救人，别考虑钱！”

“好，放心吧。”邓爱东发动同去的五名狱警，掏出身上所有的钱先垫上，还不够就写了保证书。病人被推进了手术室。

一会儿，一位戴着大口罩的医生走出来：“谁是陈某的家属，签字！”

“我是!”邓爱东大步上前，接过笔唰唰地签上自己名字。这对于他来说，已经是常事了。犯人在服刑，家属亲友均不在身边，监狱警察就是犯人最亲的人了!

幸亏抢救及时，陈某躲过了死神的“邀请”，三根心血管搭了桥，医药费可是一笔不菲的开销。康复出院的陈某只是流泪：“要不是这些好心的警察，我早就没命了……”

生于1968年的邓爱东，名字里明显带有时代的印记。个子不高，人很精干，他也是山东省监狱的子弟兵，母亲和姐姐都在这里工作。他曾经在解放军某部服役十一年，1997年转业到了省监狱。

从带兵到管犯人，对他来说是一个不小的转折，但毕竟从小生活在监狱民警家属院，不陌生，加之好学上进，不久就成为一名合格的管教民警了。特别是在齐晓光监狱长主管教育改造之后，实行了一系列的改革创新，他非常信服并积极实践，进步很快，陆续被提拔为副教导员、教导员、监区长。

“犯人犯了罪，自有国法处罚他。但作为一个人，还需要关心和理解，这也有助于他改造成新人。”这些话已经被邓爱东牢牢记在心里，落实到自己监区的工作中去。

杀人未遂犯蒋某，父母常年在外地工作，他从小是跟奶奶长大的，对奶奶有着深厚的感情。当他犯了罪被判处死刑缓期二年之后，已经年逾八十的奶奶痛心疾首，几乎哭瞎了眼睛，时常叫着孙子的名字，吃不下饭，睡不着觉……

不久，老奶奶挺不住了，一病不起，被送到省立医院救治，一会儿清醒一会儿糊涂，总想着能见上孙子一面。家人前来探监时，把这个情况告诉了蒋某，他揪着自己的头发哭倒在地：“奶奶啊，奶奶，是不孝的孙子害了你啊……”

作为监区负责人的邓爱东十分同情蒋某，可心里明白：蒋某是个死缓犯人，严格限制出狱。俗话说，隔辈亲，尤其对于蒋家奶奶来讲，见见一手带大的孙子，恐怕是她离开这个世界最后一个心愿了！情与法，就这样残酷地摆在面前!

如果有办法灵活掌握一下，那该多好啊！邓爱东这样想着，拨通了既是领导又是老大哥的齐晓光的电话。果然，不谋而合，铁血柔情的齐监狱长当即批准了他的请示，但要做好严密的防范措施，不准出任何问题。

这一天上午，邓爱东和几名狱警，带上蒋某前去医院看病重的奶奶。因他是死缓犯人，外出必须戴上手铐，可如果让老奶奶看到，那还是个不小的刺激。狱警们想出一个办法：拿来一件衣裳，盖住他的手腕。汽车一路疾驶来到了省立医院病房……

"奶奶，奶奶，我来了……"蒋某一露面，把陪床的蒋家人都惊呆了。按照保密规定，不能事先通知家属。

此时，老人已是弥留之际，吃不下东西，只能靠输液维持生命，已经好几天昏睡不醒了。忽然，仿佛冥冥中听到了孙子的呼唤，回光返照一般，奶奶竟睁开昏花的老眼："是你吗？我的孩子啊……"

蒋某扎到奶奶怀里失声痛哭，旁边的医护人员和狱警、亲属连忙劝阻：这是医院，再说老人不能太激动。蒋某贴在奶奶床头上，任凭她抚摸着自己的脸："这回……你可要听话……做个好人啊，要不我死了也不放心……"

"嗯，奶奶，奶奶，我记住了！……"

时间到了，邓爱东提醒该走了。蒋某点点头，擦干眼泪，又紧紧攥了攥奶奶的手，一步三回头地向门口走去。突然，身后病床上的老奶奶不知哪来的劲儿，竟挣扎着坐了起来，伸出了一只枯瘦的手，喘息着……

蒋某猛地转过身来，大叫了一声："奶奶，我走了！"随后，他跪在地上磕了一个响头……

生离死别！警察们也难以控制自己的感情，眼里泛起了泪花……

几天后，老奶奶就溘然长逝了。监狱特别批准蒋某在狱中祭奠。他从此对政府的改造政策心服口服，积极参加劳动，主动帮助别人，从死缓减成了无期，又从无期减成了有期……

第七章 升起你的太阳

“多么辉煌那灿烂的阳光，暴风雨过去后天空多晴朗……”

这是意大利民歌《我的太阳》中的歌词，亲切感人，激情四射，特别经由著名歌唱家帕瓦罗蒂声情并茂的演唱，更是风靡全世界。是啊，每个人的生命中都有一个太阳，它照耀着你的前程，温暖着你的情感，引领着你前进的方向。然而，假若你在生活的道路上摔了跟头、触犯了刑律，被依法判处了徒刑，被关进了监狱，那就犹如人生的太阳陨落了，一片黑暗笼罩着你的世界。

下一步何去何从？是自暴自弃、怨天尤人、破罐子破摔呢，还是洗心革面、痛改前非、重新做人呢？在这个紧要关头，有别于历史上所有监牢功能的新中国监狱伸出了温暖的手。从新中国成立初期一系列“给出路”的指示，到后来的“三心三像”理论——对犯人要有爱心、诚心和责任心，要像医生对待病人一样，像老师对待学生一样，像家长对待儿女一样，这些无不体现了党的改造挽救政策，以及尊重犯人的人格和人权，促使他们认真改造，历经风雨般的洗礼，再次点亮自己的生命之光……

正如《我的太阳》唱的那样：“暴风雨过去后天空多晴朗，清新的空气令人心旷神怡，多么辉煌那灿烂的阳光……”好啊！我们光荣而辛勤的监狱民警，你们就是凭借自己呕心沥血的工作，帮助那些“落水者”重新升起人生第二个太阳的人！

山东省监狱是其中突出的代表之一，也是齐鲁大地乃至全国监狱系统中的一面旗帜！他们为了服刑人员能早日恢复正常人的心智、返回温馨的家庭、回归丰富多彩的社会，可以说做到了千方百计、说出了千言万语、尝尽了千辛万苦……

2010 年 6 月的一天，天空中飘着淅淅沥沥的小雨，可山东省监狱服刑人员的心中却充满了阳光，一片明亮和温馨。机加工车间宽大的厂房里，热闹非凡，四周围满了兴致勃勃的人。

一位狱警走到台前朗声道：“行车工竞赛开始！参赛选手：孙佃德。”

在一片热烈的掌声中，只见一位年轻的服刑人员面带自信的笑容，快步登上高大的行车。手指轻轻一点，沉重的行车像轻盈的小鸟一样轻轻飘了过来，对准下方一只盛满水的大铁桶，唰唰地放下吊钩准确而轻巧地吊起来，沿着密密麻麻的标杆丛林，绕着“8”字形轨迹，好似款款穿行在花丛中的蝴蝶，悠闲地飞舞着。

赛场上鸦雀无声，人们都在平心静气地注视着这只巨大的钢铁“蝴蝶”，直到它平平安安地行驶到尽头。执行裁判员走上前仔细检查，又与评委们认真核对评议，而后庄严宣布：“没洒一滴水，没碰一次杆！一百分！”

“噢！好啊！”车间里顿时响起了春潮般的掌声和欢呼声。此次行车工竞赛采用吊起水桶曲线运行、定点停放的考核办法，要求在四分钟之内完成操作。如果出现一点儿碰撞、洒水、超出时间的现象，均会被扣分。由此可见，孙佃德技术过硬，非一日之功。大家争相与他握手、拥抱，向他表示祝贺。

“下一个选手上场！”激烈的比赛还在进行之中……

这是省监狱举办的服刑人员职业技能竞赛。在开幕式上，山东省监狱管理局、济南市人力资源和社会保障局、济南技术学院、济南市劳动就业培训中心等单位，以及省监狱的有关领导出席并作了动员讲话，强调指出：

“这是紧密结合当前社会发展形势，满足服刑人员回归社会后生存的需要，为服刑人员提供更广阔的发展空间。多年来，省监狱围绕落实教育人、挽救人、改造人的首要标准，将思想、文化、技能、自考四项教育一体化，突出实用技能，目的就是使服刑人员走出去、站住脚、不回头，成为社会认可的自食其力的合法公民……”

是的，重视对犯人的再教育，是山东省监狱的光荣传统。监狱最根本的功能还是在惩罚的同时，教育感化改造，使犯人变成合格的社会公民。犯人被判刑入狱，有单位的丧失了公职，没工作的更无着落，都面临一个刑满再就业的问题。如果思想不转变，也没有劳动技能，无法融入现实社会，就可能重新犯罪。这在某些外国监狱中屡见不鲜，甚至“二进宫”、“三进宫”比比皆是。而我们中国的监狱，刑释人员再犯罪率是很低的，其中重要的原因就是人性化管理和政治文化技术的再培训。

早在省监狱建狱之初，从战争年代走来的民警们，主要针对国民党军警宪特罪犯进行政治学习，利用劳动闲暇时间，坐在院子里“上大课”。从二十世纪八十年代开始，建起了五层楼的罪犯教学楼，配备了全套的教学设备，成立了正规的犯人特殊学校，正式授牌为“山东省济南市第一育新学校”。对罪犯进行全面系统的法治道德、形势政策和文化技术教育；1999 年，他们又大胆探索改革，在全省监狱系统率先实施罪犯素质教育，开设“必修课”、“选修课”和“活动课”，实行“一考两挂”，促进罪犯自我发展。

随着社会的发展、时代的进步，省监狱的特殊学校及教育理念又有了新的内容。其中，每年的自学高考教育考试成为重头戏。那是在一次监狱长接待日上，一个服刑人员向齐晓光监狱长反映：“我们也想参加自学高考，行不行？将来到社会上有用啊！”

“不错，你提出的这个问题可以考虑。”齐晓光思索着点点头。犯人利用闲暇时间复习应考，既学到了知识，又避免无事生非。这可谓一举两得。可他知道按规定犯人不能出监，怎么参加考试呢？蓦地，一个火花闪过脑际：能不能在监狱开办考场？

事不宜迟，他马上让教育科、狱政科与济南市自考办联系，克服重重困难，终于获得了批准。从 2008 年 10 月开始，在省监狱设立了全国高等教育自学考试考点，届时由专业人员携带试卷进入大墙之内，狱警们组织犯人学员在教学楼内考试。消息传开，震动了整个监狱。省监狱服刑人员文化程度较高，纷纷奔走相告。

一边服刑劳动，一边学习文化，考好了还能加分获奖，将来出狱了，有可能会拿到大学文凭，抑或有第二学历。何乐而不为？政府和狱警的良苦用心，深深感动着这些囚子们。每次考试都有大批服刑人员踊跃报名参加。

一监区在这方面表现得尤为突出。在冯明区长倾力督导和支持下，设立了以自学考试为主的学习活动小组，开放监区的图书阅览室，购买一些知识性、时效性强的图书资料，供大家复习使用。同时开办了《自学园地》，不断刊登学习感悟、自学体会等文章，引导督促大家掌握正确的学习方法。几年来，这个监区就有五十多人参加了十几个专业一百多门课程考试，有二十多人八十多门超过了及格分数线，通过率达到了72%。监区及时表彰，分别给予了狱内单项记功奖励和单项表扬奖励，还有十几人获得了加五分至十五分的考核分奖励。

如今，在省监狱参加自学考试已经蔚然成风，每年都会增加许多新的报考人员。教育分监区的李某专门在狱内《育新报》上发表了一篇文章，题目是“用科学知识丰富自己的人生内涵——参加狱园高考教育自学考试之感悟”，说出了所有参加自考的囚子心声：

曾以为跨入监狱的大门，人生会画上句号，所谓理想、抱负再无从谈起，剩下的只有漫长的刑期与苦苦的煎熬，一切将为自己的罪行付出代价。在听说监狱里还有高考教育自学考试时，惊讶于省监狱领导竟为我们这些失足人士提供了如此正规的学习机会。于是，抱着试一试的态度报名，改造之余抓紧分分秒秒的时间学习，半年竟然通过了六门课程，惊喜之余感悟颇多。

感悟一：狱园变校园，刑期不再漫长。自学考试按季度举行，两期之间仅间隔一个多月，往往考完一期就要进行下一期的复习，再无暇考虑劳改时间的漫长。当成绩单上的成绩节节攀升时，喜悦之情溢于言表。

感悟二：时间变得充实，知识得以丰富。有了目标，就会在任何环境中集中精力学习，不再荒废时间……

感悟三：人生有了新的目标，心灵不再浮躁。之前因为人生观出了问题，我在金钱和权力面前迷失了自我。进了监狱，人生又陷入新的迷茫。通过参加自考，透过取得的阶段性成绩，感觉自我价值得以实现，更加感受到政府的关怀和社会的关注。于是我的目标渐渐变得明确起来：一要为完成劳动改造任务而学习，取得优异成绩并获得减刑。二要为走向社会而自考。我计划用两年时间通过英语专业课程，再用两年时间考取经济类金融本科。等到走出监狱大门时，怀揣这样的成绩单，自己曾经遗憾的人生也变得不再遗憾了吧。

以上感悟，很想与大家分享，期望没有沉沦的有志者和我一起投入到学习中来……

当然，学历教育要求犯人具有较高的文化程度，还有大量的普通青壮年犯人怎么办呢？将来去打工也需要技能啊！为此，省监狱积极与济南市第二职业中专、济南高级技工学校等单位联合办学，创办了省监狱学区，培养社会上需要的技工人才，并由他们考试颁发证书。同时，建立了“再就业培训中心”。在犯人即将刑满释放时，请工厂、企业来监狱举办招聘洽谈会，双向选择，解除刑释人员的后顾之忧。

为了给犯人提供学习和劳动的岗位，他们早早就组建了监狱企业，几十年来由小到大，已发展成为当地的明星企业——山东齐鲁电机制造有限公司，生产汽轮机、发电机和电动机等三大主导产品。2008 年创建成“国家级企业技术开发中心”，“齐鲁”牌发电机连续十四年保持“山东名牌产品”荣誉称号。为促进企业长远发展，他们提出了“二次创业”的目标，目前，正在济南高新区实施“清洁高效汽轮发电机组项目”，努力打造我国第四大发电设备制造基地，振兴国家装备制造业，塑造“齐鲁”民族品牌。监狱经济的发展极大地促进了监管改造工作，提高了对犯人的教育改造质量。

近年来，省监狱注重引导罪犯实现四个“学会”，即学会求知、学会做人、学会做事、学会共处，这又成为把素质教育引进改造全程的一个创举。由于他们重视文化学习、技能培训，培养了许多高水平的人才，来了就能创造价值，吸引了不少著名企业前来选人签合同。省监狱旁边的华达汽车制修公司，总经理亲自来开招聘会，说："当年我就是带着十二个刑释人员干起来的，现在咱企业干大了，需要人。我说我就愿意要你们这里的人，能吃苦，珍惜好日子，再说确实有技术高的，好好干，都有前途……"

刘某出生在山东邹平县一个农家，由于家庭经济困难，小小年纪就辍学了，整日与社会上一些不良少年混在一起，走向了拦路抢劫的犯罪道路。1997 年被济南市历城区法院判处有期徒刑七年，被送进山东省监狱服刑。

严格的入监教育使他清楚地明白自己的身份，以及应该如何接受改造，早日成为新人。可是，当被分配到六大队（现称六监区）之后，面对轰鸣的生产车间、陌生的生活环境和紧张有序的劳动场面，一贯游手好闲的他，感到了极大的不适应，开始装病偷懒，消极怠工，压床板不干活儿。

狱警们看在眼里，记在心里，没有生硬地教训他，"修理"他，而是更为细致地关心照顾他，端来病号饭，找他聊天，慢慢地、春风化雨般地滋润着他的心灵。一天中午，刘某正准备吃饭，几位狱警在教导员张振秀的带领下，送来了一个大蛋糕，还有鲜花和学习用品。原来，这一天是刘某的生日。他自己都忘记了，可管教民警从入监档案上查到了，集体出资买礼物为他过生日。

"从今天起，你又长了一岁，可要有个大人样儿啊！我们都是你的亲人，盼望你好好学习，将来出去成家立业。"张教导员循循善诱。

从小东游西逛、很少尝到亲情滋味的他，受到了强烈的震撼，由惊愕到醒悟，竟号啕大哭起来："呜……呜……我错了，我错了……"

浪子回头金不换。刘某彻底甩掉了思想上的包袱，积极要求上岗劳动。为了培养他，监区专门找到一位技术扎实、经验丰富的工装工序师傅带他，手把手地教，面对面地学，很快他就能独立操作了。不久，狱内举办焊工培训班，小刘又积极报名学习新技术，从此在他面前展开了一条崭新的改造之路。

每天早晨一上工，刘某第一件事就是打扫卫生，准备生产工具，跟着师傅完成任务。一有空闲时间，他就找一些废弃的边角料，苦练焊接技术，或者拿着图纸找人学习视图知识。一年过去了，他的技能突飞猛进，以理论九十二分、实际操作九十六分的优异成绩，获得劳动保障部门颁发的高级焊工技术等级证书，并且担任了六监区工装工序主操作员。

同时，他还因表现出色，不断被加分减刑，2000年4月获得了假释。正在这时，狱内“再就业培训中心”举办社会用工招聘会，各地的工矿企业来了不少，位于邹平县的山东广富集团引起了他的注意。这是家乡的企业，他多么想回家啊！可人家要自己吗？

监区狱警看出了他的心愿，积极向广富集团推荐介绍，并让刘某现场表演。果然，他那精湛的焊工工艺、扎实的理论基础，受到了公司负责人的青睐，当场签订了用工合同，使他还没出监狱门，就已经进了工厂门。

机遇总是留给有准备的人。两个月后，刘某正式走进了广富集团公司的大门，成为一名新员工。这家公司是一家从小型加工厂发展成拥有总资产四十五亿元的民营钢铁企业。刘某特别珍惜来之不易的新生活，凭借几年来在省监狱养成的良好习惯，每天总是第一个来到车间，擦拭机器，作好开工的准备。下班时，又把工具、材料摆放得整整齐齐，最后一个才离开。

在生产中，他更是不断地充实自己，不断学习掌握新的操作工艺和技术，并且时常根据实际情况进行技术革新和改造，尽量保持技术领先优势，增加公司产品的经济效益和社会效益。他把工厂当成了自己的家……这样的员工谁不喜欢？刘某很快就脱颖而出，成为独当一面的负责人。

时光荏苒，岁月如歌。一晃十年过去了，刘某当上了山东广富集团的总经理助理，年薪达到了三十万元，成为刑释人员回归社会的成功典型，也是山东省监狱教育改造成果的具体体现！但他一如既往地低调做人，踏实干事。当记者前去采访时，他总是说：“在我的人生中，不管取得多大的成绩，我最感谢省监狱民警们的挽救和支持！”

现在，他经常返回省监狱，为广富集团公司招聘员工，并且现身说法，以自己的经历鼓励服刑人员努力学习，积极改造，走向新生……

几年前，有一个来自加拿大的司法代表团，听说从山东省监狱释放的犯人再犯罪率仅为4%，心存质疑，因为西方国家这个数字高达50%左右。当他们来到这里全面细致地参观考察后，终于服气了。

其中一位鬓发斑白的老专家走在地板砖铺设的路上，不禁跺跺脚说："西方监狱是不敢铺这个的，因为罪犯会撬起来当凶器。可你们工厂里到处都是钢铁工具，犯人却安心工作着。真是令人佩服啊！"

"是啊，不看不知道。"另一位女专家也对陪同的齐晓光竖起了大拇指，"齐先生，如果可能的话，请你到我们那里当监狱长吧。"

这自然是一句笑谈，但这真切地流露出外国同行的惊喜与感慨，也从另一方面反映了省监狱多年来教育改造的成果。

前面说过，这里主要收押十年刑期以上的重刑犯。翻开他们的档案：杀人越货、打家劫舍、危害社会、侵吞国库，可谓劣迹斑斑，令人发指。如何教育改造好这些人们眼中的"社会渣滓"，使其顺利回归社会并降低再犯率，是一个世界性的难题。西方专家认为：人在监狱里待上十年后将难以过正常人的生活，一半以上可能会再犯罪回到监狱里。而我们中国的监狱，特别是山东省监狱，却打破了这个怪圈，创造了奇迹。

具有二十多年监管经验的齐晓光简明扼要地回答："行为主义创始人、美国心理学家华生说过，人的发展完全是由环境决定的。我们多年的实践也证明，什么样的环境，造就什么样的人。尤其是监狱内部环境与社会外部环境差距越小，犯人回归社会的成功系数就越大。因此，创建一个文明和谐的监管改造环境，让每一个服刑人员都不再犯罪，并成为有用之材，是我们持之以恒的追求目标！"

是的，他们恰恰是这样做的。前面各章节描绘的种种改革与创新，已经浓墨重彩地呈现出来。从这里走出去的人，很少有因再犯罪回来的，而且涌现了许多类似刘某这样的刑释人员。数以万计的迷途浪子弃旧图新，走上正道，成为自强自立、奉献社会的有用之人，其中有很多被评为劳动模范、技术能手、农村致富带头人，还有人光荣地站在了党旗下宣誓，加入了中国共产党……

2012年1月13日，农历腊月二十，还有十天就迎来龙年春节了，省监狱二楼多功能厅里，张灯结彩，笑语欢歌，已经呈现出一派节日气氛了。五十六盏大红灯笼高悬在空中，五颜六色的彩带纵横相连，舞台正中紫红色的大幕上张贴着金色的福字，上挂一条长长的横幅，写着：山东省监狱“又到新春团聚时”亲情帮教会。

这是为了进一步巩固改造成果，营造良好和谐的教育氛围，他们举办的又一次社会帮教活动。监狱精心挑选出四十余名在教育改造中取得优秀成绩的，以及家庭贫困长时间没有探监的服刑人员，邀请他们的家属前来，与自己的亲人见面交流，共度佳节。活动分为现场参观、教育成果展示、亲情互动、演出节目、签订“社会帮教协议”、向困难家庭发放爱心基金等环节，强化监狱与社会对服刑人员的共同教育，突出以情促变的教育改造理念。

分管改造工作的副监狱长战化程（他接替了齐晓光当年的角色）、纪委书记棣志明、监狱长助理慕澎等，以及各监区的区长、教导员与服刑人员欢聚一堂，其乐融融。一曲男声独唱《高原红》博得阵阵掌声，萨克斯独奏《回家》情真意切，令人荡气回肠，还有小合唱、器乐合奏、近景魔术等，掀起了一个又一个欢乐的高潮。

这时，主持人领出了四位服刑人员，一一介绍。他们是取得了十门单科高等教育自学考试合格证书的孙某、李某，在济南技师学院省监狱学区大专毕业并获得高级焊工职业技能证书的周某，获得高级电工职业技能证书的王某。他们一边劳动一边刻苦学习，用心血汗水换来了大红证书，代表囚子们向亲人、向社会献上了一份特别的春节大礼。

专程从老家赶来的王某的母亲抚摸着儿子的证书，擦着幸福的眼泪说：“孩子，你出息了……”

二监区的河南籍服刑人员赵某，入狱近四年了，由于家庭困难，路途不便，家人还没有探望过，这使他常常陷入想家的忧虑中。这次，省监狱专门邀请他的母亲前来参加活动。亲人相见，感慨万千，坐在一起看节目、聊家常、包饺子，多少思念，多少亲情，滋润着一家人的心田。

“我又吃上娘包的饺子了！”赵某无比激动，热泪盈盈，向副监狱长战化程鞠了一躬：“感谢政府让我见到了亲人，我一定好好改造，争取早日回报社会。”

最后，战化程、棣志明、慕澎等人代表监狱党委、齐晓光监狱长、张传林政委和全体狱警，向二十八户困难服刑人员家庭发放了爱心基金，每户五百元，而这些基金都是狱警们默默捐献出来的……

音箱里传来了著名歌唱家阎维文的歌声：“你入学的新书包有人给你拿，你雨中的花折伞有人给你打，你爱吃的三鲜馅有人给你包，你委屈的泪花有人给你擦。啊，这个人就是娘，啊，这个人就是妈。这个人给了我生命，给我一个家……”

台上台下一片唏嘘之声，服刑人员和他们的家属眼里含着晶莹的泪水，发自肺腑地表示：“党和政府就是我们的亲娘啊！省监狱就是我们的再生之地！”

如此，山东省监狱“以人为本”，创新工作，有效地调动了犯人改造的积极性，促进了狱内秩序的稳定和改造质量的提高，已连续实现十八年无脱逃、十四年无自杀，邪教类罪犯的转化率达到百分之百，刑释人员重犯率一直保持在百分之四以下，在全国树起了重刑犯改造的特色品牌。山东省监狱先后荣获“全国先进基层党组织”、“全国司法行政系统先进集体”等多项荣誉称号，荣立集体一等功两次、集体二等功七次，连续二十年保持“省级文明单位”称号。

伴随着一阵阵喜庆欢快的鞭炮声，龙年大踏步地走来了。这是崛起于世界民族之林的中国龙！神州大地各行各业的人们无不欢欣鼓舞，隆重庆贺。山东省监狱的服刑人员也不例外。大年初一早晨，迎着早春的清风，全体服刑人员列队在狱园广场上举行庄严而热烈的升旗仪式。这是他们的光荣传统，每逢元旦、春节、五一劳动节、十一国庆节等重大节日，监狱都要举行升国旗唱国歌活动……

身穿统一服装、排着整齐队伍的服刑人员，昂首挺胸，精神抖擞，仰望着前面的升旗台。此时，齐晓光监狱长、张传林政委、战化程副监狱长等领导大步走来。大家全都情不自禁地立正，面容严肃。齐晓光有意放松一下情绪，走到队前朗声问候："大家春节好啊！你们想我了吗？"

"监狱长好！我们都很想您啊！"一句话，没有了距离。

"好好，不用这么紧张，一会儿咱们升国旗唱国歌，大家都会唱吧？"

"会！"声音洪亮，响彻广场。

八点钟，仪式正式开始了。几名年轻的狱警，手捧国旗，迈着整齐有力的步伐走向升旗台。随着一声口令，激昂有力的《义勇军进行曲》奏响了，鲜红的五星红旗冉冉上升。所有戴警帽的狱警行举手礼，服刑人员行注目礼……

亲爱的读者，在九百六十万平方公里的土地上，你也许看到过太多的升旗场面：天安门广场前的国庆大典、北国南疆的边防战士出征誓师、希望小学里的老师学生们的开学典礼，还有驻外领使馆的华人团聚等，但可能你不了解监狱犯人也有同样的仪式！

这些曾经给社会带来危害的犯人，升国旗时也会热血沸腾、净化心灵吗？不错，经过"法德结合、文明改造"，他们陆续洗心革面，重新做人了。想一想，成百上千名犯人列队，慷慨激昂地高唱国歌，庄严肃穆地面对升旗，你能不感到震撼嘛！

仪式结束，齐晓光监狱长发表了热情洋溢的讲话：

"大家好！今天，是我们中华民族最隆重的传统节日——春节。在全球华人共同欢度新春佳节之际，我们省监狱召集全体服刑人员举行隆重的升国旗仪式，与我们伟大的祖国共同迎接新年的到来。

"面对鲜艳的五星红旗，让我们首先缅怀那些为新中国的成立而英勇捐躯的先烈们，是他们用生命和鲜血换来中华民族的独立和自由。面对鲜艳的五星红旗，我们还要怀念那些为社会主义建设无私奉献的英雄们，是他们用时代的精神谱写了建设祖国的华章……改革开放三十多年来，我们伟大的祖国日益繁荣富强，中国正在迅速崛起并成为有影响力的世界大国，作为一名中国人我们为此感到无比骄傲和自豪……

"展望新的一年，我们充满希望。随着我国经济形势的好转，我狱各项工作发展势头良好，为广大服刑人员的服刑改造创造了良好的外部条件。希望广大服刑人员不要辜负社会的关心、亲人的挂念，在新的一年里振奋精神，积极进取。在此，向全体服刑人员提出三点要求：

"一要遵纪守法，服从管理。作为一名服刑人员，既要学法、知法、懂法，更要守法。你们要在日常改造中增强抵制不良习气和自我控制的能力，培养守法意识，做一个合格公民。

"二要努力学习，提高素质。服刑人员要按照监狱的各项教学计划，积极参加政治、文化、技能的学习，变刑期为学期，掌握必要的劳动技能，培养良好的思想道德风尚，为将来回归社会做准备。

"三要积极改造，走向新生。每一名服刑人都要积极遵守监狱的各项管理制度，通过改造纠正自己的错误，增强走向新生的信心。要始终保持乐观向上的生活态度，把自己改造成为一名素质优良的合格公民。衷心希望所有服刑人员都能够顺利地回归社会，走向新生，创造美好的明天。

"最后，我代表监狱党委和全体狱警向你们，并通过你们向你们的家人表示最诚挚的祝福，祝大家春节愉快，身体健康，阖家欢乐，万事如意！"

全场响起了春雷般的掌声，久久不能平息……

这仅仅是一篇祝福讲话吗？不，这是山东省监狱党委和全体狱警的宣言书，字里行间，闪耀着一颗颗赤诚的心，播撒下一粒粒希望的种子……

明天，将收获一轮崭新的太阳！

（原载《时代报告·中国报告文学》2014 年 6 月号）

生命之重

——一起跨国维权案的前前后后

陈　益

周庄舫

站在周庄舫的露台上四处眺望，如绸缎一般铺展的蚬江，在秋日的阳光下，泛动耀眼的波纹。南岸是黛瓦粉墙、塔影婆娑的古镇区，北岸耸立起一幢幢新楼，生命奥秘博物馆的标识尤其醒目。西望，塔吊下一座跨江大桥正在施工。流水涌涌东去，将视线带向苍茫的极远处。水天一色，令人心胸豁然开朗。

六百多年前，沈万三的船队正是从这里起锚，满载着绫罗绸缎、瓷器玉雕，以及傲视险途的雄心，犁开万顷波浪，前往遥远的马六甲海峡，去实现通番发富大业的。

这位中国对外贸易的先驱者，创造了难以计数的财富，被誉为“资巨万万”“富可敌国”，甚至富得遭到明太祖朱元璋的嫉妒，最终充军云南，客死他乡。沈万三归葬于古镇周庄银子浜下，直到今天，在民间仍然有广泛的影响。

十三年前的6月6日，包括加拿大、智利、日本、墨西哥、新西兰、俄罗斯和美国在内的二十一个国家的贸易部长，走进蚬江畔的周庄舫，前来讨论WTO启动新一轮谈判的相关问题。肤色各异的贸易部长们也许到了古镇才听说这里曾经出现过江南巨贾。但他们关心的不是这个湮没在历史烟尘里的人物。WTO正处于十字路口。西雅图会议失败后，能否启动新一轮谈判，已成为世界多边体制保持下去的关键。经济全球化发展如火如荼，但是仍有不少人对它的负面作用忧心忡忡。

在这里，他们很快明白了，中国的改革开放并非以牺牲传统文化为代价。就在国际大都市上海附近，完整地保留着千年古镇周庄。诸多的疑虑被蚬江水涤清了。蚬江，太湖三大泄水通道之一——东江的一链，见证了一个极其重要的历史时刻……

新中国成立六十五周年前夕，隋鸿锦从大连来到古镇周庄。他要在周庄舫主持一个中国解剖学会解剖学科普高峰论坛。

温文尔雅的隋鸿锦，三十五岁就成为教授。如今他具有多重身份——教授、博士生导师、政协委员、民主党派成员、归国留学生、鸿峰生物科技有限公司总经理、劳动模范……最近又刚刚当选为中国解剖学会科普委员会主任委员。

他是以学者的身份在这里主持论坛的。解剖学界泰斗、中国工程院院士钟世镇，中国解剖学会理事长、第三军医大学副校长张绍祥，中国科协科普部副部长辛兵，以及各大医学院校的学者、教授如约而至。就在蚬江的北岸，有他新建的生命奥秘博物馆。与会代表将在讨论如何落实《全民科学素质行动计划纲要》，发挥解剖学会科普功能的同时，参观运用生物塑化技术制作的人体标本。

当然，这些学者也会游览中国第一水乡——周庄，沐浴于江南明丽的秋光下，放松一下心情。

我和隋鸿锦教授多次见面，也参加了他举办的一些活动。我们在一起饶有兴趣地聊及大学城海德堡、内卡河畔山冈的哲人路。那一条寻常的小路，承载过多少探寻的渴望、精彩的争论和厚重的思想。他正是由此走上生物塑化之旅，尝尽苦辣酸甜。

数百年来，生物标本始终用福尔马林——甲醛的水溶液保存。一进入解剖室，就被强烈的刺激性气味熏得泪水涟涟，学生们同样泪流满面。能不能创造崭新的标本保存技术？德国的冯·哈根斯博士回答道："能！"他正在国际上推广自己发明的生物塑化技术。中国恰恰是他特别感兴趣的国家。于是隋鸿锦获得了去往海德堡大学第一解剖学研究所深造的机会，哈根斯成为他的导师。

回国后，隋鸿锦成为这项技术在国内推广的第一人。他一直与冯·哈根斯保持联系，并且提出合作请求。生物塑化大师对学生的技术不屑一顾。但不久，当他来到大连，亲眼看到隋鸿锦制作的生物标本时，立即改变了主意。1996 年 12 月，冯·哈根斯与大连医科大学签约，合作成立生物塑化研究所。

在这之前，一位著名的解剖学家热忱地邀请隋鸿锦到香港大学医学院读博士，并提供每年 12.8 万港元的奖学金。当时，他只有硕士研究生学历，月薪三百元。然而，隋鸿锦拒绝了。他全身心地投入生物塑化研究。三年中，每天晚上只睡四五个小时。他觉得自己像一株水下向日葵，承受压力，期待在黑暗中绽放光彩。

怎么也没想到，在与导师哈根斯合作的六年中，由于看法相左，彼此的分歧竟越来越大。冯·哈根斯想把人体塑化标本作为行为艺术（包括男女交媾），以制造轰动效应，获取更多的经济收益。对此，隋鸿锦持反对态度。他说，科学家的良心告诉他，应该最大限度地发挥塑化技术的医学和科普价值，探索人体的奥秘。

这里既有东西方文化的差异，也显现了彼此间截然不同的价值观。亲疏恩怨中，还掺杂了个人性格、经营理念、人文道德以及不同政治观点等因素。彼此分手是必然的。

在与哈根斯分手后，他开始了艰难的创业。很快，经卫生部和中国科协批准，由中国解剖学会主办、鸿峰生物科技有限公司承办的“人体世界”科普展揭幕了。全国人大常委会原副委员长吴阶平院士也欣然题写了展名。展品全都是用生物塑化技术保存的标本，涵盖了运动、消化、呼吸、泌尿、生殖、心血管等人体系统。二十具标本，被设计成具有动感、美感的生活化造型：思考者、下棋选手、投篮手……观众们有机会对人体结构仔细观察，从容地感受生命的神奇。

然而，美好的理想，良好的初衷，未能阻拦某些人的指责、猜疑，甚至谩骂。这次展览让隋鸿锦遭受了暴风骤雨般的压力。此后的展览，也是办一次赔一次，无奈之下，只能用国外展览赚的钱来弥补亏空。他想起了西班牙解剖学家塞尔维特因为解剖尸体被判火刑的故事，不由得感慨道：“科学技术的进步，总是领先于社会意识的进步……”

鸿峰生物科技有限公司终究依托成熟的生物塑化技术，自主研发了一系列生物塑化及其配套产品，填补了国内空白。从 2004 年以来，鸿峰公司在欧美、亚洲的二十多个国家和地区相继举办了以生物塑化技术为依托的科普展览，赢得了很高的国际声誉，成为国际生物塑化领域的龙头企业。他们的产品，占全球生物塑化产品展览市场的百分之六十。

不料，所有这一切，竟导致了一场错综复杂、旷日持久的跨国维权斗争。

在这里，我用“斗争”这个词，丝毫也不过分。在前前后后的五六年中，隋鸿锦体味到了最严酷无情、最不可回避的生命之重。为了在国际舆论界获得清白，他付出了常人难以想象的艰辛努力，不知度过了多少不眠之夜，耗费了多少心血，乃至生死与之。

但是，在周庄舫的会议上，隋鸿锦只轻描淡写地说了一句话：“九十高龄的钟世镇院士告诉我，你们所经历的，我年轻时早就经历过了……”

风云骤起

2008年2月7日，正是农历正月初一。滨海城市大连风和日丽，四处不时响起喜庆的鞭炮声。隋鸿锦和六个一起长大的发小，正打算按照几十年来养成的习惯，依次去向每个人的父母拜年，突然接到了一个从美国打来的电话。

来电显示，那是美国第一展览公司的阿尼·盖勒先生。

“隋博士，过年好！我知道你正在过春节，很抱歉在这个时候打扰你。”阿尼·盖勒的语气沉重，似乎很无奈。隋鸿锦一边听，一边锁紧了眉头。原来，阿尼·盖勒刚刚接受了美国广播公司（简称ABC）著名主持人布莱恩·罗斯的采访。罗斯出示了不知什么人提供的九张照片。照片上显示的是几位被执行死刑的犯人被捆绑着倒卧在雪地上。他指责这些犯人的尸体可能被隋鸿锦的鸿峰公司制成标本，用在了纽约的展览上。

隋鸿锦异常惊讶。

“隋博士，我相信你不会做这样的事，我们以前也反复探讨，验证了你们的标本来源是合法的。但是……这几张照片实实在在。你有责任说清楚你和这些照片之间的关系。”

阿尼·盖勒无奈但却严肃地说出最后一句话，随后放下了电话。

阿尼·盖勒先生是一位慈祥的长者。他年轻时是一位音乐人，制作了很多音乐节目和唱片，1967年曾入选全美最佳唱片制作人名单。阿尼曾经合作过的世界著名乐队，包括被誉为史上最成功及最完美的三重唱的比吉斯兄弟乐队、被列入摇滚名人堂的艾尔顿·约翰……阿尼也因此在世界各地建立了广泛的社会关系。

1994年，阿尼·盖勒的几位朋友组织开展了一次世人瞩目的探险活动——打捞沉睡在北大西洋三千多米深处的泰坦尼克号游轮残骸，并邀请他出任新成立的泰坦尼克公司的CEO。阿尼·盖勒由此展示出高超的市场运营能力和深厚的文化内涵。他先是为泰坦尼克公司争取到世界独家的对泰坦尼克游轮残骸的打捞权，然后组织了七次大规模的探险活动，并把打捞上来的物品组织成一个充满人情、充满对生命感悟的展览，在世界各地举行巡回展览，取得了巨大的成功。在此基础上，阿尼·盖勒成立了总部位于亚特兰大的第一展览公司。

2003年，阿尼·盖勒通过浏览网上的消息发现了隋鸿锦，辗转找到他，希望能来大连，与当时的大连医大生物塑化有限公司洽谈合作。但是由于种种原因，他最终没能成行。

2004年秋天，阿尼·盖勒带着他的助手、第一展览公司的副总裁汤姆来到了大连。在参观了医大塑化公司之后，阿尼·盖勒向隋鸿锦热情地表达了合作的愿望。他走遍了世界各地，发现在这个领域隋鸿锦是最合适的合作人选。隋鸿锦对阿尼·盖勒的展览推广计划很感兴趣，但不得不给他泼了一盆冷水：当时，已经与另外一家总部位于洛杉矶的展览公司签订了具有排他性的合作协议。

隋鸿锦的回答出乎阿尼·盖勒的意料。他的目光暗淡下来。分别的时候，倔强的阿尼·盖勒留下了一句话：

“Everything is possible（一切皆有可能）!”

大约过了半年，阿尼·盖勒再次给隋鸿锦打来电话：“隋博士，我计划到大连访问。如果你有时间的话，我希望能和你见面，洽谈一下合作的事宜。”

“哦?”隋鸿锦一愣，“我们已经签订了一份具有排他性的合同，不是和你，而是另外一家公司。”

“没关系，”阿尼·盖勒停顿了一下，用胜利者的口吻说，“你说的那家公司，已经被我们整体收购了！所以我们已经是合作者了，我们之间的合作不受原先的合同限制了！”

原来，阿尼·盖勒从大连返回美国后，意识到想和隋鸿锦建立合作关系，必须突破那份合同的限制。可是对方迟迟不愿意出让与隋鸿锦的合作合同。他使出杀手锏，用二百七十万美元将对方整体收购，留下了与隋鸿锦合作的合同，把人员设备、公司名称都归还给原先的那家公司。

隋鸿锦简直不敢相信自己的耳朵。阿尼·盖勒拿出整体收购的二百七十万美元，实际上只是用来购买一项合作的权利。他被阿尼·盖勒的合作诚意深深地打动了。

阿尼·盖勒从此成为隋鸿锦在美国最知心的朋友，而且一起经历了许多风风雨雨……

这个电话足足讲了一个小时。

春节的气氛被搅乱了。

他想起十多天前，位于大连市郊的一处简陋农家小院的鸿峰公司，突然出现了两个不速之客。他们进入了铸型标本制作室。总经理助理刘杰赶紧尾随而入，发现那是两个金发碧眼的美国人，一男一女，女的背个挎肩包，年龄在三十岁左右，男的大概在五十岁以上，自称是来旅游的。刘杰以为他们是隋鸿锦的外国朋友，用手比画着，请他们到二楼办公室去，可他们不愿去。男的用手指着其他房间，比画着要去看看。就在这时候，刘杰发现那个女的表情颇不自然。再仔细一看，她的挎肩包上有个花瓣，花瓣中间有个黑色的圆点，很像是摄像头。刘杰只能用手势请两个人离开公司场区。那个男的看起来有些着急，问了很多话，女的则努力把挎包上的摄像头对准刘杰。

把两件事情联系到一起，隋鸿锦不由得倒吸了一口凉气。

他立即给正在外地过春节的几位公司高层管理人员打了电话，要求大家终止休假，马上赶回大连，召开紧急会议。

晚上八点，胜利路边的“两岸咖啡”店，一个特殊的会议在悄然进行。研究了很长时间，大家达成共识，这件事并不孤立，很可能来源于鸿峰公司在国际上的竞争对手——巩特尔·冯·哈根斯。只有他才可能采用这样恶毒的手段诬陷别人，这是他一贯的行事风格。

美国广播公司（简称ABC），美国三大商业广播电视公司之一，创建于1943年，拥有美国观众最多的电视网。主持人布莱恩·罗斯更是大名鼎鼎。他出生于1948年12月23日，1971年就开始记者生涯，1994年7月加入ABC新闻（ABC所播出的新闻节目的总称），目前是美国获奖最多和最受尊敬的记者之一。作为 ABC 新闻的首席调查记者，他主持的节目包括《20/20》在内的五个不同的新闻栏目，多次获得新闻界最有声望的奖项，包括六个杜邦奖、五个皮博迪奖、五个波克奖、十二个艾美奖等。罗斯的调查报告，暴露了各级政府的腐败，导致了国内法律的变化，并促使其他国家进行一些改革。例如，他进行了关于核走私的秘密调查，质疑美国当局是否应该阻止放射性物质水运进入美国。这为他第三次赢得了新闻界最有威望的奖项之一——杜邦奖。

但是，毋庸讳言，坊间也有不少关于布莱恩·罗斯报道失实的舆论。

“我们一定要证明，这是布莱恩·罗斯犯的又一个错误。我们要争取制止他！”隋鸿锦对他的助手们说。

在对阿尼·盖勒的采访中，布莱恩·罗斯曾提到，有一件整体标本和一件头部铸型标本的颅后部有一个洞，怀疑那就是执行死刑时造成的子弹孔。隋鸿锦觉得，恰恰可以针对这个怀疑，通过客观、科学的解释，来打消 ABC 对标本来源的疑问，尽管这样做难度很大。

夜晚，躺在床上，隋鸿锦久久无法入睡。他的脑海里闪现出了六年前的一幕。

“我知道你最喜欢你的女儿。我警告你，你要小心你的女儿和你的妻子！”身穿黑色马甲、头顶黑色礼帽的巩特尔·冯·哈根斯，坐在隋鸿锦的面前，蓝色的眼睛恶狠狠地直盯着他。

这是 2002 年 5 月末的一个下午。在这之前的两小时，隋鸿锦告诉他，自己已决定辞职，并交接了工作。

哈根斯反复地威胁他必须放弃塑化事业，否则就是势不两立的敌人。

隋鸿锦突然间怒火冲天。他素来性格温和，总是平和地对待各种人和事情，很少生气，更不要说愤怒了。哈根斯的话却把他激怒了。

他拍案而起，一字一顿地说道：“冯·哈根斯先生，你要是胆敢动我女儿和我妻子一根毫毛，就别想完整地离开中国！”

隋鸿锦一向认为，男人是家庭的支柱，保护弱小的妻子和女儿是自己天经地义的责任。哈根斯偏偏刺向要害，以他的女儿和妻子来威胁。这是任何一个有血性的男人所无法容忍的！哈根斯能脱口而出，就说明他以前曾经仔细地考虑过，认为抓住了隋鸿锦的弱点，可以以此来制衡。

“对于我，你想怎样都可以。我们是男人，可以进行男人间的较量。但是你拿我女儿和妻子来威胁我，这句话就一下子抹杀了你我之间八年的友情。坦率地告诉你，从今天起，从这一刻起，你在全世界范围内最强有力的竞争对手诞生了！”

回到家里，看到隋鸿锦心事重重的样子，妻子王淑岩关心地问起原因。隋鸿锦吞吞吐吐地讲述了白天的那一幕，淑岩沉默了片刻，随即反复地安慰他，说哈根斯只是恐吓而已，不要过分在意。

但是，半夜里，隋鸿锦两次被妻子淑岩噩梦中的叫唤声惊醒了。

她不停地喊着：“有人进来，谁？谁！……”

隋鸿锦彻夜无法入睡。因为事业上的纷争，让妻子如此担惊受怕，他陷入了深深的自责中。第二天早晨起床后，他所做的第一件事情，就是用电钻在每个窗框上钻个小洞，然后找一些小钢棍作为插销，防止有人把窗户推开，进入房间。随即，他又去看望住在爷爷奶奶家的宝贝女儿。

快到六一儿童节了，她正在学校附近的公园里和同学排练准备表演的节目。在相距五十米左右的距离，他远远地看着女儿和同学们嬉笑打闹，她是那样活泼可爱。突然间，隋鸿锦禁不住热泪盈眶。

他强忍着不让眼泪流出，心中暗暗地发誓：

“孩子，爸爸一定会竭尽全力保护你！”

转眼间，整整六年过去了。在这六年中，隋鸿锦一天都没有放弃过自己钟爱的事业，一天都没有放松对家庭安危的警惕。当时，哈根斯曾恶狠狠地宣布，在未来的两百年里，他的家族都将视隋鸿锦和他的家人为最大的敌人，然而没有料到，哈根斯会采取如此卑劣的手段，在国际上对他进行污蔑和陷害。

这令人忍无可忍！

人生最无奈的事情，就是无助地等待伤害的到来。明知道有灾祸会发生，而且将给自己造成巨大的伤害，也明知道自己应该保护自己，却不知道该从哪里做起。因为隋鸿锦没有看到照片，照片上到底是什么，只能凭着阿尼·盖勒的描述去猜测。

眼前唯一能做的，就是对标本上小孔的形成原因进行解释。在标本的制作过程中，他们一直坚持对每件标本都进行详细记录，说明小孔形成的原因并不困难。

这样的标本有两类：一类是采用硅橡胶技术塑化的标本；一类是采用管道铸型技术制备的标本。

硅橡胶技术，是采用硅橡胶来替代组织中的水分、脂肪等物质，从而使标本可以得到永久性保存的技术。这是最常见的塑化标本。采用这种技术制作整体标本，可以做出栩栩如生的动作造型，降低观众对标本的恐惧感，因而在科普展览中得到广泛的应用。

在塑化标本的制作过程中，在标本硬化前，要将标本固定为一些特有的姿势。头部也被固定成为一定的姿态，如抬头、低头、向左倾、向右倾等。为了固定头部的姿态，需要使用钢筋，从颅顶到颅底或颈椎，钻入整个头部。这样，在钢筋钻入的部位就会产生小的孔洞。固定用的钢筋分为两种：一种为临时性固定，制作结束前会被取出；另一种为永久性固定，制作结束后会被保留在标本体内。在固定头部时，通常采用一根或两根以上直径六毫米的钢筋，产生的孔洞直径也为六毫米。在标本最终硬化时，永久保留的钢筋会在紧贴头皮处被切断，小孔也使用结缔组织封闭，因此有时会在标本表面留下一些孔洞。

铸型技术是以生物标本的自然管道（如血管、胆管、气管等）作为模具，将流动状态的铸型剂注入管道中，等到铸型凝固之后，再将生物组织腐蚀掉。这样就可以完整显示管道系统的结构了。从二十世纪八十年代开始，钟世镇院士就在第一军医大学（现南方医科大学）应用这个技术，并且取得了国际领先的地位。制作这样的标本，尤其是头部标本，在对标本进行腐蚀处理时，需用螺丝钉固定在颅骨上，然后进行悬吊，这难免会在标本上螺丝钉固定的部位留下小孔。

除了对标本上的孔洞形成的原因进行解释之外，他们又从法医学的角度，通过子弹的直径与孔洞的直径，以及伤口的形状，对标本上孔洞不可能是弹孔的理由进行了阐述，把有关文字配合各种图片，再翻译成英文，发送给了美国第一展览公司，剩下的就只能是等待……

《20/20》节目中的匿名人

凌晨四点，隋鸿锦在忐忑不安中醒来。几乎又是一夜未眠。

此刻，是美国东部时间2月15日的下午。这些天，ABC为这次的《20/20》节目做了很好的宣传，网络上已到处可见本次节目的梗概。节目的矛头，直指鸿峰公司的人体展览。不难想象节目播出后会产生怎样的影响。

他打开电脑，找到了《20/20》节目的网址。赫然出现在面前的，就是几天来一直令他不安，却又一直令他渴望看到的触目惊心的九张照片：几个死刑犯人被送到某个学校，放到了解剖台上……可以肯定，这不是从网上下载的。

仔细看罢照片，隋鸿锦的不安逐渐消失了，取而代之的是越来越强烈的愤怒。经过详细了解、分析，他已清楚地意识到，这是一场惊天大骗局，是某些人为了商业利益，不惜从政治上对中国、对鸿峰公司、对个人进行污蔑陷害的大骗局！

ABC的报道，是几个方面协调配合进行的。贪婪的商人、居心叵测的华人政客、别有用心的电视节目主持人……为了各自的目的，彼此相互勾结，通过对中国企业的污蔑，以达到攻击中国政府的目的。这不仅仅关系到个人和鸿峰公司的名誉，更关乎国家和民族的名誉。在这样的严峻形势下，我们决不能忍气吞声、逆来顺受，一定要查明事情真相！

时间正一分一秒地靠近美国东部时间 20 点 20 分。这正是节目播出的时间。谁知，由于网络过于拥挤，《20/20》的网址突然上不去了。看来，ABC 对这档节目的渲染发挥了作用。世界各地的网民蜂拥而至，造成了网络的堵塞。

隋鸿锦从来没有感觉到，时间会给人带来如此的煎熬和折磨。

半个小时过去了。忽然，手机响了，是阿尼·盖勒打来的："噢，隋博士，看来事情不是想象得那么糟。"

"为什么?"

"在节目的最后，《20/20》的主持人声明，节目中的内容迄今为止还没有强有力的证据加以证明。"阿尼·盖勒在遥远的美国说，"第一展览公司虽然做好了起诉的准备，但因为这句话，我们不能起诉了。"

隋鸿锦又一次愤怒了！难道这就是一贯标榜着"公平、客观、中立"的美国主流媒体，在进行污蔑之后，轻描淡写的一句"没有强有力的证据"就把自己应当承担的责任轻而易举地推卸了?!

但冷静一想，他又明白，节目主持人布莱恩·罗斯之所以最后加上这样一句话，显然是他们关于标本头部孔洞形成原因的解释产生了作用。

就在他与阿尼·盖勒通话的过程中，竟有十几个未接电话，全是国外打来的。

原来，隋鸿锦的几位老同学已经看到了《20/20》节目刚才的报道，互相通了电话，都在替他担心。那些未接电话就是他在美国的同学打来的。他们反复提醒，ABC 在美国的影响力很大。也有人建议他先到国外躲躲，离开是非的旋涡。

这时，美国西部时间已经是深夜。远在大洋彼岸的老同学的关心，使隋鸿锦非常感动，也愈加使他意识到《20/20》节目的影响力，以及追溯事件真相的责任重大。

傍晚，回到家里，第一展览公司录制的《20/20》的节目已经传输过来。

隋鸿锦反复看了两遍，似乎没理出什么头绪。节目中出现了他早晨在 ABC 网站上看到过的那九张照片。匿名人出现在节目的后半段，是深夜里拍摄的，只有模糊的背影。从镜头里可以看出，拍摄的地点是在大连的星海广场，但这里每天有十几万人出入，想凭借一个晚间的模糊背影去查找一个刻意隐藏身份的人，比大海捞针还难。

“这是一个不可能完成的任务!”隋鸿锦感到很沮丧。

几天来他一直处于十分疲惫的状态，一阵强烈的睡意袭来，让他难以坚持，于是关上电脑，准备休息。刚躺下，却不由得一阵自责。在这样的关键时刻，怎么能怕累呢？他重新振作精神，用冷水洗了把脸，又来到了书房，坐在了电脑前，打开了《20/20》的节目。

节目是这样的：

旁白：在这期的“中国连接”中，揭示《20/20》记者布莱恩·罗斯的秘密调查结果。

主持人：晚上好，欢迎收看今晚的《20/20》。就像恐怖电影一样刺激，在某大厦的一个房间里放满了人体，这非常令人震惊。这些真实的人体已经被全国数百万人参观过了。但是在被展览之前，他们从哪里来？他们在被展示之前的身份是什么？

旁白：这是一个人体展览，去除皮肤，利用塑化技术修整并装饰。

观众：这个是球员（标本造型），每个人都可以来参观。

旁白：一个人的血管、肌肉、器官甚至骨骼都被很细致地保存下来了，这是以前不可能完成的。

旁白：这些展览的人体标本有各种各样的姿势：带着足球跑的、投篮的甚至带有胎儿的塑化的孕妇。还有分离的人体，肌肉和骨骼是分离的。

旁白：这个人体展览是两个不同的公司合作运营的。

旁白：从拉斯维加斯到圣地亚哥购物广场，以及在纽约市南街海港，超过了一百五十万人参观了这个展览，票价大概是二十五美元。

阿尼·盖勒：到目前为止，我们在三十六七个城市举行了展览。

旁白：阿尼·盖勒是第一展览公司的总裁。阿尼·盖勒公司的报告中提到从展览中获得了数百万美元的利润，涉及约一千个人体和人体组成部分。

阿尼·盖勒：我们花了很多钱，并认为它是伟大的教育计划，如果它成功了，我们的股东将会从中受益。

布莱恩·罗斯：你们通过展览来营利？

阿尼·盖勒：事实上我们有不错的盈利。

布莱恩·罗斯：当你看到这些人体标本，有没有什么让你觉得不舒服的？

阿尼·盖勒：没有，完全没有。

旁白：随着越来越多有关利润等问题的暴露，这些人体来自何处以及如何使用它们的问题越来越受到关注。

节目中，著名主持人布莱恩·罗斯以一种居高临下、俨然站在道德的制高点上的姿态侃侃而谈，隋鸿锦的老朋友阿尼·盖勒非常尴尬地接受质问，而哈根斯在一旁非常配合地抹着眼泪。

旁白：他眼中含着泪水，承认他本人收到过一些死刑犯的尸体，但是他说他将这些尸体火化了，没有用于公共展览。

巩特尔·冯·哈根斯：我不能再在中国制作标本了，我必须让自己远离这些。

节目中的关键环节是一个匿名人的出现。在节目中，他只出现了模糊的背影。镜头明显是夜间在大连星海广场拍摄的。节目主持人和这个匿名人在昏暗的路灯下并排向前走，而摄影师则从后面跟拍。主持人说了这么一番话：

> 这些照片来自于一个自称是参与人体黑市买卖的男人，我们在一个深夜会见了他。因为害怕中国政府会逮捕他，他要求我们对他的身份保密。这个男人现在为竞争者工作。他说他的工作主要是在中国收集尸体，并进行地下交易。这些尸体有些被送到大学使用，有些就在大连公司制作成塑化标本用于展览。为了证明他的身份，他提供了以前工作使用的一些文件（介绍信）和这些照片。他说这些照片于四年前在另一个城市拍摄。在那里，一个死刑犯人的尸体基本被卖到两百美元。他告诉我们，这些照片是他第一次与卖方联系，对方向他展示可以获得什么时拍摄的。他说，从那以后，他就开始从卖方那儿获得尸体了，但再不能拍照了……

这个匿名人声称是为隋鸿锦工作的，接受隋的指令在中国从事黑市尸体交易，每具尸体要卖两三百美元。在从事黑市交易的过程中，匿名人在节目播出的四年前就拍摄了这些死刑犯人的照片。

突然，一个快速闪过的镜头引起了隋鸿锦的注意。

这是一张空白的介绍信。匿名人声称，他在从事黑市交易时，就是用这样的介绍信来开展工作的。引人注意的是这张介绍信上的印章。隋鸿锦把录像停下来，设法将介绍信的页面放大，再放大，文字渐渐变得清晰了，赫然出现的是“大连医科大学生物塑化研究所”的红色印章。

大连医科大学生物塑化研究所于 1998 年开始正式运营。当时为了把生物塑化技术引进中国，大连医科大学校领导决定和哈根斯合作，建立生物塑化研究所。大连医科大学专门在校园内建造了一座八百平方米的二层小楼，作为办公和研究场所。研究所的经费、人员和设备主要由担任所长的哈根斯负责安排，学校领导委派隋鸿锦担任副所长和法人代表。

在《20/20》节目中看到了大连医科大学生物塑化研究所的印章，隋鸿锦心里的疑问被证实了。这个匿名人只能来自哈根斯的阵营，因为印章就在哈根斯手中保管着。

哈根斯自以为很聪明，孰料，聪明反被聪明误！

“死亡博士”哈根斯

巩特尔·冯·哈根斯究竟是一个什么样的人物？

根据“国际在线”报道：冯·哈根斯1945年生于波兰，“二战”期间全家移居莱比锡。1965年至1968年，在原东德耶拿弗里德里希勒大学医学系学习。1968年，哈根斯在逃往联邦德国的途中被捕，然后被关押在民主德国的格拉和哥格布斯堡集中营，长达两年之久。1970年8月，联邦德国政府用赎金把“幸运”的哈根斯“买”到联邦德国。他得以在卢贝科大学完成学业。1978年他在海德堡大学解剖研究所从事解剖研究，从那时起哈根斯开始了制作人体标本的工作。

《文汇报》曾以整版篇幅，发表署名文章《当人体标本成为雕塑》，对他作过这样的介绍：

他是人体塑化技术的发明者、德国解剖专家。早年获得德国海德堡大学解剖学博士学位，曾创建实验室，研究发明了标本塑化技术。经过塑化处理的尸体质感良好，非常干燥，无刺激性气味，可以永久保存。

通过生物塑化技术，哈根斯让人类正确地认识自己的身体，促进了医学事业的发展，在业界赢得很高的评价。

然而，将一件件冰冷的尸体活生生地展现在世人面前，无论从哪个意义上说，都是一种对传统的挑战。1997年起，他的塑化人体展览在世界各地展出，引起了很大的争议。有人将哈根斯视为敢于挑战传统的“超级英雄”。也有人说，如果他的这项发明仅仅应用于医学教学无可非议，但公开展出极为不妥。更多的人指责他是"伤天害理"，从法律、伦理、道德、宗教等多方面进行批评，甚至有人用铁锤将他的展品打翻在地。

"死亡博士"哈根斯因而麻烦不断。

2003年3月，哈根斯在波兰一个叫谢根亚瓦凡扎斯特的村庄买下了一个废弃工厂，用以放置展品、材料和设备，并试图逐步将它改造成为一个尸体加工厂。这个计划引起了上千名村民的恐慌和反对，他的尸体加工计划因此流产。

2003年年底，哈根斯还因为"滥用职称头衔"遭到海德堡地方法院的指控。原来，他在世界各地举办展览，包括在德国对外活动时，一直自称教授。可是严谨的德国教授职称委员会说，他从来就没有在德国获得过教授职称。地方法院因此向他判罚十四万欧元。

2010年5月，他又在德国东部勃兰登堡的古本镇开设了一家商店，展示尸体和各种动物标本作品，除人体外，展品中还增加了鸭子、长颈鹿、鳄鱼、棕熊，以及塑化技术发明以来制成的最大的动物尸体标本——一头名叫"桑巴"的大象。

商店开业后，他竟然出售部分人体标本。一个大脑横截面切片的标本标价为一千五百欧元，整个人体横截面切片的标本的价格是它的十倍。一条鱼的横截面切片的标本，也达到六百欧元。哈根斯还开了网店，将各种标本照片发到网上。这引起一片哗然。

但哈根斯说，这些塑化标本具有教学价值，"将对医学教育作出重要贡献"。面对各种非议，他在个人网站上澄清："只有医学专家和教授才有资格从他的店里购买生物标本。"

有一些宗教学者认为，哈根斯是在用尸体赚钱："他的行为与那些食人族没有差别，和猥亵尸体的变态者一样可耻。他的动机很低贱，严重冒犯了人类的尊严。"哈根斯则为自己辩解："尸体是没有灵魂的。"

一方面，生物塑化技术存在着巨大的商机。另一方面，在输出技术、出售尸体作品、合作生产尸体作品等领域，哈根斯引来了不少纠纷。但无论如何，当死亡的人体以雕塑化的形式展现在人们面前时，终究呈现出艺术的力量。哈根斯的作品，无论是"歌者"、"弗朗明哥舞者"，还是"杂技演员高高托举"、"奔跑者"、"骑车人"，都传达出强烈的艺术感染力。当然，各界的评论褒贬不一。

有记者报道，哈根斯推出的一件得意之作，曾经吸引了众多参观者的眼球。那是一个被剥掉人皮的男子，欧洲人硕大无比的阴茎赫然勃起。哈根斯将他命名为"早起之鸟"。他的解释是，这不过阐明了一个再简单不过的生理现象。他的作品还包括一个正在手淫的巫师，巫师手捧的肝脏被做成了一个生殖器。有人严厉地批评说，这是一种极为怪异荒诞的文化，毫无教育意义。

德国慕尼黑检察院也曾对哈根斯提出指控，内容包括他"违反了死者安宁权"。

哈根斯除了在大连拥有冯·哈根斯生物塑化（大连）有限公司外，还在吉尔吉斯斯坦设立了一个研发中心，在德国也有分部机构，主要负责人体标本展览的运营。哈根斯生物塑化（大连）公司开始运营后，制作规模达到了世界之最，技术更是堪称世界一流。

曾经师从哈根斯，一起合作共事，后来又成为竞争对手的隋鸿锦，对这位"死亡博士"有着比别人更深一层的认识。

研究所成立之初，运转还是正常的。但很快哈根斯就觉得，许多事情都需要向大学请示，难以接受，因为他是一个不愿意受到任何限制的人。于是在2000年，他在大连成立了独资的"冯·哈根斯生物塑化（大连）有限公司"。大连医科大学生物塑化研究所的人员，随之成了这家独资公司的工作人员，一套人马，两个牌子。隋鸿锦仍然是生物塑化研究所的法人代表。

在1994年认识哈根斯后不久，隋鸿锦就发现了他的一个显著缺点：轻诺寡信。在他需要得到帮助时，他可以承诺一切；当他不需要别人帮助时，以往信誓旦旦的承诺就会烟消云散。他曾多次表白，自己最擅长的就是收回任何对他不利的承诺。在这方面，隋鸿锦不免与他有越来越多的分歧。隋鸿锦经常好心劝告他，在中国经商，诚信是非常重要的。不要轻易向人承诺，一旦承诺了就要兑现。但对于隋鸿锦的劝告，他不但置若罔闻，还经常反唇相讥。

在大连成立塑化公司，并邀请隋鸿锦做了公司总经理后，哈根斯轻诺寡信的毛病愈演愈烈。他经常在政府领导那里承诺许多根本做不到的事情，以换取对他的支持。随后，只能由隋鸿锦去解释，甚至要编造各种理由，收回他的承诺。对政府如此，对员工也是这样。这让身为总经理的隋鸿锦经常处于非常尴尬的位置。

哈根斯还是一个非常无情的人。几乎每一个和他合作过的人，分手后都成了他的敌人。一位俄罗斯籍的解剖教授，从 1993 年起就移民到德国海德堡，是哈根斯在德国的塑化研究所的创始元老，勤勤恳恳工作了近二十年。可是，当这位老教授的结发妻子身患乳腺癌住院治疗的时候，哈根斯不仅不闻不问，还将这位年已七旬的老教授长期派驻大连公司工作，老教授稍有怨言，哈根斯就威胁要取消老教授的德国签证，让老教授全家回到莫斯科。为了全家人的德国签证，老教授忍气吞声，直到夫人去世，他也没能在夫人的病床旁陪上几天。

隋鸿锦意识到，在做人方面，在处事态度方面，他和哈根斯之间有太大的差别。彼此之间，从人生追求、生活态度到伦理道德、思想观念等方面，有一条不可逾越的鸿沟。这使他下决心要结束双方合作，开创自己的事业。

然而，当他坦率地向哈根斯谈了自己的想法后，预想不到的事情就发生了。

“We got him!”

大连医科大学生物塑化研究所的那枚红色印章，在隋鸿锦脑海里盘旋不去。他不由得陷入对往事的追忆中。

2002 年 8 月，中国解剖学会的一个学术大会在广州举行。在会上，隋鸿锦意外地发现，哈根斯公司的孙德强、周蕊、赵守利等几个人也来了。这是一个纯粹的学术性会议，他们来干什么呢？隋鸿锦很诧异。很快了解到，他们是以大连医科大学生物塑化研究所的名义来参会的。参会的主要目的是试图和国内的解剖界人士建立联系，收集尸体，用于标本的制作。

隋鸿锦找到孙德强，以塑化研究所法人代表的身份警告他，要注意身份，不得以大连医科大学的名义开展工作。孙德强唯唯诺诺，再三表示不会以大连医科大学的名义收集标本。但事实上他们在广州期间一刻也没停止过这种行为。

返回大连后，隋鸿锦立即向大连医科大学领导汇报了情况，并且谈到了自己的忧虑。根据学校领导的意见，他几次向哈根斯及其手下人索要研究所的印章和注册文件，但始终没有要回来。后来，考虑到只要没有法人代表的签字，塑化研究所就无法进行正常的工商年检。如果不能进行工商年检，塑化研究所也就会自动中止经营。同时，学校也从大局考虑，避免与哈根斯发生直接冲突，免得影响大连的招商引资环境，所以不再坚持索回印章和材料。

但是隋鸿锦心里始终有顾虑，万一哈根斯用研究所的名义做出违法的事情，大连医科大学仍然脱不了干系。而他作为名义上的法人代表，也要承担相应的法律责任。

细心的隋鸿锦想出了一个办法。2002 年 9 月 6 日，他用家中的录音电话给哈根斯公司与印章有关的人员财务部部长左肆，行政负责人丁娜，遗体捐赠部的陈伟、朱琳娣等人分别打了电话，并做了录音。在电话中，每一次他都有意识地说出对方的名字，讲明时间，索要印章。在被对方拒绝后，他又警告对方，未经他本人的同意，不得以大连医科大学生物塑化研究所的名义开展工作。最后告诉对方，这次谈话已经录音。

这盘录音带录制以后，一直静静地躺在隋鸿锦写字台的抽屉里，已经将近六年了。现在，看到了 ABC 的《20/20》节目中出现的带有“大连医科大学生物塑化研究所”的印章的介绍信时，他意识到，这盘被遗忘的录音带，具有独特的价值。

隋鸿锦把《20/20》节目的录像看了一遍又一遍。这个神秘的匿名人，完全可能是哈根斯阵营里的一员，那么他究竟是谁呢？

匿名人的镜头只有几秒钟，在夜色中和主持人布莱恩 · 罗斯并肩前行，摄录的只是背影，十分模糊。看得出，他有意识想作掩盖，不愿意让观众辨认出自己是谁。主持人的旁白也说，匿名人由于害怕中国政府一旦发现，会抓捕他并且判刑，所以不愿意公开身份，只同意深夜出现在镜头中。这位匿名人现在为一位“竞争者”工作。

即使是夜晚场景，也很容易能辨认出拍摄地点是在大连的星海广场。这个广场，借鉴了北京天坛圜丘的设计，充分融合了中国民族传统文化，号称亚洲最大的城市广场。它是为了纪念香港回归，在原先的盐场和垃圾场上回填建设的，如今成了大连的旅游胜地。

电视画面中，一共有两个人的背影，匿名人和布莱恩·罗斯。他们并肩而行，身影虽然模糊，但是能够看出两个人的身高相仿。他想起阿尼·盖勒曾经被布莱恩·罗斯采访过四个多小时，对布莱恩·罗斯的身高一定会有印象。

隋鸿锦给阿尼·盖勒发了一封电子邮件，内容很简单，只有两句话：你身高多少？布莱恩·罗斯的身高和你相差多少？

很快，阿尼·盖勒回复了。隋鸿锦得出结论：这个匿名人的身高在1.73米至1.75米之间。随即列出了匿名人的一系列要素：

> 男性，身材魁梧，身高在1.73米至1.75米之间。他一定是哈根斯的雇员。应该能说流利的英语，否则不能和主持人进行交流。具有一定的心理承受能力。这件事，不仅是对他人的诬蔑，而且会对国家的形象产生损害，没有一定的心理承受力是做不了这种危害极大的事情的。道德水准极其低下，没有道德底线。明知不是事实而凭空捏造，明知会对国家形象造成损毁而故意为之，他只能是为了个人利益，为了金钱而不顾一切，丧失道德底线的小人。

列出了这一系列要素后，隋鸿锦在记忆中搜索着，把哈根斯雇员中有可能符合这些要素的人筛选了一遍。

一个名叫孙德强的人跳了出来。

孙德强，男，1975年12月22日出生，2000年毕业于锦州医学院临床医学专业英文班，毕业后即到冯·哈根斯（大连）生物塑化有限公司工作。2002年10月起担任遗体捐献部部长，专门负责为哈根斯收集标本。他还给自己起了一个英文名字，叫保罗·西蒙。孙德强为哈根斯整整工作了将近十年。

孙德强是一个为了达到某个目的，可以不择手段的人。

几年前，为了和哈根斯建立密切关系，孙德强绞尽脑汁和同在哈根斯公司工作的哈根斯的中国情人的妹妹谈上了恋爱。在同事们的瞠目结舌中，他与这位仅有小学文化程度且性格暴躁的女士结了婚。明眼人都知道，孙德强这样做，是想借助婚姻关系，贴近哈根斯。

凌晨，隋鸿锦毫无睡意，给一位熟识孙德强的同事打了电话。同事回答，孙德强的身高大约是1.73米。

“We got him!”

隋鸿锦忍不住说了一句英文。

这句话是美军驻伊拉克司令部发言人，在宣布抓捕到萨达姆的新闻发布会上说的第一句话：“We got him（我们抓到他了）!”

新的一天开始了。隋鸿锦召集公司的几位负责人和几位员工代表一起开会，将从《20/20》节目录像中发现的线索向大家做了介绍。为了查明真相，经过详细的讨论，确定了下一步的工作方向。

很快，孙德强的住处就搞清楚了，同时也弄清了他的作息规律。孙德强没什么朋友，所以社交活动很少，生活比较有规律。每天早晨坐哈根斯公司的班车上班，晚上坐班车回家。隋鸿锦他们决定，在他下班车走路回家的过程中，对孙德强跟踪录像。

出于安全考虑，他们借了朋友的三辆新车用于这次的行动。事先对孙德强可能走的几条路线进行了实地考察，设想了各种意外情况，然后确定了行动方案。

三组人员，一组埋伏到哈根斯公司附近，任务是监视孙德强是否上了班车，并对班车进行尾随，以防孙德强突然改变下车地点，另外两组则埋伏在他的住处附近。

傍晚时分，像往常一样，孙德强走下了班车，和他走在一起的是已经怀孕近六个月的妻子。由于孙德强的妻姐和哈根斯有特殊关系，孙德强的妻子、妻姐和岳母都在哈根斯公司工作。夫妻两人对于陌生人的跟踪毫无察觉，说说笑笑地往家里走去。

一切都按照预定计划进行。可惜，由于缺乏拍摄经验，录像中的孙德强似乎与《20/20》节目中的匿名人走路的坡度不一致。于是决定再次跟踪录像。

有了第一次的教训，第二次就顺利多了。他们拍摄到了一段足有十几秒钟的符合要求的录像。

在《20/20》节目的录像中，匿名人的步态有一个特点，向前行走时，左脚和正常人一样，而右脚却抬得不高，似乎是拖过去的。他们拍摄到的录像证实，孙德强走路的姿态也正是“左迈右拖”——左脚是迈步，右脚是在拖步。这是一个很有个性的特点。

隋鸿锦控制住自己的情绪，把这段对比的录像找十位不知内情的局外人，请他们挑出毛病，看看这两个身影是否是一个人。不久，答案返回了，十个人的回答非常一致：“是！”

随后，隋鸿锦他们又对其他有所怀疑的人进行了秘密跟踪和摄像。经过比对，没有任何人是“左迈右拖”的步态，同时身高、身材也都不相符。这个人只能是孙德强！

“We got him（我们抓到他了）！”

隋鸿锦再一次说出声。

从过度自卑到过度自尊

少年时代，隋鸿锦喜欢阅读侦探小说，福尔摩斯、神探波洛等，陪伴他度过了无数个夜晚。他常常把自己想象成小说里的神探，希望有朝一日也能遇上这样的案子去推理一番。怎么也没想到，若干年后的一天，人生早已由充满幻想变得如此具体，却开始了曲折的侦探生活。所有的一切，都是那么不可思议。

在短短几天里，他们就弄清了《20/20》节目中只有模糊背影的匿名人的真实身份，确定了幕后黑手是谁。假如能证明《20/20》节目中出现的带有大连医大塑化研究所印章的介绍信只能来自于哈根斯，就可以说明鸿峰生物公司与介绍信无关，也与从事尸体黑市交易的匿名人无关。如果能证明孙德强与哈根斯的关系，就可以揭露哈根斯捏造事实、愚弄媒体、蒙混大众的真相。

要证明哈根斯与大连医大塑化研究所的关系并不难。隋鸿锦找到了1997年10月7日大连医科大学关于成立塑化研究所的文件。文件中清晰地说明，哈根斯是这个研究所的所长。随后，又找到了一本德文传记小说《超越死亡》。这是德国作家尼娜·克莱史密特与男友亨利·瓦格纳在2000年8月与哈根斯一起进行了一次国际旅行后，写的一部哈根斯传记。哈根斯对此很得意，逢人就送。

在这本书里，不仅有哈根斯在塑化研究所门前的照片，更用大量的文字说明了大连医大塑化研究所和冯·哈根斯生物塑化（大连）有限公司都是由他投资成立的，两个牌子，一套人马。

在调查过程中，还有一个意想不到的发现：《20/20》节目中照片的拍摄日期是2003年12月23日，用的是富士相机。

这个发现完全是一个意外。2008年2月，在美国民主基金会扶持下成立了所谓的“中国劳改基金会”，其秘书长、反华分子吴弘达发表了一篇文章《中共的创收“创举”——利用死囚犯尸体制作塑化人体标本》。为了使他的文章达到触目惊心的效果，他也登载了与《20/20》节目中一模一样的九张照片。

从美国传来的消息说，吴弘达正与一些反华政客配合，试图促使美国宾夕法尼亚、夏威夷等州通过专门法案，禁止中国人体塑化标本展览。如果他的阴谋得逞，不仅鸿峰公司濒临被迫退出国际市场的境地，对于中国的形象也颇有损害。

隋鸿锦必须沉着应对。他尝试着把文章中的照片下载，心想，数码相机拍摄的照片会附带有和照片拍摄有关的一些信息，吴弘达使用的这些照片会告诉我们什么信息呢？

他的电脑显示屏上出现了关于照片的一系列数据：拍摄日期：2003

年12月23日10点42分，设备：富士相机，型号：Fine Pix 6800。

在ABC的《20/20》节目中，主持人提到，这些照片是匿名人在四年前拍摄的。节目播出是2008年2月份，节目拍摄的时间是2007年12月。推算起来，四年前正好是2003年。这与照片的信息完全一致。照片的拍摄日期确实是2003年12月23日。

算起来，那时隋鸿锦离开医大塑化研究所已经一年半。

3月，正当隋鸿锦他们为调查的进展感到兴奋，准备乘胜追击时，忽然传来一个消息：孙德强即将出国，去德国学习两年。一条已经咬钩的大鱼竟然要脱钩逃离，这让人感到从未有过的沮丧。

但沮丧是于事无补的。面对事实，只能调整心态，改变策略，弄清孙德强与哈根斯的关系。

经过半年的努力，他们从三个方面拿到了证据。一是哈根斯公司的集体合影照片。照片上哈根斯与孙德强都赫然在列。二是哈根斯公司的邮箱。孙德强的名片与哈根斯公司其他人的名片，制作的形式和规格完全一致，所用的企业邮箱也完全一致。哈根斯的"公司"和"研究所"用着同一个企业邮箱。三是孙德强的社会保险缴费明细。从2000年12月到2008年2月，他的社会保险金一直是由冯·哈根斯生物塑化（大连）有限公司缴纳的。

这一切说明，孙德强从2000年开始就一直为哈根斯工作，是哈根斯公司的雇员。其中一些时间则是以大连医科大学生物塑化研究所遗体捐献部的名义在活动。

事物总是发生着令人意想不到的变化。孙德强在出国四个月之后，竟然急匆匆地回国了。原来他的妻子已经临产。隋鸿锦猜测，他将会在料理家事之后，再次去往德国。因为外界都说，孙德强将在德国工作两年。

谁知，当妻子产下一个女婴，他内心里充满了初为人父的喜悦时，哈根斯轻诺寡信的性格，打乱了他的计划。

这天，孙德强走进办公室，突然接到了一个电话，通知他到公司的行政部取行李。孙德强一头雾水地来到了行政部。映入眼帘的是他留在德国的几个行李箱。

回国时，因为考虑到只是短期回国度假，所以他把大部分行李和生活用品等都留在了德国。可是，这些行李却在他不知情的情况下，被人送回了大连。孙德强立即找到了总经理，想问个究竟。果然，哈根斯认为孙德强已经没有必要再去德国了，所以把他的行李给捎回来了，而有些东西哈根斯认为没用处，就自作主张给扔掉了。

过了不久，又得到消息，孙德强被哈根斯免去了遗体捐赠部部长的职务。很快，他被调到他根本就不擅长的计算机部去处理电脑图片。孙德强每天上班就是闲聊，无所事事。在一些私下场合，孙德强向关系比较密切的同事说，哈根斯是不敢把他怎么样的，无论到了哪一天，哈根斯都不会把他辞退。

和许多人对哈根斯的评价不同，隋鸿锦认为，他并非是一个特立独行的人，恰恰是因为极度自卑、缺乏自信，他才过度自尊。主要表现为喜欢被人吹捧，愿意炫耀，过分地表现自己。打个比方，这很像是一群人在一起讨论城市里的繁华和富裕，本来并无指向，但突然有一位出生于偏僻乡村的人愤愤地指责大家，这样说是瞧不起他。过度的自卑，会导致过度的自尊。

哈根斯的标准着装，是头戴一顶黑色礼帽，身穿皮制的夹克衫，脚穿一双德式的皮拖鞋。这套行头，一年四季不分场合，一成不变。这也体现出了他的不自信。因为一旦脱下这身行头，他就总是忐忑不安，担心自己的着装不合适。曾经有哲人说过：“一个人越是在意的地方，就越是令他感到自卑的地方。”哈根斯几十年一成不变的着装，就是最好的例证。

有一次，哈根斯应邀参加一个宴会。为此，他专门到商场买了一套崭新的西装。着装的变化，自然引起了来宾们的注意。很多人夸奖他穿西装很潇洒，指指点点，他却因此不安了许多天，总是怀疑别人是出于客套说的恭维话，担心别人在背后议论什么，从此很少看到他穿西装。

哈根斯的自卑心理，源于他童年的经历。他曾向《超越死亡》的作者尼娜介绍过自己的童年生活。由于性格内向且倔强，哈根斯经常成为小学同学们的出气筒。同学们常常无缘无故地把童年的哈根斯饱揍一顿。他所在班级里的口号就是："现在让我们去揍巩特尔！"常常受欺负，使他的性格变得更加孤僻。心理上的极度自卑，迫使他从小就想不惜一切代价改变现状，战胜他人，出人头地，以扬眉吐气。

哈根斯终于成名了。他长期的愿望一旦实现，便迫不及待地渴望得到众人的认可和赞扬。

哈根斯在德国海德堡的住址是从市府大街 18 号。他在德国成立的私立的塑化研究所，就设在私宅中。后来，随着业务量的不断扩大，他出钱买了右侧邻居市府大街 20 号的房子，不久又让左侧邻居从市府大街 16 号搬了家，后来又买下了对面市府大街 19 号的房子。当时很多人开玩笑说，市府大街应该更名为哈根斯大街了。每当听到这些的时候，哈根斯笑得非常开心，虚荣心得到了极大的满足。

哈根斯的这种表面过度自尊，实际上非常自卑的心理，促使他通过打破常规来表现自己的足智多谋。他尤其想表现出自己可以在别人毫无觉察的时候，对他人施加意想不到的影响，也会使用各种化装术，甚至间谍手段打探其他人的消息，做出许多常人难以理解的古怪行为。

1989 年，柏林墙被推倒，东西德正式合并。东德解体后，大批的前东德谍报人员随之失业，有些人为了谋生，开始贩卖间谍器材。哈根斯结识了几名前东德的情报人员，并购买了部分窃听器等谍报器材。有一次，他很高兴地向隋鸿锦展示了几种不同样式的窃听器。其中有一款手机式窃听器，像是非常普通的手机，安上 SIM 卡后，可以正常通话，但它却有其特殊功能，就是可以把房间内的对话发送到一百米以内的范围。用另外一款同样的手机，便可以接收到信号，听到对话。他很得意地说，在很多次商业谈判中，他就是把手机留在谈判的会议室里，假装离开会议室，到另外一个房间偷听对方的谈话，来探求对方的谈判底线和谈判策略。他还经常用这个方法，偷听雇员们的私下谈话。

2002 年年初的一天，哈根斯为了探明隋鸿锦是否与他同心同德，竟先后两次对隋鸿锦工作接触频繁的一位女性下属使用“美男计”。两个德国人分别接近她，假意和她约会，设法和她上床，并且在暧昧之后的闲谈时，有意无意地了解隋鸿锦的情况。这位女同事每次都谈到，隋鸿锦一直很注意维护哈根斯的形象。于是哈根斯觉得隋鸿锦很可靠，甚至把试探的过程扬扬得意地告诉隋鸿锦。

2005 年 11 月，经过一段时间的紧张筹备，大连鸿峰公司的人体展览在纽约曼哈顿距离华尔街不远的旅游区南街码头开幕了。这个展览取得了巨大的成功，随后被《纽约时报》评为曼哈顿最值得参观的二十个文化景点之一。

展览开幕后的第三天下午，隋鸿锦和大连鸿峰生物科技有限公司的副总经理王建准备启程回国。在动身之前，他俩到展览现场去检查一下有没有遗漏的工作。

当天参观的人很多，观众们都在全神贯注地观看着展品，有的人在轻声地讨论着，也有人拿着教科书对照着学习。隋鸿锦信步走进第一个展厅，停下脚步，耳朵里似乎听到了一连串的德语。虽然没有听清说话的内容，但是从发音特点可以断定，这是标准的德语。循着声音看去，果然有一个高个子的男青年正与一位年轻女子用德语交谈着什么。

高个子男青年的动作，暴露了他的身份。他右手抬起，用食指一个个点着观众的人数。他点得很认真，头部不停地上下晃动。显然，这不会是普通观众的行为，只有业内人士才会如此关心观众人数。这顿时引起了隋鸿锦的警觉，他马上提醒王建，注意观察这两个人。

更令人惊奇的事情发生了。只见高个子德国青年慢慢地走向附近的一位步履蹒跚的古稀老人，老人由一位中年男子搀扶着。他的头上戴着一顶江浙一带渔民常戴的小毡帽，身穿过膝的黑色大衣，眉毛和胡子都是花白的，似乎年纪很大，走路都很困难了。

隋鸿锦想起，哈根斯曾向很多人传授过他从前东德谍报人员那里学来的化装知识。人们可以用假眉毛和假胡子伪装自己，但是耳朵不能。这个细节常用于识别化过装的人。

他仔细观察了老人。尽管这位老人从眉毛、胡子到着装甚至步态，都做了绝妙的伪装，然而他的耳朵以及无法改变的背影，把他给暴露了。隋鸿锦一眼就认出，这是哈根斯假扮的！

他轻声和王建耳语："这个老人就是哈根斯！"

王建是一个头脑非常敏捷、思维也很缜密的小伙子。他立刻快步走出展厅，把这个消息告诉了毫无心理准备的美国同事们，也告诉了阿尼·盖勒。王建同时安排美国同事，随时准备对哈根斯进行采访。

这一切都是在几分钟内快速完成的。

紧张的美国同事破坏了哈根斯的美妙计划。他们拿着相机兴冲冲地向王建打听，哪一位是化了装的哈根斯，然后就大步流星地尾随和拍照。这显然不是巩特尔·冯·哈根斯先生所喜欢的效果。很快，四位德国人警觉地聚集到了一起，在短暂地讨论了一阵后，哈根斯摘下头上的毡帽，遮住脸部，突然间如同离弦的箭一般，冲出展厅，大步跑下扶手梯，转瞬间就消失在了人群中。

这时，阿尼·盖勒也赶到了。动作略慢半拍的中年男子被拦住了。老成的阿尼·盖勒非常诚恳地问：

"噢，哈根斯先生怎么走了？我们完全可以一起看展览，互相交流嘛。请向哈根斯先生问好，并欢迎他再来。"

中年男子很慌张，回答得吞吞吐吐、语无伦次：

"谁是巩特尔·冯·哈根斯？……我也不知道他为什么突然间跑掉了……我一定向他转达您的问候。"

后来，隋鸿锦了解到，哈根斯一行是从美国费城专程到纽约来秘密打探鸿峰公司的人体展览的。在前往纽约的路上，一行人不停地赞赏哈根斯的化装术非常专业。哈根斯也自认为自己是表演的天才，还不时老态龙钟地表演一番，并大谈自己的化装经验和体会。但是在返回费城的路上，一车人都各怀心事，默默无语。

隋鸿锦说，应该承认，哈根斯是一位很出色的发明家，也是一位非常优秀的解剖学教师，工作非常刻苦。如果他把精力集中在生物塑化技术和解剖专业方面，对于他本人和整个社会都是非常有益的。但是，由于过度的自卑，导致过度的自尊，使他逐渐偏离了自己最擅长的生物塑化技术和解剖专业，却转而去做许多他不该做的事情——试图证明自己是企业家、艺术家、哲学家、政治家，要证明自己擅长驾驶、擅长语言，甚至擅长养鱼……一旦发现哪里不如人家，就表现出极强的嫉妒心。

隋鸿锦和哈根斯的关系开始走向恶化，是从2000年开始的。那一年年末，大连医科大学实行人事制度改革，教师改为聘用制。三十五岁的隋鸿锦以副教授的职称被学校聘任为教授。当他很兴奋地把这个消息告诉哈根斯的时候，哈根斯却很冷淡地说了句："知道了。"他连礼节性的祝贺都没有。后来，一位外国同事告诉隋鸿锦，哈根斯虽然被几所大学聘为客座教授或名誉教授，但他从来没有做过真正的教授。所以，他一直要努力证明自己比所有的教授都优秀。

从此以后，出现了一个奇怪的现象，只要是隋鸿锦发表的意见，哈根斯一定反对；只要是隋鸿锦表扬的人或事，一定会招致哈根斯的批评。有人很快发现了这个规律，故意去惹恼隋鸿锦，以便获得哈根斯的青睐。而哈根斯缺乏自信的特点，常常会表现在他对某个人或某件事犹豫不决时，总是注意观察隋鸿锦的反应。

采访孙德强

一波未平，一波又起。转眼间到了2008年的夏天，又发生了一件奇怪的事情。

那天，大连市工商局的几位领导来到隋鸿锦办公室，说是例行对公司抽查。但是他们对企业的经营情况问得很少，却非常关心隋鸿锦出版的几部学术专著。临走时，专门索取了专业性非常强的几本人体解剖学图谱，说是要"学习学习"。

后来才知道，多个政府部门正在对隋鸿锦以及鸿峰公司进行调查。调查的起因，是一位自称来自德国的独立记者，给中央和地方近二十个政府部门写了举报信，举报隋鸿锦在人体展览中使用死刑犯人的尸体，同时为哈根斯在中国受到的不公平待遇鸣不平。隋鸿锦曾在2007年被大连市委统战部评为“首届海外学子创业精英标兵”，接着又被评为大连高新区劳动模范，而哈根斯也在中国开展生物塑化技术，却没有受到任何表彰。

在这位独立记者的举报信中，附上了一张图片，图片来自隋鸿锦主编的《介入治疗解剖学图谱——神经血管分册》。照片中，头颅标本上有一个很小的小孔，被指认是子弹造成的弹孔。

隋鸿锦主编的这部专业图谱，于2006年在国内出版，首印三千册，出版后一年内就销售一空，尚无再版。作为一位非医学专业的外国记者，从何种渠道收集到这样一本国内出版、印数并不多的专业图谱？随即了解到，哈根斯在2008年1月曾设法求购此书。把两者结合起来，真相就渐渐浮出水面了。

这天，已经是零点了，按照约定，隋鸿锦驱车来到付家庄公园的海滨。走出车门，在海边的婆娑树影中，他看见了一位外国朋友熟悉的身影。简单地寒暄几句后，他们在哗哗海浪的陪衬下沿着海边缓步前行。外国朋友向隋鸿锦简单介绍了他了解到的一些情况，并递上一份材料。说是看过后，他还要带回去。没有路灯，借助手机暗淡的光线，隋鸿锦看清楚了，这正是那份被送到中央和地方近二十个政府部门的举报信，也看清楚了独立记者的名字：斯蒂芬·拉斯戈博！

在举报信中，斯蒂芬声称他是独立记者，而且是2006年才认识哈根斯的。但隋鸿锦知道，从2000年开始，斯蒂芬就已经受聘为哈根斯的新闻发言人。

显然，一切都是从隋鸿锦独立创业开始的。哈根斯密谋策划，对鸿峰公司一次又一次栽赃陷害。

2005年11月，鸿峰公司前往美国举办的首次人体展览，在佛罗里达州坦帕的科技馆（MOSI）开幕。展览取得了空前的成功。坦帕是佛罗里达州的首府，位于墨西哥湾东岸。坦帕连同周边的白水和圣彼得，三个城市总共有大约七十万人口。可是在坦帕的六个月的展览，观众总人数超过了七十万人次。不少人多次参观展览，还有游客长途跋涉前来观展。

坦帕展览的成功，引起了哈根斯的嫉妒。哈根斯找到孙德强，专门布置了任务。按照计划，孙德强专程来到南京，住进了喜来登酒店。南京是中国较早成立遗体捐献组织（“志友协会”）的城市。他们试图利用遗体捐献者个人或组织的名义，发起针对坦帕展览的抗议活动。

孙德强找到几个人，都被拒绝了。哈根斯又授意孙德强编造虚假材料，对坦帕的展览进行陷害。

很快，一份遗体捐献者的抗议书出笼了。抗议书上，签了许多人名，盖了不少印章，也用人不同的手指按上指纹。

孙德强使用喜来登酒店的传真机，将抗议书传真给了佛罗里达州的总检察官和佛罗里达州的解剖学会主席。

随后，孙德强又在南京购买了手机卡，给佛罗里达州的总检察长和解剖学会主席隆美尔分别打了电话，以南京遗体捐献者的身份，表达了对坦帕人体展览的抗议。同时，他躲在当地的网吧，注册了一个新的邮箱，再次以编造的身份给佛罗里达州的两个人发去了邮件，表示抗议。

没有想到，孙德强很快收到了佛罗里达州解剖学会隆美尔教授回复的邮件。隆美尔教授对收到的抗议书和邮件很重视，表示将组织几位美国记者到南京对几位抗议者进行采访。

接到回信，孙德强却慌乱了起来。因为一旦美国记者到南京，很容易会发现众多的抗议者其实就是孙德强一个人。谎言难免会被戳穿。无奈，在请示了哈根斯之后，孙德强悻悻地返回大连。一场貌似周密的计划，也就不了了之。

转眼间，又是 2009 年的夏天。距离 ABC 的《20/20》节目的播出已经过去了一年半。隋鸿锦始终都没有忘记要澄清事实，还自身清白，维护应有的权益。

那么，该怎样反击呢？

隋鸿锦设想了两套方案。一是走法律途径，对哈根斯和 ABC

的污蔑诽谤行为进行起诉；二是以其人之道还治其人之身，采取新闻报道的途径，对这个事件的真相进行揭露性报道，公之于众。

两种方案各有利弊。第一个方案，需要聘请美国律师，在美国的法律框架下进行起诉。聘请美国律师的花费无疑是巨大的，每小时的咨询费就要几百美元，而且很可能需要同时聘请几位律师。在美国进行诉讼，旷日持久，很有可能需要三五年才能有最终结果。

第二个方案相对简单得多。通过新闻报道进行揭露，所需要的是找到感兴趣的记者和媒体，可以很快见效。媒体的种类，可选择报纸、杂志或电视。隋鸿锦觉得应该首选电视。

在国外朋友的帮助下，他找到了一位美国的独立记者。那是一位四十多岁的资深记者，曾进行过几次很有影响力的新闻调查。

在了解了这位记者的经历后，隋鸿锦满怀希望地向他详细介绍了事件的经过，并提供了所有证据。谁知，这位美国记者给了隋鸿锦一个令人失望，同时也使他倍感前途艰辛的回答：对手是 ABC，ABC 太强大了，对这样的庞然大物进行揭露，他不能不胆怯。万一有什么微小的失误被 ABC 抓住，对他进行反诉，其后果是承受不起的，尽管他对这个事件的报道非常感兴趣，收集到的证据也非常确凿。

按照美国的《新闻法》，记者有权保护消息的来源。只要当事人不同意公开，记者有义务和权利不公开信息提供人的任何资料。也就是说，如果孙德强不承认他的行为，ABC 完全可以以此为理由否认隋鸿锦的一切调查结果。这位独立记者的担心是有道理的。

假如隋鸿锦无法证明孙德强就是那个匿名人，ABC 完全可以以诽谤的罪名对他起诉。要证明孙德强就是匿名人，依赖对录像中的背影进行比对，还缺乏说服力。

所有的症结都在孙德强身上。那么，该怎样让孙德强说出真相呢？

2009 年 9 月，在拿到一笔劳动补偿后，孙德强夫妇离开了冯·哈根斯生物塑化（大连）有限公司。很快，孙德强凭借流利的外语在一家经营医疗器械的外贸公司找到了工作。

就在这时候，隋鸿锦找到了宋春来。

宋春来，人称“大宋”，是一位壮实的东北汉子。他先后任职于大连电视台、香港凤凰卫视和中央电视台新闻部，是一位充满正义感、愿意为维护老百姓的利益呐喊的电视记者。从外表上看，他似乎大大咧咧，内心世界却非常细腻，有着极高的文学修养和记者的职业责任感。从 2003 年起，大宋就对生物塑化行业进行报道，非常了解生物塑化技术。大宋还是一位虔诚的佛教徒。

借到北京出差的机会，隋鸿锦与大宋见了面。听完介绍，并查阅了所有证据后，大宋感到非常气愤。他没有想到，简单的商业竞争，竟然被西方媒体生拉硬拽地与政治挂上钩，吴弘达跳梁小丑式的表现更是令人愤慨。

大宋说，作为塑化事业的旁观者，他愿为中国塑化事业的发展提供帮助。作为一名新闻记者，他更感受到了肩膀上义不容辞的责任。

2010 年元旦过后，在结束了对东北边陲的采访之后，大宋风尘仆仆地来到大连。他以记者的身份直接给孙德强挂电话，挑明事实，希望他作为一位正直的中国人，出面说明事实的真相。

“我……”

对方听到大宋要进行采访的原因和目的，没有说话。在一阵短暂而难熬的沉默后，孙德强竟然表示，他同意接受采访，希望当天晚上就与大宋见面。

原来，孙德强皈依佛门，成了一名佛教徒。在接受了 ABC 的《20/20》节目的采访后，哈根斯并没有告诉他后续的情况，更没有让他看《20/20》节目。在德国时，他偶然在网上看到了《20/20》节目，当时他就被节目的内容震惊了。他对哈根斯不遵守保密的承诺，把采访的内容公开播出感到愤怒。另外，他也为自己编造的谎言有可能给国家形象抹黑感到不安。在回国后，他多次去往大连的横山寺烧香、祷告，然而心里始终有一种负罪感。有一位僧人在与孙德强交谈后，建议他把事实公开，只有这样才能使自己从精神上得到彻底的解脱。

孙德强一直苦于没有合适的机会说出真相。当大宋给他打电话时，他觉得精神得以解脱的时机终于到了。

大宋把采访的时间定在晚上七点，地点在星海广场附近的高尔夫酒店。经过几个小时的紧张准备，包括联系上摄像师张平，带好所有摄像设备，火速乘坐飞机，从外地赶到采访地点。

傍晚六点半，夜幕徐徐降临，所有工作人员都提前到位。隋鸿锦和助手刘洋进入了隔壁事先安排好的监测室。七点钟，孙德强准时出现了。他戴着一顶有护耳的帽子，看来有些紧张，说话也口吃起来。大宋为了缓解他的紧张情绪，给他沏上一杯乌龙茶，并剥了一个橘子。在和孙德强简单地寒暄了几句之后，便开始了采访。

在整个采访过程中，孙德强总是装出很自然的状态，努力掩饰内心的紧张情绪，保持着不太自然的微笑。然而，他一根接一根不停地抽烟，时不时地端起水杯喝茶，用舌头舔着嘴唇，好像在干涸的沙漠上一样饥渴难耐，脸部的肌肉也不自然地抽搐着。从这些动作不难看出，孙德强在努力控制着内心的紧张，在回答大宋的提问时字斟句酌。过分地抠字眼儿，使他的口吃愈加明显。只要仔细观察，可以发现他眼睛里流露出悔恨、懊恼和烦躁的神色。

虽然孙德强希望获得精神上的救赎，但他对自己的愚蠢行为给他人乃至给中国带来的伤害，还缺少刻骨铭心的认识。何况，求生的本能，促使他时时为自己采取保护措施。或许在他看来，这不过就像小孩子“淘气”了一次，认个错，写个检讨就可以了。所以他以为，只要在采访中把事实真相说出来之后，就完事大吉了。他全然没有意识到，自己抛出的是一枚“重磅炸弹”，一场轰动世界的风波将平地而起。

三个多小时的采访很快就结束了。回答完最后一个问题，孙德强长长地舒了一口气：

“唉，这下好了，心里轻松了，我今晚可以睡一个好觉了。”

第二天上午，按照事先约定，孙德强准时来到了位于大连星海广场的百年城雕旁。百年城雕是大连市政府为了庆祝大连建市一百年而修建的纪念雕塑，从百岁老人到少年儿童，不同人群的脚印，组合成独特的景观，成为游客们在大连的必到之处。

2008 年 1 月，正是在这里，布莱恩·罗斯录下了孙德强的背影。

此刻，随着孙德强的回忆，他的背影和那典型的“左跨右拖”的步态，再一次地被摄像机记录下来，不过这次不是在深夜，而是在阳光下。

2000 年 10 月，孙德强进入冯·哈根斯生物塑化（大连）有限公司，最初是公司生产部一名普通员工，从事解剖技术工作。2002 年 10 月，他得到老板冯·哈根斯的青睐，承担了该公司标本收集的工作，为遮人耳目，对外称为人体捐献部部长。

2003 年 12 月，孙德强受老板冯·哈根斯指派，并得到公司总经理、德国人克瑞斯蒂娜的签字许可，前往吉林省通化市某学校洽谈人体标本合作业务，以拓展公司进行塑化的人体标本的来源。恰好这所学校新进了一批人体标本，趁着工作人员不注意，孙德强用相机从不同角度对学校老师和学生处理标本的过程进行了拍摄。

孙德强提出了购买这些标本的要求，但是校方表示拒绝。

出差回来后，孙德强正在撰写工作报告，哈根斯进门来，看到了他在通化拍摄的这些照片，随即用 U 盘拷走了全部电子版图片，并且要求孙德强删除所有备份。哈根斯说：“这些照片很珍贵，可以用于研究解剖学的历史。”实际上，哈根斯在得到这些照片的同时，就开始酝酿一个卑鄙的阴谋。

经过三年多的策划和准备，从 2007 年年末开始，这场卑鄙的阴谋便悄悄地实施了。

2008 年 1 月，孙德强先后两次接受 ABC 记者采访，每次都是深夜里，采访地点均在哈根斯大连的住所海月公寓顶楼的阳台上。

采访前，哈根斯对孙德强说：“由于隋鸿锦在美国办展览，严重影响了公司的效益，现在公司的处境很困难。有一个绝佳的机会，可以不让隋在美国任意展览。公司需要你的帮助，你必须帮助公司渡过难关。”

孙德强问，具体该怎么操作？哈根斯突然很动感情，竟紧紧地拥抱孙德强，并流下了眼泪。孙德强十分惊讶，一时不知道如何是好，连忙问哈根斯他能做什么。哈根斯介绍了美国记者即将来采访的事情，虽然没有告诉孙德强记者是美国 ABC 的记者，但告诉他，这些记者非常重要，可以左右美国国会的立法。哈根斯说：

“你只要在记者采访时说隋鸿锦在美国展览的标本中有死刑犯，他们就可以说服美国国会出台法律禁止隋的展览。”

接着，哈根斯展示了 2003 年孙德强在通化拍的照片，说：“你只要说照片上的这些尸体已经流入隋鸿锦在美国的展览就行了。”

孙德强问：“为什么要让我说明？”

哈根斯说：“照片是你拍的，你也比较了解中国标本方面的情况，你只要能说服他们就行了，采访的内容绝对不会公开。”

也许是为了表明自己对哈根斯的忠诚，也许是被哈根斯的许诺冲昏了头脑，虽然内心有些犹豫，但是想到在接受美国记者时身份可以保密，不对外公开，孙德强一口答应了下来。

第一次采访是在孙德强从北京办理了去德国的签证之后的深夜里。

在北京，他见到了和哈根斯一同从德国飞来的几位美国记者。似乎一路上哈根斯已经做了详细介绍，几位记者对孙德强很了解。一群人同行到达大连，美国记者被送往宾馆，孙德强则打车回家。

已是深夜十一点左右，孙德强又困又乏，正准备休息，却突然接到了哈根斯的电话。哈根斯说，美国记者希望能立即采访。孙德强心中有些诧异，但出于对哈根斯的盲从，他立即赶到哈根斯在海月公寓的住所。

采访他的，是一位中年外国女士。哈根斯全程陪同并不断地提示和引导着孙德强回答问题。孙德强简单介绍了上海、南京等地开展遗体捐献和相关立法等情况。记者问：“中国是否在医学院校用被枪毙的犯人的尸体做标本？隋鸿锦的标本中是否有被枪毙的犯人的尸体？”孙德强看了哈根斯一眼，吞吞吐吐地点点头：“有！”

第二天一早，哈根斯打来电话，让孙德强到他的公寓去见他。见面后，哈根斯就严肃地批评孙德强，回答关键问题时，态度不坚决。哈根斯明确告诉他，只要记者问及隋鸿锦是否展出被枪毙的犯人的尸体的标本，必须肯定地回答“是”。他要求孙德强，一定要明确说是隋鸿锦派他去采购标本的。美国记者不会追问孙德强，作为哈根斯的雇员为什么会为隋鸿锦工作这样的问题。为了显示说服力，哈根斯让孙德强到哈根斯公司开几张盖有“大连医科大学塑化研究所”印章的空白介绍信待用。

哈根斯忍不住狂笑着说：

“隋是大连医科大学生物塑化研究所的法人代表，有事就让隋去负责好了，跟我们公司没有关系！”

第二天深夜，孙德强再次来到了哈根斯的住处。

在场的，除了哈根斯和他的助手纳丁以及第一次采访孙德强的美国女记者外，又多了一位外国男士。孙德强并不知道，站在他面前的就是在美国大名鼎鼎的著名记者布莱恩·罗斯。这一次，是罗斯采访孙德强，采访地点是在只点燃了蜡烛的阳台上，室内播放着悠扬的轻音乐。

罗斯开门见山地问孙德强，那些被枪毙的犯人的照片是不是孙德强拍的，是何时拍的？孙德强十分肯定地回答“是”，并且描述了当时拍摄的细节。记者点点头，又问：“这些犯人的尸体是否有可能流入隋鸿锦在美国的展览？”孙德强不假思索地回答：“是。”记者又让孙德强说说隋鸿锦的情况，哈根斯在一旁向孙德强使了个眼色，孙德强就按照事先的策划，描述隋鸿锦的种种“罪行”，并且向记者展示了几张盖有“大连医科大学生物塑化研究所”印章的空白介绍信，说谁都可以拿着这样的介绍信，以大连医科大学的名义收购标本。罗斯随即提出想带走这些介绍信，孙德强心中有些犹豫，面露难色。见此场面，哈根斯马上劝说孙德强：“他们远道而来，总得有些收获，有些证据就让他们拿走吧。”

也许是布莱恩·罗斯对如此“爆料”的采访进行得出乎意料地顺利感觉不太踏实，又重复了一次问过的问题：

“被枪毙的犯人的尸体是否有可能或者说已经流入隋鸿锦在美国的展览？”

孙德强没有再犹豫，斩钉截铁地回答：“是。”

听到这句肯定的回答后，哈根斯与布莱恩·罗斯笑着离开阳台，并肩走入客厅。孙德强没敢动地方，就在阳台默默地坐着，心中明白，自己为哈根斯立了一个很大的功劳。

过了一会儿，哈根斯独自走到孙德强面前："为了证实他们确实来过大连，确实与你交谈过，他们还需要更真实一点儿的证据。我们一起去星海广场拍些图像吧。"

见孙德强有顾虑，哈根斯又说："现在已经是深夜了，而且到时只拍背影，而且你可以换上我的外衣，没人能认出来你的。"

于是，孙德强打了一辆出租车走在前面，哈根斯、罗斯、中年外国女记者打另一辆出租车尾随。一行人来到星海广场的百年城雕附近，哈根斯脱下自己的大衣给孙德强穿上，然后孙德强与布莱恩·罗斯并肩而行，走在前面，哈根斯与中年外国女记者走在后面，女记者拿着一部数码摄像机负责拍摄。这，便是后来出现在《20/20》节目中孙德强与布莱恩·罗斯并肩而行的模糊身影。

与 ABC 过招

经过连续多个不眠之夜，大宋终于完成了后期制作。电视纪录片的名字叫作"九张照片背后的真相"。他充分展示了一个资深电视人的职业素养和技巧。整个节目内容清晰，论述有理有据，也有很强的逻辑性。

隋鸿锦马上给阿尼·盖勒和埃兹拉律师分别各邮寄了一份光盘，请他们在看过后，设法联系美国对该节目感兴趣的电视台，争取尽早向公众播出。然后，他和助手王建一起，于2010年2月3日赶到夏威夷，与第一展览公司的新任 CEO 谈判。

谈判在万豪酒店的一楼会议室进行。因为《九张照片背后的真相》的光盘在手，隋鸿锦信心十足。他首先对人体展览所面临的困境表示理解，同时认为第一展览公司解决目前困难、走出困境的办法应该是和鸿峰公司协作，共同开展对 ABC《20/20》节目的真相进一步调查。只有揭露了事实的真相，才能真正摆脱该节目所带来的困扰，而不是单纯地要求鸿峰公司降价。不考虑未来给鸿峰公司补偿也是不公平的。

然而，谈判没有成功。

第一展览公司新任 CEO 在谈判休息时，竟不辞而别，仅仅委托律师打了一个招呼。

由于阿尼·盖勒因年事已高而离职，第一展览公司与鸿峰公司的关系发生了微妙的变化。出于自身利益的考虑，新上任的 CEO 态度暧昧，在关键时刻不愿两肋插刀，明哲保身，悄然回避，这给隋鸿锦的心头蒙上了一层阴影。

这一段时间以来，由于 ABC 节目的播出，国际舆论一边倒地指责鸿峰公司在中国政府的授意下实施侵犯人权的行为。一些别有用心者甚至借题发挥，呼吁抵制即将在北京举办的奥运会。鸿峰公司在美国、欧洲的多个生物塑化展览合同被迫取消，直接经济损失高达四千万元人民币。

隋鸿锦本想与第一展览公司携手并肩，共同迎击扑面而至的惊涛恶浪。他甚至有所准备，做好了至少降价 20% 的准备，以帮助第一展览公司减轻财务压力，尽快渡过眼前的难关，重振雄风，把展览办好。然而，第一展览公司新的管理队伍对目前的困难局面呈现焦躁心态，看不到拨乱反正的决心和谋略，这让隋鸿锦感到很失望。

从夏威夷回到大连，离除夕只有四天时间了。隋鸿锦却根本无心考虑过年，每天晚上都要不停地开几个越洋电话会议。有时是两个人谈话，有时是多个人讨论。《九张照片背后的真相》的光盘成为焦点，大量翔实的证据和孙德强出面说明真相，无疑激发了 ABC《20/20》节目受害各方的高度热情和信心。他们在电话中详细讨论着各种方案，认真分析每种方案的优缺点。之所以通宵达旦地讨论，是因为已经到了必须作出决定的最后时刻。

《20/20》的中国调查节目，是在美国西部时间 2008 年 2 月 15 日播出的。按照美国法律，如果要追究其不实报道的法律责任，有效追诉期是两年，因此隋鸿锦他们必须在 2010 年 2 月 15 日之前发起诉讼。而2010年2月15日是周一，13日和14日分别是周六和周日，要想在15日之前起诉，就意味着在周五，也就是2月12日法院下班前，必须将起诉文件送达法院。为了给律师们留下准备法律文书的时间，必须在2月11日做出是否起诉的决定。

在美国进行诉讼不仅花费巨大，而且历时很长。许多当事人都是因为承受不起巨额的经济开支以及大量的时间、精力和体力的耗费，而对诉讼退避三舍，遇到不公平待遇也常常忍气吞声。尤其是对ABC这样的媒体巨人，起诉难度之大更是令人不寒而栗。ABC每年都有大量的新闻报道，为了应付各方面可能对新闻报道产生的不满，他们组建了非常强大的、经验丰富的律师团队。与这样的律师团队交手过招，很难有必胜的把握。在诉讼过程中稍有不慎，就可能满盘皆输。

非常典型的案例，是美国历史上著名的橄榄球星辛普森杀妻案。在这场历时九个月的世纪审判中，全世界都知道是辛普森杀害了他的妻子和妻子的友人，但法官最后却只能依法判决辛普森无罪。当时检方收集了大量证据，可以确凿无疑地指证辛普森就是杀妻元凶，但经验丰富的辛普森辩护律师团队机敏地发现了检方在收集证据时，存在一个非常微小的细节不符合取证程序，从而一举推翻了检方精心准备的所有证据，使辛普森得以侥幸逃脱法律的惩罚。后来，辛普森还写了一本书《假如我做了》，暴露了此案很多的细节，但是检方仍然对他无可奈何。

显然，就鸿峰公司维权案目前的状况看，如果仅仅有调查结果，没有孙德强本人的证言，是很难在诉讼中取胜的。有了孙德强接受大宋采访的光盘作为证据，给胜诉增添了很重的砝码。

可是，第一展览公司CEO依然用沉默表达他们的态度，哪怕他们已经组成了强大的律师团队。

但是，如果不起诉，就只能任凭某些人在作恶后大摇大摆，不负责任地离去，逃脱法律的惩罚，也意味着受害人只能寻求道义上的支持，而失去法律的支持。隋鸿锦岂能甘心?!

在一次次分析了案件的各种有利和不利因素后，他和老朋友阿尼·盖勒征询律师们的意见，终于下定决心：起诉！

剩下的就是律师们的工作了。2 月 12 日前，律师们必须在追诉有效期的最后时刻向法院递交一份起诉书，起诉书的关键点是要尽可能罗列出所有相关的被告，包括个人和法人，不能让任何作恶的人轻易地逃脱法律责任。

北京时间 2010 年 2 月 12 日清晨，隋鸿锦给鸿峰公司的全体领导层和全体股东发了一封简短的电子邮件：

"已决定起诉 ABC 和冯·哈根斯！祝各位春节愉快！"

邮件文字不长，却犹如春天里的一声炸雷。

2 月 15 日，中国农历正月初二的夜里，律师们代表隋鸿锦和阿尼·盖勒将起诉文件送达美国佛罗里达州地方法院。被告包括 ABC 电视台、ABC 法人代表、布莱恩·罗斯以及《20/20》节目所有参与的记者、制片人、导演等，哈根斯阵营中包括他本人及其在德国的两个企业、他的美国公司以及其夫人等。

正月初三，隋鸿锦给鸿峰公司的法律顾问曲华俐女士打电话拜年。他们在电话中讨论了整个案件，主要涉及对哈根斯在大连的公司如何采取法律行动的问题。曲华俐是一位经验非常丰富的律师，曾经留学美国。在隋鸿锦和第一展览公司合作的初期谈判过程中，曲华俐律师凭借对中美两国法律的熟悉，提出了很多非常有价值的法律意见，很好地保护了鸿峰公司的利益。

曲华俐律师说，按照中国法律，针对诽谤罪等侵权行为的有效追诉期也是两年。两年追诉时间的计算，通常从侵犯发生之日起开始。但如果侵权发生时无法掌握侵权人是谁的话，追诉期可以从发现侵权人之日起计算。但在法庭辩论时，有可能出现不同的意见。鉴于 ABC《20/20》的报道时间是美国西部时间 2008 年的 2 月 15 日，北京时间是 2 月 16 日上午，那么在中国的有效追诉期的最后期限，应该是 2 月 16 日（正月初三）。现在正巧是春节假期，无法在 2 月 15 日前进行起诉，但这并不意味着鸿峰公司无法在中国起诉哈根斯公司。中国法律规定，如果追诉期的最后时间是法定假日时，最后期限可以顺延到法定节假日之后的第一个工作日。所以，鸿峰公司追诉的有效期可以顺延到春节后的第一个工作日，即正月初八（2月21日）。当然，他们必须在2月21日下班前向旅顺当地法院递交起诉书。

在鸿峰公司的创业历程中，建立了一支专业素质很高又非常敬业的团队。得到消息后，有关人员立即结束了春节休假，急匆匆赶回旅顺。从正月初六开始，准备起诉书。

21日早晨，上班第一天，在此起彼伏的开门炮仗的声响中，鸿峰公司的代表早早地来到了旅顺口区法院门口，递上了准备好的起诉书，被告是冯·哈根斯生物塑化（大连）有限公司。

不久，从美国传来ABC律师的反应。他们希望和鸿峰公司签订一份协议，把起诉时间延迟一个月，至3月15日。

原来，在起诉书的送达方式方面，美国的法律程序与中国有很大差别。在中国起诉时，原告只需要把起诉书送达法院就可以了，法院在受理立案后，将起诉书送达被告手中。在美国起诉时，原告把起诉书送达法院只是第一步，相当于在法院立案，获得案件的编号。随后，由原告负责将起诉书送达被告手中，只有将起诉书正式送达，才算正式开始了诉讼。

将起诉书送达被告手中，大多数情况下是委托专业公司或个人来送达，以避免被告否认收到了起诉书。专业人员只需向法庭宣誓证明自己已经向被告送达了起诉书，并描述送达的细节，法庭就可以认定了。

作为美国三大电视媒体之一，拥有全美最多电视观众的ABC，收到起诉书是家常便饭，根本不值得大惊小怪。ABC的律师内森马上就按照常规方式做出了反应。

双方律师在电话里进行了沟通。内森表示，希望能够在起诉书送达前，先看到起诉书的内容和《九张照片背后的真相》的光盘，先给ABC一个月的考虑时间，然后决定是否继续下一步的法律行动。

原来，这是在美国进行诉讼时的又一个特点。在美国，法律诉讼多如牛毛，为了减少法官的工作量，减少纳税人的支出，同时降低原告与被告的法律支出费用，法院在立案后，会给予原被告双方一定的时间彼此交换证据。这个过程只在双方的律师间进行，法院并不参与。在交换证据的时候，原告、被告就会分析对方的证据，如果感觉对方的证据比己方有利，预感到要输的一方为了避免更大的经济损失和名誉损失，往往会主动提出和解条件。如果双方证据彼此彼此，都感到难有必胜把握，也会在律师的调节下，达成庭外和解。

埃兹拉向隋鸿锦解释说，双方签订协议，是为了延长追诉的有效期，以便双方交换证据。签了协议之后，即使过了2月15日，但在协议的有效期内起诉，仍然具有和2月15日起诉同样的法律效力。这个时候的诉讼属于“Pending Law Suit”（悬案）。

在中国，春节后的一个月总是过得很快，转眼间就到了3月15日，一个月的追诉延长期就要过去了，在这一个月里，ABC没有任何反应。3月15日夜里，隋鸿锦再次拨通了埃兹拉办公室的电话。

美国西部时间还是3月15日的上午，此时埃兹拉仍没有得到ABC的任何回音。埃兹拉好意地提醒隋鸿锦，要注意在美国起诉耗费巨大且旷日持久，再次问他是否做好了起诉的准备，因为现在退出还来得及。

“不，不退出，如果今天没有收到ABC的答复，明天一定送达起诉书！”隋鸿锦的态度非常坚决。

凌晨两点钟，一阵急促的电话铃声响起，把隋鸿锦从睡梦中惊醒。是埃兹拉的电话。埃兹拉说，对方律师来了电话，态度非常友好地希望把起诉有效期再延长一个月，至4月15日。因为ABC电视台希望能更充分地研究《九张照片背后的真相》的光盘。

内森的要求很简单，态度也似乎模棱两可，但此刻，这个要求本身就暴露了对方的态度。和ABC这样的高手过招，对方一定会深藏不露，绝不可能很早就把意图表露出来。

在电话里，隋鸿锦与律师埃兹拉仔细分析情况，同意将有效追诉期再延长一个月，至4月15日。

时间过得很快，转眼间就到了4月15日。ABC没有任何反馈的信息。深夜，隋鸿锦几次电话询问埃兹拉，回答都是没有反应。凌晨三点，再次通话的时候，埃兹拉有些着急了，隋鸿锦按捺住波动的情绪，和埃兹拉仔细探讨，他确信，ABC一定会在4月15日这个关键时间点的最后时刻答复。现在是北京时间4月16日凌晨三点，美国西部时间是4月15日的下午三点，ABC很可能会在下午四点左右做出反应。

挂完电话，一阵浓浓的睡意袭来。隋鸿锦睡了一会儿，等他睁开眼，天色已经大亮。他赶紧打开邮箱。埃兹拉在早晨六点钟的时候发来了邮件："隋博士，内森在四点整打来了电话。"内森在电话里表达了ABC希望和隋鸿锦见面的愿望，并希望把追诉的有效期再延长到见面以后。

内森告诉埃兹拉，ABC已经仔细研究了《九张照片背后的真相》，也请中文专家把《九张照片背后的真相》重新翻译了一遍，认为鸿峰公司的翻译非常准确。ABC希望能和隋鸿锦面谈，彼此坦诚地交换意见，然后做出下一步的计划。

隋鸿锦明白，ABC要求与他见面，目的是想摸清鸿峰公司的底牌。很显然，《九张照片背后的真相》中记录的，只是他们调查的主要结果，却不可能是全部结果。ABC一定希望通过这次见面，了解他们究竟掌握了多少证据，以及能否找到对鸿峰公司方不利的证据，从而确定ABC与之达成庭外和解的策略。

埃兹拉和隋鸿锦分析了与ABC和解的可能性。

从目前的形势看，ABC谋求和解的可能性很大。与ABC和解，不失为一个方案。如果和解，应该要求ABC提供所有与《20/20》节目这次采访有关的各种资料，包括采访孙德强的录像资料、与哈根斯的往来信件、吴弘达与ABC联系的信件等。这些证据的取得，将会极大地强化鸿峰公司对哈根斯的起诉，以及对吴弘达起诉中的有利地位。与ABC的和解，对鸿峰公司这一方非常重要。ABC是三个被告方中最强大、最有实力的角色，与其达成和解会使鸿峰公司一方的诉讼成本大幅度下降。

隋鸿锦和埃兹拉达成了共识，随即发邮件征得阿尼·盖勒的同意，将与ABC的追诉有效期再延长九十天，至7月15日。

2010年6月7日，在参加了澳大利亚墨尔本的“生命奥秘”展览的开幕式之后，隋鸿锦经过长达二十八小时的飞行和转机，从墨尔本飞抵美国的亚特兰大。从澳大利亚寒冷的冬季，一下子进入美国的炎热夏季。

会面地点选择在亚特兰大埃兹拉的律师事务所所在的写字楼里。

这是与ABC的律师反复交涉后才确定下来的。隋鸿锦坚持会面只能在纽约之外进行。亚特兰大，是他访问过次数最多的美国城市。

2010年6月9日早晨，隋鸿锦来到了埃兹拉的办公室。他特意穿着一件短袖的T恤。这样的会面，对方一定也会很重视。通常，在正式场合，穿着随意的一方常常会感到尴尬，但如果是有意而为之，就恰恰相反。正是盛夏，位于内陆的亚特兰大气温很高，隋鸿锦身穿短袖T恤，可以使自己处于最舒适的状态，不受西装的限制，同时也向对方表露出对此次会面藐视的心理态势。

他所聘请的翻译关先生，是一位留美多年的美籍华人，早年就读于北京大学历史系，赴美后一直从事同声翻译工作。关先生还兼任美华同声传译联合会的主席，当时正在竞选乔治亚州的参议员。

按照法律规定，作为英语非母语的当事人，有权选择是否采用翻译。

十点钟，布莱恩·罗斯和ABC的两位律师准时到达了埃兹拉的办公室门口。

在和布莱恩·罗斯握手的时候，隋鸿锦脑海中闪出一个数字：1.75米。果然不出所料，布莱恩·罗斯和两位ABC的律师都穿得很正式，笔挺的西装，一丝不苟的领带，锃亮的皮鞋。一行人走出埃兹拉的办公室，乘坐电梯来到位于写字楼一层的会议室，引起不少人驻足观望。布莱恩·罗斯果然名气很大。

进入会议室，双方分别坐在会议桌的两边。看起来似乎很平静，完全没有剑拔弩张的气氛。隋鸿锦提了第一个问题：

“布莱恩·罗斯先生，您应该看了‘真相’的光盘，‘真相’中揭露了一个叫孙德强的人，他的英文名字叫保罗·西蒙。他自称是您在《20/20》节目中所采访的匿名人，这是否是事实？”

从法律的角度，诉讼中最有说服力的证据，应该是形成一个互相验证的证据链，尽可能避免“孤证”。迄今为止，鸿峰公司所调查掌握的证据，都指证孙德强就是“匿名人”，而且这已经得到了孙德强本人的验证。

布莱恩·罗斯神色有些尴尬，但坦率地承认了。或许是为了表现出他的幽默，他卖了一个关子：“我们不知道他是保罗·西蒙，我们只知道他叫孙德强，是哈根斯的雇员。”

亲耳听到从布莱恩·罗斯口中说出这一答案，隋鸿锦心里一阵释然。他意识到整个事件又向前迈进了一大步。他调整了一下坐姿，把身体倚靠在椅背上，看着布莱恩·罗斯：

“我很感谢你的坦率，这样我们的会谈就有了继续下去的可能。”

按照事先准备的问题清单，隋鸿锦一个接一个地将问题提问，布莱恩·罗斯不慌不忙地回答，双方律师做着笔记，顾不上插话。

在交谈中，布莱恩·罗斯充分体现出作为资深新闻主持人的良好心理素质和采访技巧。他总是能抓住一切可能的机会，提出反问，一旦隋鸿锦回答完毕，他又抓住机会进一步追问。你来我往，双方都试图把握交锋的主动权，但此时的布莱恩·罗斯已经没有了在《20/20》节目中咄咄逼人、居高临下的气势。

转眼间到了下午两点。埃兹拉提出休息半个小时，以便大家有时间吃午餐。事实上，双方都利用短暂的休息时间沟通交流，半小时后，大家一边吃着汉堡、沙拉，一边继续会谈。

隋鸿锦继续提问：“布莱恩·罗斯先生，在你闯入我公司暗访时，你为什么要用英语向我的员工提问？”在《20/20》的节目中，有一段营城子厂区暗访的录像。其间布莱恩·罗斯不停地用英语向刘杰提问，并用英语自己回答提问，而刘杰只是不知所措地回答“No（不），no，no”，但给观众的印象似乎是布莱恩·罗斯所说的，就是刘杰的回答。

布莱恩·罗斯狡黠地回答：“因为我们的节目是用英语播出的。”

“那么你为什么要用英语说出你自己的答案来反问我的员工？难道你不知道他们不会说英语吗？”隋鸿锦终于找到机会，说出长期以来郁积胸中的话，“布莱恩·罗斯先生，其实你关心的是你的节目的收视率，而根本不在乎事实的真相！在采访前你已经有了固定的答案，所以只选择了你喜欢的答案，适合自己头脑中想象的答案，而不管这些是事实还是谎言！”

布莱恩·罗斯不由得脸红了，支支吾吾地为自己辩解：“我，感觉他当时明白我的意思。”

他的回答显得那样苍白。

一审败诉

旅顺口区法院通知，鸿峰公司起诉冯·哈根斯生物塑化（大连）有限公司名誉伤害案件，将在2010年8月23日上午开庭。

为了准备这次开庭，隋鸿锦他们对所有证据都反复进行了分析。在亚特兰大，布莱恩·罗斯亲口承认孙德强就是被采访的匿名人，只是碍于事先签订的保密协议，这次会面不能做任何形式记录，也不能用作法庭证据。

8月6日，隋鸿锦约见了孙德强，会面地点选在了“两岸咖啡”。

这是隋鸿锦离开哈根斯公司后的几年来，与孙德强的第一次见面。孙德强显得很尴尬，一时不知说什么好。隋鸿锦对他在《九张照片背后的真相》中说明真相表示感谢，希望能冰释前嫌，成为好朋友。

孙德强的不安逐渐消失，说话也自然起来。他说，自从接受了大宋的采访后，内心的压力消失了，但是考虑到哈根斯的因素，对自己的安全却一天天地担心起来。

隋鸿锦向孙德强出示了起诉哈根斯、ABC、吴弘达等的起诉书，并向他介绍了与布莱恩·罗斯会谈的情况。孙德强对ABC能够坦然承认事实真相感到很吃惊。隋鸿锦耐心地给孙德强分析，ABC、吴弘达、哈根斯分别有不同的政治目的和商业目的，目前阴谋已经被戳穿，为了保护各自的利益少受伤害，ABC、吴弘达与哈根斯这种松散联盟的分崩离析，也就在情理之中。孙德强问了许多隋鸿锦与布莱恩·罗斯见面会谈的细节，对此十分关心。

隋鸿锦说，旅顺口区法院将于两周后开庭审理这一诉讼案，希望孙德强能站出来，现场做证。

分手时，孙德强表示，会慎重考虑隋鸿锦的要求。

当天晚间，他打来电话，说同意出庭做证。

离开庭还有不到一周的时间了，曲律师接到了法官的电话，希望诉讼双方能够在开庭前提交证据，并互相交换。

按照法官的要求，鸿峰公司办公室主任丁彩云把整理好的证据装订整齐，送到了旅顺口区法院，并取得了被告方哈根斯公司的证据。

8月23日8点30分，与案件有关的人员鱼贯走入法院办公大楼。

隋鸿锦信心满满。手里有着大量充实而又彼此验证的各种证据，同时有证人孙德强出庭，他确信正义将得到伸张。

突然，曲律师走近隋鸿锦，低语道："法庭通知本案不公开审理，要求记者和无关人员回避。"

"为什么？"

"因为被告要求不公开审理，理由是涉及商业机密。"

"……这哪里涉及什么商业秘密啊！"

隋鸿锦感到很纳闷，但想起曲律师事先有所忠告："中国法官的自由度量权很大，千万不要在非关键点上和法官闹翻。对法官的态度一定要好！"

他盯着曲律师，从曲律师的目光中看到了无奈，于是转身走向记者席。

几分钟的骚乱之后，记者们不情愿地离开了法庭。

九点整，开庭了。

按照常规，先是由法庭主审法官宣告审判庭的组成以及法庭纪律和注意事项，然后就开始正式审理。

“砰砰砰”，有人在敲法庭的门。“这能是谁啊？”听到敲门声，坐在门边的隋鸿锦缓缓地站起来，准备去开门。

“隋鸿锦！”一声炸雷在他耳边响起，那是主审法官，他怒目圆睁地看着隋鸿锦，声色俱厉地喝道，“隋鸿锦，请你马上坐下，你要遵守法庭纪律，在法庭的任何行动必须事先得到法庭的许可！”

“哦……”隋鸿锦应声坐下，他很不理解法官为何如此愤怒。

轮到被告律师辩护了，法官要求被告律师快些，以加快审理的速度。

被告律师出示了证据。一是证明哈根斯是个“名人”，声称“名人”是做不出污蔑诽谤之类的事情的；二是证明哈根斯和隋鸿锦是师生关系，按照常理，老师是不会对学生采取令人不齿的措施的。

被告律师又出示了一份证据，是从国外网站上获取的材料，还是要证明哈根斯是“名人”。经验丰富的曲华俐律师敏锐地发现这一问题，当即要求对方出示这一证据的国外认证资料。对方却无法出示。

轮到孙德强出庭了。

庭审时，孙德强一直是在庭外等候，他完全不知道庭上的形势进展如何，显得有些茫然。

“你是孙德强？”主审法官厉声问道。

“我，我……我是孙、孙、孙德强。”孙德强一直有口吃的毛病，此刻他口吃得更严重了。

在孙德强陈述了 ABC 采访前后，哈根斯如何说服他接受采访，并如何向他表示感谢的事实之后，被告律师开始质问。

被告律师反复询问孙德强及其妻子是如何离开哈根斯公司的，反复强调孙德强及其妻子是被哈根斯公司开除的，现在携私报复而出庭做证，对哈根斯进行诬陷，并要求孙德强拿出证据来证明，他就是接受ABC采访的匿名当事人。

孙德强是第一次参与法律诉讼，懵懵懂懂，被被告律师“携私报复”的指控激怒了。他涨红着脸，为自己辩解。情急中口吃愈加严重，结结巴巴，语言难以组成句子。当他结巴严重的时候，主审法官会高声呵斥他，命令他不要耽误时间，快些说话。这样一来，口吃却更加严重了。

轮到原告律师发言了。曲律师见孙德强如此紧张和不知所措，希望他平静下来，便从ABC如何采访、哈根斯如何找到孙德强开始提问。曲律师的意图很明显：通过这样的提问，一方面可以使孙德强的心态恢复正常；另一方面可以通过回答，清晰地陈述整个事件的基本过程。

“被告律师，重复的问题就不要问了，有没有新的问题？”还没有等到曲律师问更多的问题，主审法官就中止了曲律师的发言。

“证人先下去吧。”主审法官命令道。

这时候，孙德强刚刚出庭半个小时，似乎言犹未尽，结结巴巴地要说什么，但在主审法官的严厉目光下，不情愿地走出了法庭。

“现在是十二点了，我们是继续审下去，还是休息一小时再接着审？”主审法官向双方律师问道。不等众人表态，他又说，“大家辛苦一下吧，不休息了，继续审下去，争取早点儿结束。”

三十分钟后，庭审结束。主审法官询问双方是否愿意调解，隋鸿锦不假思索地表示拒绝。法官宣布，原告方、被告方就庭审所谈到的事情，抓紧时间补充证据（国外的公证和认证材料），然后择日宣判。

12点30分，庭审结束后，书记员召集原告、被告和证人孙德强分别检查庭审记录并签字认可。

主审法官走了过来，告诉大家，庭审记录大致看看就行，不会出错的。曲律师走过来，委婉地向法官表达了自己的不满：

“我这是第一次在旅顺出庭，对旅顺法院的庭审程序和方式不熟悉，很不适应旅顺的庭审方式，旅顺的方式和大连其他法庭的不太一样。”

“哦，这个案子太复杂，得抓紧些，不这样的话，这个案子拖拖拉拉，一天也审理不完。在庭审阶段，把基本事实说清楚也就可以了。”主审法官轻描淡写。

十天后的一个下午，丁彩云给隋鸿锦打电话，说她接到了旅顺口区法院的电话通知，要她即刻去法院取判决书。

隋鸿锦心头一沉，感觉不妙。在这么短的时间里，想搞清楚这起案子的头绪是很难做到的。更何况，法官还要求双方补充证据，连公证的证据还没有下文，法庭怎么可能出判决书？

一个小时之后，判决书取回来了。

法院的判决书采信了被告辩护律师的所有辩护理由，而对于原告的证据和孙德强的证词，均认为不充分，无法认证。判决书最后判定，驳回原告对冯·哈根斯生物塑化（大连）有限公司的起诉，理由归纳为两点：一、原告所主张的侵权事实（即 ABC《20/20》节目的报道）发生在国外，原告无法证实这一侵权事实的发生；二、无法证明孙德强就是 ABC 采访的匿名人，因此其证言不能采信。

“据书记员介绍，这个判决是由审判委员会做出的。”丁彩云小心翼翼地把她了解到的一些内情告诉隋鸿锦。

“审判委员会？”

在中国司法体系中，对于判决有难度的疑难和复杂的案件，审判长可以将案件提交由多人组成的“审判委员会”讨论后做出判决。这本是为了避免错案的一种防范机制，但在实际工作中却常常会走样。一旦判决是由审判委员会讨论作出的，即使判错了，也与审理法官无关，而由审判委员会集体负责，但集体负责往往是集体不负责。

隋鸿锦和曲律师、王建、丁彩云等人，仔细阅读了判决书。大家畅所欲言，理智逐渐取代了愤懑。好在一审判决不是终审判决，只要继续上诉，一审判决就不会生效。

香港取证

哈根斯的律师葛雷格·托马斯年过半百，是一位资深律师，经过仔细研究法律条文，终于找到了可以拒绝到大连对孙德强进行取证的依据。

葛雷格·托马斯找到的依据是《海牙公约》。

在《海牙公约》中，有一份关于对外国法律诉讼文件的认证规定。清朝政府当年曾是《海牙公约》的签约国。1980 年，中国政府有条件地加入了《海牙公约》，“有条件地加入”的实际含义就是拒绝接受《海牙公约》的某些条款。在中国政府拒绝接受的诸项条款当中，有一条是关于在他国领土对他国公民取证的规定。因此，外国的法院和律师不得随意在中国领土上对中国公民进行法律取证。这一规定，有效地维护了中国的主权和中国公民的合法权益。

“既然不能在中国进行取证，那就在美国进行吧。”埃兹拉建议道。但是，这条路也走不通。一是孙德强没有美国签证，另一个更重要的原因是孙德强不愿意去美国。其实孙德强最担心的是对 ABC 说谎触犯美国的法律，一旦赴美，有可能被追究法律责任。

如何取证？隋鸿锦觉得，还有两个选择，一是韩国的济州岛，另一个是中国香港。选择济州岛的原因是距离比较近，占用的时间少。从大连飞行只有一个半小时，第一天出发，次日就可返回。到韩国济州岛还不需要申请签证，在机场“落地签”即可。而选择中国香港的原因，是因为中国香港是中国的特别行政区，但法律体系与大陆不同，在中国香港取证不受《海牙公约》的限制。在香港取得的法律证据，属于在中国领土获得的证据，不需要国外机构和中国使馆的认证。

孙德强的港澳通行证，正巧还有一次可用的签注。

很快，葛雷格·托马斯代表哈根斯和塑化公司向坦帕联邦法院递交了反对在香港对孙德强进行取证的动议。信函中要求本次取证必须在美国进行，而且以关心人权和担心言论自由为理由，要求孙德强的家人陪同，一起到美国取证。

哈根斯的这一要求，被孙德强毫不犹豫地拒绝了。他有些愤怒：

“这些事情和我家人有什么关系？为什么要惊动我的家人？”

丹尼尔·迪特瑞奈是鸿峰公司律师团队当中最年轻的律师，只有三十多岁，但是思维敏捷，做事条理性极强。很快，丹尼尔就起草了一份针锋相对的答辩文书，对葛雷格·托马斯的无理要求给予了强有力的驳斥。

2010 年 10 月 6 日，美国佛罗里达州中部坦帕地区联邦地方法院，就哈根斯反对在中国香港对孙德强进行取证的动议进行了开庭审理。经过四十五分钟的审理，法官当庭宣判取证必须进行，取证的地点设在中国香港。

取证，是美国法律中很有特色的一个环节，对于案件双方的任何一个证人，必须在双方律师同时出席的情况下，对证人的证词以及提出的证据进行质证和交叉质证。通过取证过程，双方都对证人的证词和提供的证据产生各自清晰的认知。只有经过取证，经过双方律师质证后，证词和证据才能在法庭上使用。

参加本次对孙德强取证的人员庞大而复杂，除了阿尼·盖勒和隋鸿锦以原告方当事人的身份参加外，共有六个律师参与了取证。

取证是从摄像师苏先生的介绍开始的。

在履行了做证前的程序之后，埃兹拉就开始了正式取证。艰苦的智慧博弈开始了。

按照美国法律，取证分为直接提问和交叉提问。直接提问，是由律师向自己一方招来的证人进行提问。交叉取证则是在直接取证结束后，由对方律师对证人进行提问。在这次取证过程中，埃兹拉和丹尼尔的提问属于直接提问，而托马斯和内森属于间接提问。

无论是直接提问还是交叉提问，都禁止律师提出诱导性问题。

在直接提问和交叉提问后，还可以有第二轮的再直接提问和再交叉提问。第二轮的提问必须围绕第一轮已经提出过的事件，不能超出这个范围。如果感觉还有问题，理论上还可以进行第三轮、第四轮。只有经过取证之后，和该证人有关的证词和证据才能被法庭采纳。如果在取证后发现新的证据，必须重新进行取证后才能使用。所以，宋春来所制作的《九张照片背后的真相》，必须通过取证程序才具有法律效力。

刚开始，孙德强对托马斯的反对颇不适应。埃兹拉单独对他做了解释，告诉他这是法律程序的一部分，才继续提问。

在取证前，埃兹拉做了大量的调研和分析。按照准备好的提纲，他有条不紊一个一个地提出问题。先是问了孙德强个人的基本情况和经历，逐渐过渡到对 ABC 的采访过程的提问。

孙德强不仅重述了关于 ABC 采访前后的情况，还补充了不少细节。一是出示了一张破旧的黄色纸条，上面记录着哈根斯给他的指示，告诉他如何回答 ABC 记者的提问。二是出示了两张照片，其中一张是在 ABC 节目中出现过的照片，显示的是孙德强在国内某市购买标本时运输的场面。另一张照片是同时拍摄的，只是拍摄的角度有所不同。孙德强说，接受 ABC 记者布莱恩・罗斯采访时，布莱恩・罗斯根本就没有核对孙德强的身份。在采访时，他很清楚孙德强就是哈根斯的员工。而每当对孙德强的回答不满意时，布莱恩・罗斯总是用自己的话把孙德强的话重复一遍，然后再问一遍。这正是“诱导性提问”。

在接受 ABC 采访时，哈根斯把采访地点安排在他家的阳台上。当时已是深夜，哈根斯坐在孙德强的右边，而布莱恩・罗斯坐在孙德强的左边。哈根斯把灯都关上，只有房间里透出的昏暗的灯光照在阳台上。此时，哈根斯竟播放了轻音乐。在悠扬的小提琴曲中，进行着卑鄙的阴谋。

孙德强承认，因为在接受 ABC 记者采访时的“精彩”表现，哈根斯给了他一万欧元奖励。他记得很清楚，是在哈根斯塑化公司的七楼，哈根斯独自待在办公室，打电话让他过去。跟孙德强说了很多感谢的话，甚至痛哭流涕。

孙德强问他：“我做得很好吗？”

哈根斯说：“是的。”

孙德强又问：“美国国会被说服了吗？”

哈根斯欣喜地说：“是的。”

中午时分，在暂停提问时，埃兹拉还必须履行一项法律告知程序：“孙先生，根据美国法院体系的规定，一旦证人开始做证，当事人和律师都不允许和证人说话，直到取证完毕。因此，在午饭时间或者任何其他的休息时间，隋博士、阿尼或任何律师，都不能跟你说话，问你问题。这不是因为他们没有礼貌，而只是我们法庭体系的一种规定。”

下午，取证继续进行。孙德强再一次表现出他收集和保存证据的能力。不仅出示了当时他飞往南京的往返机票，还出示了当时在南京某酒店向美国发送传真的收据和美方回函的邮件。不仅如此，他居然还保留着当时哈根斯的助手和侄女亲笔记录的哈根斯关于去南京如何行动的指示，以及他伪造的南京市民的三个名戳印章原件。

多年来，哈根斯一直试图向鸿峰公司内部安插间谍或者拉拢公司人员为他做事，但从来没有成功过。

终于，被告哈根斯的代理律师托马斯出场了。现在是他进行交叉提问的时候。

托马斯劈头就问：“孙先生，你在此做证是自愿的吗？”

孙德强显得很沉稳，点头说：“是的。”

“你自己是自由的？”

“是的。”

按照美国的法律规定，在取证时，律师可以天马行空，不受限制地向证人提任何问题，证人对某些与本案无关的问题可以拒绝回答。和中国法律不同的是，取证时律师可以检查证人带来的任何放到桌面上的物品。比如孙德强手腕上有一串念珠，就被托马斯要过去，反复询问这是什么，为什么佩戴。其实托马斯也知道，念珠与案情完全无关。他只是试图由此对证人产生微妙的心理影响。

第二天上午九点，取证继续进行。

托马斯首先开口："早上好，孙先生。"

"早上好，先生。"经过昨天的取证，孙德强已经适应了现场的紧张气氛，"我希望你也感觉不错。"

"是的。再说一次，我的名字是葛雷格·托马斯，我代表本案的被告——塑化有限公司。"

随即，葛雷格·托马斯便收起了笑容，开始了咄咄逼人的提问。显然，昨晚，葛雷格·托马斯是在辛勤工作中度过的。他试图证明孙德强是在说谎、被收买或者受到某种压力的情况下才出场做证的，但孙德强毫不胆怯。当葛雷格·托马斯提出孙德强接受记者采访的问题时，他抓住机会反击：

"先生，请你说明是哪个记者，你不要故意混淆。我先后接受过 ABC 记者和中国记者宋先生的采访。你只说记者是会误导我的。"

为了证明大宋的采访是不真实的，葛雷格·托马斯反复询问是否有人收买了宋春来，孙德强是否付钱给大宋。孙德强再次调侃：

"我觉得你是个有高智商的高级律师，你怎么能问这样的愚蠢问题，我怎么会付钱给他们？你疯了？还是你认为我疯了？"

针对葛雷格·托马斯不停地询问中国国内的情况，孙德强又问："先生，你到过中国吗？"

"没有。"

"唉，怪不得，我想你对中国了解得真的非常少。"孙德强叹口气，"先生，你最好先到中国走一次，亲眼看看我们的生活——普通人的生活。了解中国后你再来提问，你就不会问这样愚蠢的问题了。"

在托马斯取证的过程中，ABC 的律师内森先生竟然打起盹来了。

托马斯的取证整整进行了一个上午，下午是内森取证的时间。令在场所有人大跌眼镜的是，内森竟出示了一小段在大连哈根斯家中偷拍的一段采访孙德强的录像。孙德强非常吃惊。哈根斯承诺过，他不对采访过程进行录音或录像，事实证明，哈根斯是在欺骗。

取证结束后，孙德强走到阿尼·盖勒面前，非常诚恳地向他表示道歉，希望能够得到原谅。孙德强非常诚恳地问阿尼·盖勒："我可以拥抱你一下吗？"

一头白发的阿尼·盖勒笑了，张开双臂："为什么不呢？"

孙德强紧紧地拥抱了阿尼·盖勒。

阿尼·盖勒告诉隋鸿锦，在这一瞬间，他完全原谅了这位思想简单的年轻人。

香港的夜晚，繁星点点，霓虹闪烁。四周仍然是繁华景象。隋鸿锦拖着行李箱，缓步走出了万豪酒店。一阵暖暖的海风袭来，让他突然意识到现在正是炎热的夏季。来香港的三天时间，他始终待在酒店里，沉浸在工作中，全然忘记了季节。

阳光冲决乌云

2010年秋天，隋鸿锦突然感到心情烦躁，身体也非常疲乏。他每天自己去工作，但是似乎正失去工作的乐趣和热情。他意识到，这一场跨国维权官司，付出了将近三年的艰苦努力，精神上的压力已到达顶点。剩下的，依然是坚持，再坚持。事到如今，意志力比什么都重要。

11月21日，是隋鸿锦大舅的八十大寿。他的母亲和大舅少年时代就跟随老辈人闯关东来到大连，从十三四岁时起就在大连纺织厂做童工，相依为命，历经坎坷，如今都是耄耋老人了。为了庆祝生日，两家人在星海湾附近的一家饭店欢聚。

这时候，手机突然响了。远在北京的姨夫在电话里传来噩耗：他的二姨——母亲和舅舅的亲妹妹，在半个小时前刚刚乘鹤西去。接完电话，隋鸿锦一时不知所措了。眼前是喜气洋洋的场景，他实在无法把噩耗告诉大家。只能强作欢颜举起酒杯。眼前的喜悦和悲伤、长期积聚的精神压力和疲乏，令人难以承受。他找到一处没有人的地方，拍着桌子号啕大哭，任随极其复杂的情绪如山洪暴发，倾泻而下……

转眼间到了2011年1月22日，鸿峰公司终于和ABC就其2008年2月15日播出的有关不实报道达成了谅解协议。律师从美国发来了电子邮件。邮件写得很简单：“隋博士，附件是与ABC和解协议最终文本，请在签字后扫描并制成PDF文件，再发送给我。”

读完邮件，隋鸿锦长舒一口气，站起身，努力让自己的心情平静下来。妻子淑岩走进书房，隋鸿锦看着她，右手握紧拳头用力地在胸前挥一下。淑岩立刻明白了，关切地问：“签字了?”他点点头。淑岩没有作声，只是快步走到他的跟前，一下子紧紧地抱住他。隋鸿锦也紧紧拥抱着淑岩，能够清晰地感觉到她全身在颤抖着，隋鸿锦没有说话，鼻子酸酸的。他不敢去看淑岩，担心会控制不住自己的情绪……

经历了错综复杂、波澜起伏的三年，终于与ABC这个强大对手达成了令人非常满意的和解。此刻的心情，不是简单的高兴与激动能够形容的。

起诉哈根斯公司的案件，仍然在审理中。

隋鸿锦明白，自己还有一段艰辛的路要走。

这天上午九点半，按照约定，吴弘达和他的两位律师托尼和克拉拉准时出现在史芬奴律师的办公室。在针对哈根斯的诉讼案中，吴弘达必须对其中与他有关的事件过程做证。

吴弘达是一个七十四岁的老人，看起来身体状况不错，说一口流利的英语，显得很有教养。但隋鸿锦对他却始终产生不出后辈对长辈应有的尊重。此刻，吴弘达的表情很严肃，双手交叉着放在胸前，两个拇指下意识地不停地绕动，这个小动作透露出心中的不安。

在前一天的谈判中，吴弘达已经对他给隋鸿锦以及鸿峰公司带来的伤害进行了道歉。律师们建议，重点应放在吴弘达与哈根斯、ABC是如何联系方面。尽管这些内容已经了解得很详细，但是从吴弘达的口中得到验证，将会加强证据的法律效力。

埃兹拉态度很和善，提问却非常严肃。一连串的问题不停地抛这时候，埃兹拉笑着告诉大家："今天是我的生日，等会儿我们一起喝一杯！"

"生日快乐！"大家向他祝福。

事实上，他已经给了自己一份很好的生日礼物！

对哈根斯的取证，定在 2011 年 12 月 16 日德国时间早晨 9 点于法兰克福的美国领事馆里进行。

按照领事馆规定，任何电子器材都不能带入。但是经过事先的申请，因事不能出席的隋鸿锦和阿尼·盖勒，可以通过电话进行旁听。

阿尼·盖勒的电话具有发起国际电话会议的功能。他在美国，埃兹拉和另一位律师在德国，隋鸿锦在中国，地球上的三方凭借现代通信技术，同时在一起讨论案情。联系的网络中还有一个人，鸿峰公司办公室主任丁彩云。此刻，她的电脑上连接着一个容量巨大的硬盘，里面是与案情有关的全部资料。根据现场进展，她随时可以找出需要的相关文件资料，即刻提供给取证现场的律师，这样可以免去查找资料的过程，把精力集中到取证提问上。

这其实已是对哈根斯取证的第四天。几天来，哈根斯不停地狡辩，对所有关键的事情和证据，他要么解释为不知道，把责任推到员工、夫人甚至女儿身上，要么推托说记不清了，要么转移话题。

鸿峰公司的律师拿出一份证据。这是去年 10 月份在中国香港取证时，由孙德强提供的一份手写的英文材料——从笔记本上撕下来的几张纸条。

这份手写的材料是哈根斯多次蓄谋对大连鸿峰生物科技有限公司进行名誉伤害的一份证据。

2005 年 11 月，鸿峰公司首次到美国举办人体科普展，地点在佛罗里达州的首府坦帕。为了阻挠展览的进行，哈根斯设计了一项极其恶毒的计划：他指示孙德强飞到江苏南京，假冒南京市民的名义，给佛罗里达州的总检察长和解剖学会主席写信，表达"南京市民对在美国举办中国人体展的愤慨"。为了使这封假冒的信件达到预期的效果，哈根斯亲自口述了信件的内容，由他的侄女兼私人助理纳丁记录，交给了孙德强。

“冯·哈根斯先生，您是否能够辨清这是谁的笔迹？这是本次取证的第三十份证据。”

“我需要仔细地看一看……”哈根斯接过来，认真地看着。

“请您看看这份证据中是否有哪些字体是您能够认出的哪个人或哪几个人的笔迹。”

“我能认出来，这是纳丁的笔迹。”哈根斯漫不经心地回答。

“你确定吗？”

“我确定，尤其是第一页和第二页，我确定就是纳丁的笔迹。”哈根斯还是漫不经心地回答。

几乎在同时，隋鸿锦收到了阿尼·盖勒和埃兹拉的邮件。身在相距数千里之遥的不同国家的两个人，邮件内容完全一致：

“Suprising（太令人吃惊了）！”

此时，哈根斯的解释还没有结束。他还在继续编着谎言：“是孙德强自己想写信给佛罗里达州，希望能够得到纳丁的帮助，所以纳丁才写下这些话。”

“隆美尔教授是你的老熟人，他的邮箱及电话是否是你提供给孙德强的？”

“我不记得我提供过任何联系方式，可能是孙德强自己上网搜索到的吧。”哈根斯还在遮掩着。

在这之前的上周五，在坦帕，双方律师对佛罗里达州的解剖学会主席隆美尔教授进行了取证。隆美尔教授证实，他确实曾收到过孙德强提到的那份抗议展览开幕的邮件，他也确实回复了邮件，回复的内容和孙德强所说的完全一致。

现在哈根斯认定第三十份证据就是纳丁的笔迹，这样对于整个事件就构成了一个彼此互相验证的证据链。

对纳丁的取证是在瑞士进行的。纳丁是整个事件中的关键人物。作为哈根斯的侄女和私人秘书，她几乎参与了事件的整个过程。对纳丁的取证主要集中在三个方面：第一是在坦帕展览前，纳高院快递了四个大个儿的，并打算在之后持续寄给对方。李金星说自己送红薯是履行宪法所规定的公民对国家机关的批评和监督的权利，因为所有人都知道“当官不为民做主，不如回家卖红薯”。上次送红薯是因为类似的超期羁押案例，当事人吴昌龙在看守所从二十七岁关到三十九岁。红薯给审理机关福建高院送上门后，他被放了出来。超期羁押案例的重演让他难抑怒火：“那天我和辽宁高院的法官说，我说你再不解决我就撞死在你辽宁高院的大门上。”

杨金柱接受《人物》记者采访时高声宣布自己24日要去山东一个法院门前静坐。“不开庭我就死磕，我就要你怕。”因为高血脂、高血糖和糖尿病，他再也不能绝食，只能静坐了。这位行事风格出人意料、几乎胆大包天的湖南籍律师曾在法庭上拍过桌子、摔过话筒，大骂公诉人出示的证据是狗屁，因而时常接到“杨金柱律师请控制你的行为和情绪，请听从法庭的指挥”的警告，甚至被驱逐出庭。他还曾点名要求最高法院的一位领导引咎辞职，直呼他“大法盲”，并写下遗书表明斗争的决心。后来每逢重大案件，他就把遗书在博客上再亮一遍：“对，不怕死。杨金柱反正不怕死。”

杨金柱的随身物品

1. 录音笔

采访时，杨金柱看记者打开录音笔，他说，那我也录一个。

2. 《死磕派刑辩律师杨金柱》

书的副标题是“媒体记者和律师同人眼中的杨金柱”，他曾邀请杨学林、周泽等人写文章谈一谈他。此为样书，尚未公开发行。书名为著名法学家、中国政法大学终身教授江平所题，杨金柱为此很得意。

3. 醒神药

两盒清凉油、一瓶风油精。杨金柱确保自己每时每刻精神十足，说起话来嗓门够大、气势够足。

4. 胰岛素注射器、采血笔和血糖仪

和同岁的迟夙生一样，五十八岁的杨金柱也患有糖尿病。他情绪略显低落地说起往后再也不能“绝食”抗议了，静坐还行。

5.《民主与法制》

2014 年第 5 期。这本杂志曾经对杨金柱做过专访，标题是“孤独的歌者：‘律坛怪侠’杨金柱”，他把这篇文章收录在上面提到的书中。

同样没法儿绝食的死磕派律师还有迟夙生。这位来自黑龙江齐齐哈尔的律师是严重糖尿病患者，“一顿饭不吃就得死了”。她有一个得心应手的庭外死磕手段，用她自己的话来说，就是“在微博上喊”。“小河案”前三天的庭内信息大多来自她的现场微博。她很高兴最高法院要求各法院开设微博，这么一来她就可以“@”一下违法法院，甚至再“@”一下它的上级法院。她最近因一起管辖权判定有问题的案件，去沈阳市公安局投诉。对方拒收控告材料，且态度强硬，驱赶律师。她把现场阻挠的情况发了微博，配了照片，“@”了公安部刑侦局。结果是，她拥有三十一万“粉丝”的微博又一次发挥了立竿见影的效果。还没等迟夙生等人离开，公安局的控告申诉处的副处长就主动找他们表示要接受控告材料。

迟夙生的随身物品

1. 速效救心丸

迟夙生的必备药品。驰援北海律师团时，她特意备了一盒。她下了飞机后就吃了一颗。她回忆说，自己当时做好了挨打的准备。

2. 各种功能的药丸

血压、血糖、血脂、肝功能都不佳，迟夙生觉得糖尿病开始对其他器官有了侵蚀。“看来时间不多了，能抓紧工作就多做一些事情。”她说。

3. 胰岛素注射器

迟夙生是严重的糖尿病患者。她每天要打两针。如果出差时间太久，随身携带的胰岛素用完了，她就不得不回家。

4. 路由器、读卡器、无线网卡

确保迟夙生在任何时候都能开始工作。她离不开网络，采访时她说："聊了这么长时间，我都着急看微博了。"

5. 各大航空公司的会员卡、各大快捷酒店的打折卡

迟夙生的工作节奏就是天南地北飞来飞去。她几乎是中国所有航空公司的会员。

她出差永远带着汉庭、如家、锦江之星等快捷酒店的打折卡，说不希望增加当事人的负担。不请助理也是这个原因。

自 1979 年律师制度恢复以来从业至今的迟夙生说："我们这个年龄，看到法治从无到有，不希望看到它从有到无。"

我听法律的不听你的

"李庄案"是死磕派律师群体出场的分水岭。当时在网络上与重庆薄、王论战的律师们在这个阶段开始抱团，彼此熟悉。迟夙生是李庄申诉案的代理人。"重庆判李庄的时候，我突然觉得律师这个活儿没法儿做了，因为实际上李庄做的那些就是我们刑事辩护律师应该做的那些事。"她回忆说。

"北海案"真正让迟夙生忍无可忍。原先的四位律师涉嫌做伪证被抓，李金星和陈光武作为辩护律师被北海市公安局组织殴打。当时还是全国人大代表的她飞去北海声援，请律师团吃了顿饭，还喝了酒。

律师周泽是贵阳黎庆洪的辩护人（黎案第二季因审理地点被称为"小河案"），通过了解和调查，他判断这是一起"黑打"。他在

网上披露调查结果，直指公权力枉法裁判，点名道姓控告当地办案人员敲诈勒索被告人家属。“实际上就是直接向他们宣战了。”他把案情向贵州省检察院、政法委，甚至中央政法委有关领导反映，希望借此督促二审的公正审理。

他的大量取证工作，也激怒了公权力。2010 年 7 月 12 日，贵州省高级法院以“一审判决认定的部分事实不清”为由，撤销原判，发回重审。重新侦查期间办案机关大规模抓人，包括周调查取证的一些证人。重新侦查的结果是，公安机关移送审查了六十七个人，最后起诉了五十七个人，而最初只有十七个被告人。所有被告人的罪名数量，从八个增至二十八个。

周泽邀请了博客点击量三千多万的杨金柱、微博上追随者众的迟夙生、陈有西、斯伟江、杨学林、朱明勇等人加入律师团。迟夙生当时接到周泽的电话，“他就跟我讲，‘小河案’有可能会把他作为李庄第二，他可能很危险，他当时也非常……他希望危险的时候大姐能出来帮助他一下，然后我就答应他了。”六个人承担了核心当事人黎庆洪父子三人的辩护。此后，周泽又在网上发出“寻求律师同行支援书”，迟夙生等直接把它叫作“英雄帖”。周泽拿出二十万元作为差旅费用，最终集结了一个数十人的庞大辩护团。

2012 年 1 月 19 日，“小河案”开庭，所有人都能感到对手来势汹汹。在公诉人不断增加涉案被告人数及控告罪名的情况下，此案却降格由贵阳市小河区人民法院审理。这意味着，一审法院成了再审判决的终审法院，实际上规避了贵州高院对重审的审判监督。

小河法院最初限制旁听权。办案人员用了人民日报、中央电视台、新华社等新闻单位的大牌子占着座，却不见有记者报道。然后又安排了一些街道大妈占座，只给每个被告人由亲属领取的两张旁听证。限制放开后，牌子撤掉了，大妈回家了。法院动员被告人解聘外地律师，并为其指定本地律师辩护。然而，在六人核心辩护团始终坚持的无罪辩护的带动下，随着案件事实的披露，贵阳本地的一些律师全面反水。很多律师之前是做有罪辩护的，甚至辩护词都交到法院去了，后来依法做无罪辩护。

周泽记得一个七十岁叫徐源俊的本地律师，上法庭前两天才临时接到指定辩护函，连起诉书都未看过，而他担任的是一位很重要的被告人的辩护律师。周泽就建议他征求被告人的意见，主动退出辩护。这位律师当庭问被告人，承认自己没有阅卷，起诉书都没来得及看，“在这种情况下对你是不负责任的，你看你是不是需要我的辩护?”被告人回答，那就不需要你辩护了。徐退出而保全了自己职业生涯的尊严。

在审理中，死磕派律师就法院管辖权、检察院和法官回避等问题与检察院和法院激烈交锋，甚至有律师当庭警告主审法官。法官警告、训诫律师二十多次。第四天，当法官下令驱逐迟夙生出庭时，她当场晕倒在法庭内。在她之前，已有三位律师被驱逐出庭。

死磕的方式直接激活了许多法律条款。庭审期间，中央政法委、最高法院、最高检察院、公安部、司法部、全国律协都派人坐镇，审了三十三天，就坐了三十三天。他们通过司法解释完善了被律师们抓住和利用的法律漏洞。“有的是合理的完善，有的是避免法院被动的一种完善。”张磊说。

他总结了“小河案”为刑事诉讼法司法解释贡献的八条新规，死磕派律师称其为“小河条款”。比如第21条，周泽说：“实际上就是对他们当时（做法）的否定。”新解释规定，在原审法院上诉以后，发回重审的不得再降级处理。

其中一个条款被死磕派律师们戏称为“斯伟江条款”。刑事诉讼法规定在开庭的3日前通知辩护律师。“小河案”中，对于外地律师，6月8日开庭，6月4日才通知，本地律师则早就收到通知。斯伟江就动起真格，说按刑诉法第一条规定要求书面通知。“这没办法，就上演了中国法制史上一个空前绝后的飞机送达的笑举。”张磊回忆，办案人员连夜飞到北京、上海、杭州、湖南、山东，把开庭通知一一送给张磊、斯伟江、陈有西、杨金柱、周泽和朱明勇。“斯伟江条款”的规定是“也可以采取电话、短信、传真、电子邮件等能够确认对方收悉的方式”。

有一条以死磕派律师王兴命名的条款，同样把主动权给了法院。“王兴条款”对有多名被告人的案件作出解释，部分被告人拒绝辩护人辩护后，在没有辩护人的情况下，根据案件情况，可以对该被告人另案处理，对其他被告人的庭审继续进行。“小河案”中，王兴律师抓住法律漏洞受益于此。新规定实施后，遇到类似情况时，之前的好处没有了。“我们说是他的报应。”张磊笑道。

死磕的最终结果，虽然依然判处涉黑罪名成立，但相对于第一季，第一被告人黎庆洪被大幅减刑，黎家财产被全部保住，包括“黑老大”、第二被告人黎崇刚（黎庆洪的父亲）在内的五名被告人被判无罪。但获刑的五十人中大多数被“实报实销”（之前关了多久就判了多久）或者判以缓刑。《南方周末》评论贵阳黎庆洪案称：“中国刑辩律师们在小河法院吹响了程序辩护的集结号。”

“小河案”的示范意义在于，告诉律师界律师的抱团作战、死磕的辩护方式是有用的，更重要的是，“小河案”通过惊心动魄的死磕，让观望的律师看到“可以这么干”。“贵阳的律师第一次见到说这个律师还可以这么辩护，他们从来没想过这个律师居然在法庭上公然可以冲撞审判长。法庭上审判长让我这样，对不起你这是违法了，我听法律的不听你的。”周泽说。

打到天边都不怕的那个理

律师杨学林把死磕精神提炼为“吓不走、打不怕、累不倒、拖不垮”。周泽加了一条“气不死”：“各方面都要生气，法院的气要生，检察院的气要生，特别是受害人的亲属，经常就是开着开着庭，站起来骂我们这帮人造谣，包庇杀人犯。”

在一次闲聊中，周泽揶揄当下很多刑事辩护律师其实是“形式辩护律师”，“后来我说那就属于形式派了，还有一些是专门搞勾兑的，那叫勾兑派，咱们这些人就是死磕派”。2012 年 1 月 9 日，杨学林把“死磕派”三个字发上微博。此后，网上普遍把类似“小河案”的辩方抗争叫作“死磕”，把这样的律师称为“死磕派”。

因为斯伟江律师的一句玩笑话“看来死磕派需要认证一下了”，

杨金柱就煞有介事地发了一篇博客。他宣布，根据斯伟江律师的建议，经陈光武、杨金柱、杨学林、刘志强商议，拟成立“中国死磕派刑辩律师资格认证中心”。最后特别说明：由“一陈两杨”（陈光武、杨金柱、杨学林）领衔的中国死磕派刑辩律师团队已经初步成形。

作为第一个喊出“死磕派”的人，杨学林不得不常为这个群体出面解释。他强调死磕的两个前提——公权力的明显违法和律师的明显在理。

杨学林的随身物品

1. 卡片相机

用于拍摄卷宗和保留证据。在法院不提供电子卷宗的情况下，只能先用相机一张张拍。有时候一个案件的卷宗会有一两百本，也得如此。

2. 手机

杨金柱在“北海案”时，为鼓励律师团齐心合力辩护，承诺每人送一个“苹果”手机。他之后一度耍赖说“苹果”指的是真的苹果，不过最后兑现承诺。杨学林的这个白色手机，就是杨金柱所送。他用这个手机与其他死磕派律师在微博上频繁互动，经常成队出没，互相“@”。

3. 车钥匙

2 月 19 日上午，杨学林开着车从他的律所所在的北三环到西三环附近来见到北京办事的杨金柱。他们一同吃了个急匆匆的午餐，讨论了最近一起原告、被告代理人都是死磕派律师的案件，然后告别。

4. 国家图书馆读者卡

跟书店会员卡一样，这张卡与身份证、律师证几乎每时每刻都被杨学林带在身上。他喜欢国图的环境，所有人都闷头读书，不说话。

5. 万圣书园会员卡

万圣书园常有其他书店少有的书。杨学林比较关注哲学，以及国外最新出版的一些人权方面的书籍。持卡可以打九折。

“死磕派占的理，是打到天边都不怕的那个理，要不然的话，人家把你抓起来那是很简单的事。为什么死磕派敢这么大胆？反对死磕派的人怎么也不能理解，死磕派怎么又得逞了，法院怎么就不能直起腰来搞他们一下呢。因为法院它直不起腰来啊，而我就看准了你直不起腰来。”他说。

“他要违法你要护法，那肯定有冲突。”张磊说。今年1月份太原市中级人民法院审理某案件时，张磊作为第一被告人的附带民事诉讼代理人，李肖霖律师则是其辩护人。法官要求每个人辩论发言的时间不得超过十分钟。他当场提出反对。“我说这是有一个死刑、一个死缓、两个无期徒刑的案件，你限制为十分钟，你有什么法律依据，你合理吗？你严肃吗？李的辩护词有四万多字，他也只给他十分钟时间。”随后法官对李的发言多容忍了五分钟。

“这不是一个小的事情，”张磊说，“这关系到法院是否严格执行法律。你这么小的规定你都不执行，那你判人定罪、你判人刑的那个法律，我有什么理由相信你会遵守？”在类似强制安检、阅卷、会见等权利上，张磊寸步不让，不依不饶。“所谓的这几个小事，能体现出这种所谓的死磕心，就是我们要对法律认真，就是我们要把每一条法律都落到实处。死磕就是把法律当真的。”

周泽去年去贵州六盘水办案，会见当事人时，他被告知必须两位律师一同会见。而实际上法律规定被告人、犯罪嫌疑人可以聘请一至二名辩护人。“你凭什么要两人会见才给安排？”周泽说，“那我也跟他们死较劲，我当场跟他们区公安局、市公安局、省公安厅，一路投诉，控告他们，并做好准备要起诉他们。”公开宣称要起诉后，贵州省律师协会的领导打来电话，表示省司法厅领导看到了他反映的情况，“他说你是不是不要起诉了，你看我们现在就协调有关部门纠正。”很快，公安厅监管部门通令全省，凡是还存在执行这种不合理规定的一律改过来。

不久前周泽去哈尔滨某看守所会见，他又被告知会见时不允许用电脑。又是一顿死磕，“跟他们斗争，如果不允许看我明天就起诉你们。”最后让他使用电脑，但告诉他，这个只是对他，别的律师不行。被杨学林形容为“法律洁癖爱好者”的周泽又开始发作，找到对方领导，说必须对所有律师都要如此。

“当你是著名的死磕律师的时候，法官他会在法庭上对你相对温柔一些。”这是迟夙生的体会。“在以前法官他说什么算什么，现在突然出了这么些律师，他几乎是说什么不算什么，法官肯定不适应。”李金星说。

李金星的随身物品

1.《为权利而斗争》

法学名著。2013 年 4 月 5 日，他曾在江苏靖江市委门口高声朗读书中段落，声援被拘律师王全璋。有一位见证者评价说，在一个盛产聪明人的国度中，他如同傻子般认真。李金星拥有这本书好几个不同版本。

2. 笔记本电脑

不少时候，使用电脑的权利也需要死磕一阵才有。法庭上每个辩护律师有一张可以摆电脑的桌子，桌子下面有电源插座，这也是死磕律师们的基本愿望。

3. 小狼毫毛笔

李金星爱写毛笔字，哪怕外出办案也常备宣纸、毛笔、墨汁儿。他说，有时候压不住火，就练练毛笔字让自己安静下来。这也有实际用途。比如，他曾手书《警察查房须知》张贴在酒店房门上，抗议警察滥用职权。

4. 2013 年 1 月 1 日起实施的新《刑事诉讼法》及司法解释等配套规定

为“战友”张磊所送。张磊买了十多本送给身边的死磕派朋友，对他们来说，这本书是最重要的武器和死磕依据。

“我们因船营案件在法庭上死磕的时候，杨金柱也跑到船营法庭来支持我，他们非常尊重杨金柱的意见，发言一点儿都不制止，而且他们还赶紧给杨金柱买了水果，看卷的时候还有这些待遇。”她哈哈大笑，“后来居然发展到中午、晚上法院干脆连饭都供我们了。王兴、李金星这都享受了吃饭的待遇。”她有点儿感慨，“原来就是你跟他死磕他也跟你磕，你要说话就不让你说，你再说我就把你从法庭扔出去，而现在却是这样。”

2013 年 11 月 7 日，刘义柏涉黑案二审庭前会议，湖南娄底中院审判长、娄底中院的刑庭副庭长李琼，当着主审法官、审判员、书记员、辩护律师的面，先花了半小时说了自己对死磕律师的认识，说审理案件以来，看了四十多万字有关死磕派的资料。这么多死磕律师来到娄底中院辩护，是娄底中院的荣幸。之后，合议庭给所有律师发放了一份十四页纸的《关于刘义柏等上诉一案庭前会议需要沟通的有关问题》。“想到律师可能会在这个问题上提出这个要求，李琼审判长就先说这些问题我们就这么解决，有意见吗？律师都没有意见。”杨金柱、陈光武、杨学林、周泽等律师都认为，这次庭前会议是在全国各地法院召开的最成功的一次。

死磕派律师并不过分解读法院的转变，他们觉得法院并非害怕，也不是突然尊重起律师来了，只是不想多事。杨学林发现，虽然办案机关明目张胆地违法少了，证人出庭、非法证据、排除程序、回避的权利都有所保障，但暗地里经常搞一些小动作，比如法院常以没有大房间开庭为借口限制旁听权利。这就逼得他在法院里四处转悠，自己找。找到了大房间就去问对方为什么不用。“他们有各种理由，比如房间电路坏了，那我们说我们帮你修，或者差些什么，我们说也帮你买。”

“当这个法庭已经完全丧失了程序正义，已经完全不尊重法律的时候，你这个法庭的法官就不值得我尊重了。因为我尊重他，就等于我不尊重法律了。所以这点我特别反对某些律师在文章中所写的，哪怕一个法庭违法了也应该尊重它，不应该。”律师杨金柱嘱咐记者一定把自己的这个重要观点写进去。

死磕派律师们对杨金柱有一个评价：“司法机关怎么不舒服他就怎么来。”杨金柱却强调自己有策略，“但是我肯定是要他不舒服。让他舒服了那就不对了嘛”。

由于杨金柱常冲在前面“挡子弹和蹚地雷”，杨学林这样的死磕派被法官夸奖“太温柔了、太好了”。“我就经常在法庭上被法官表扬，你看人家杨律师，大家都向他学习啊，其实我做得已经很激烈了。”杨学林笑起来。有些法官私下跟他说，喜欢他的辩护风格，不喜欢像杨金柱那样的。“我说如果没有杨金柱的话，你就喜欢不上我的那个辩护风格。”他相信如果没有气势汹汹的杨金柱和“法律洁癖爱好者”周泽在前，他自己就是那个被赶出法庭的人。

但死磕派律师群体，包括“最不受控”的杨金柱在内，都认为只能采取法律框架以内的行为死磕。杨金柱明白不能触碰红线，“我一旦跨越这个线他就把我抓了”。他承认自己曾经撤下一篇骂司法部的博客，原因是“后来自己都发现有些骂得太厉害了”。而时常压不住火的李金星，则对《人物》记者说，绝食、静坐可能是他会做的最激烈的事情，虽然他语言激烈，常说“可以不要命”。

杨学林说：“律师都是搞法律的，谁不知道哪一条线是红线，是不能碰的，因为你碰的红线厉害，你早就违法甚至是犯罪了。正因为知道这个我们才敢去那样搞，包括送红薯，包括静坐，包括绝食，运用这些非正常的手段，法院竟然就投降了。很多法官感到痛心疾首，你看，我们的法院太软弱了，被一帮子所谓的死磕派、无良律师给搞成这样。不是的，律师没有本事，是你们自己知道你们身上有问题。”

辩的都是一加一等于二的事

死磕派改变了律师界唯唯诺诺的辩护风格，也改变了中国律师过去一盘散沙的局面。用迟夙生的话来说，“这帮人抱团取暖，也互相壮胆”。

2月14日，李金星和张磊乘火车前往营口中院支援杨金柱。他们在门卫室找到杨金柱，跟他开玩笑：“你搞不下来了，你这个老刀舞不动了。”张磊记得“杨金柱把战友弄得很难受，把违法者弄得更难受”的那些日子。“战地黄花分外香。”他说。“死磕派律师办案时就是聚会。”李金星说。近几年，迟夙生有三次彻夜未眠，李庄案开庭的时候，王全璋律师被司法拘留，李金星被弄到派出所。她都一夜一夜地发微博。“我们都是拼命在呐喊，我觉得这种呐喊不仅仅是为他们，也是为我们自己。”

有人因类似的种种激愤言论和“不要命”的死磕决心，指责死磕派律师不顾当事人利益。事实上，“死磕磕死了”的批评自这个群体出场以来就不绝于耳。杨学林为死磕派打包票：“我敢保证没有一个律师为了自己不受委屈就放弃给当事人开庭辩护，没有一个。”杨学林说就自己观察而言，每个死磕派律师在死磕之前，都反复考量过后果，以及当事人能多大程度从中获益，因此他反对来自这方面的批评，“绝对不成立”。张磊说自己从未发现因死磕而导致当事人利益受损的案例。“当一切问题摊开以后，即使不能全胜，也会有效果的，斗争是有效果的。”

虽然对外形象强硬，死磕派也有为当事人权利而妥协的时候，包括“不怕死”的杨金柱。曾有一个案子，他前期大力死磕，后期因有关单位确有诚意让步，为了当事人的权益，杨金柱不往下磕了。在有些情况下，当事人和公权力通过诉辩交易解除辩护律师。“那你就解除呗，这也是一种辩护成功的体现，是一种中国特色，是通过解除律师为代价给当事人利益最大化。”李金星说。也有被骗够了的当事人无论如何都不相信公权力会兑现诺言。这让他哭笑不得：“有的时候法院真是想解决，当事人就是不相信，说我一旦辞退了那些律师就没人来救我了，那我不就成了任人宰割的羔羊?”

周泽预计2014年死磕派会磕得更猛烈。他甚至预计并期待出现律师把正在违法犯罪的法官拉下法庭，直接扭送公安机关的死磕场景。早前,、他还和同行一起郑重其事地从学理上讨论了这个事情发生的可能性。

李金星谈的则是更远的事情：“一定让老百姓感觉到，法庭是属于老百姓的权利，当这个乡镇或者这个县城要冤枉一个人进行审判的时候，老百姓像潮水一般涌上法庭，而记者们像潮水一般来报道。”

杨学林的愿望更具体、迫切。他希望在刑事案件中，程序性权利能得到保障，包括能够启动非法证据排除程序，能够通知证人特别是警察出庭做证，能够允许律师充分地发表自己的意见，能够在庭前顺利地会见被告人，能够完整地复制案卷材料等。在更细的要求中，他希望每个律师能够在辩护席上有一张桌子，有电源插座，按照最高法院规定不必安检。“‘啪’一亮证就可以进法院了，‘啪’一拿手续就可以到看守所去会见，没有任何障碍。”

杨学林认为当下中国刑辩律师不存在绝对的“技术派”，相当长的一段时间也不会有，环境如此。“现在我们在法庭上跟法官争辩的都是一加一等于二的事，跟公诉人争论的也是这些问题，就是说连证人要不要出庭都要争论几个小时，那么有几个人去钻研或者去实施对证人出庭的交叉询问以及控辩双方在询问过程中获得对我有用的那种答案，没有，我不需要。作为辩方来讲，能够让证人出庭，我已经费了九牛二虎之力了，他出来我就赢了。”

这个时代给律师们提供了不算良好的司法环境，也提供了大量的成名机会。“从公安办案的时候，他就是无罪的。栽赃陷害，制造假证、假鉴定，刑讯逼供制作出来的这种无罪的案子，给我们提供了成名的机会。在司法健全的国家，有吗？你律师想找这样的案子，你上哪儿找啊，对吧，不好找啊。”杨学林说。

（原载《人物》2014 年第 3 期）

"网络公主联盟"覆灭记

洪 湖

QQ 无意中被盗，让急需担负起养家重任的失业大学生李明宇发现了一个莫大的商机。他伙同高中同学，在重庆成立了"网络公主联盟"，自任"盟主"和"副盟主"，利用网络，把全国各地进行情色交易的"公主"招至麾下，借用"商业连锁店"的运营模式，在各个城市设立"分堂"。半年下来，这个"网络公主联盟"形成了覆盖辽宁大连、内蒙古赤峰、江西、湖北、重庆等十几个省市的地下王国。

2014 年 7 月 13 日，海宁市公安局根据一条不起眼的陪聊信息，一举破获了这起特大网络招嫖案。

成立“网络公主联盟”，自封“盟主”

李明宇，三十一岁，湖北荆州人。2008年7月，他从西北大学工商管理专业毕业后，一直没找到满意的工作。父母觉得他之所以自由散漫，缺乏责任心，是因为没人管。很快，家人给李明宇介绍了个女朋友，是同乡女孩儿朱璐。两人确定恋爱关系后不久便走入婚姻的殿堂。婚后一年，儿子出生。

孩子的降临，让原本就不宽裕的生活变得更加拮据不堪。面对生活的压力，李明宇只能在网上不断地投出求职简历，希望可以找到一份薪酬高的工作来改善生活状况。

2013年7月，李明宇的QQ号被盗。心念着QQ上多年的校友、朋友，李明宇立马就向腾讯公司发出找回账号的申诉。费尽千辛万苦找回了QQ号之后，李明宇惊奇地发现，被找回的QQ上多了许多陌生好友和多个陌生QQ群，在这些群里，经常会有一些女孩儿发些露骨的照片和陪聊信息。出于猎奇心理，李明宇并没有删除这些QQ群，反而像“探秘者”一样，窥视着她们做些什么。时间久了，李明宇得出一个结论：QQ群里的这些女孩儿大多都是提供性交易的“公主”，她们在QQ群上发布陪聊信息，等待合适的客人。

看着这一条条陪聊消息，急着赚钱养家的李明宇，在脑海中冒出一个大胆的想法：如果有办法把网上这些“公主”集中起来统一管理，帮她们寻找客源，然后从中提取一定的佣金，还愁赚不到钱吗？

他立马给自己的哥们儿张军和胡鹏打了电话，三人是高中同学，关系一直很铁。张军，三十岁，大专学历，曾在当地一家网络公司任职。而胡鹏，则和李明宇同岁，一直想下海经商。

三人约在一家小饭馆见面。李明宇把自己的想法跟他们说了，他想借用“商业连锁店”的运营方式，先搜集“公主”资源，再寻找客源，在他们之间搭个桥。他设想的是，不管客人在哪个城市有需求，通过他们，便能在第一时间找到最满意的“公主”，不受时间和地域的限制，一切都在网络上进行，又安全又方便。听完李明宇的想法，张军和胡鹏都来了兴趣，表示愿意加入。

三人分工明确，张军负责在网上发布招聘启事，联系全国各地的“公主”；而胡鹏则去联系和挖掘客源；李明宇负责全局掌控。有了明确的计划后，三人立刻开始着手实施。为了不让家人起疑，他们离开家乡来到重庆安营扎寨。

三台笔记本电脑，几部二手的智能机，一间普通的民房，三人开始实施起了他们的赚钱大计，他们为这个计划取名“网络公主联盟”，李明宇是“盟主”，张军和胡鹏是“副盟主”。

很快，张军跑了十几个城市，深入夜店和KTV，找到了一大批“公主”的资料信息，有些则是通过旅馆、宾馆的小名片获取的。胡鹏也从各大热门论坛里找到了一些潜在的消费顾客。光整理这几百人的资料，就够三个人忙了，更别说接单了。

“仅凭我们三个人的力量根本没有办法成功管理好这个‘网络公主联盟’，不如我们在联盟里施行一个管理制度，挑选一些有能力的‘公主’去管理某个地区，我们只要去管理她们就行了。”就像是一棵树，他们是大树干，负责管好几个大树枝就行。张军和胡鹏依照着李明宇的办法，细细筛选自己手中的“公主”资料，联系其中的一些做当地的“堂主”。

各地设“堂口”，量身打造“公主速递服务”

很快，他们在重庆巫山、湖北荆州设立了“分堂”。一次实地考察中，张军听说湖南浔阳有个叫郭安的人，当地人称“锅子”，本事很大，手上有很多“公主”的资源。如果能笼络他，发展他为“堂主”，对他们来说，绝对是如虎添翼。后来据警方了解，郭安，三十三岁，单身，常年混迹于浙江海宁等地的一些娱乐场所。

朋友托朋友，张军好不容易找到了郭安的电话。郭安听完后，对他的实力表示怀疑。为了打消他的疑心，张军给他发来一个客人的资料，让他自己去联系。

郭安立马把信息转发给自己手中的“公主”许小菲，让许小菲试着联络这个“老板”，确认情况。翌日下午，郭安接到许小菲的电话：“资料是真实的。”郭安有些心动了，但还是不放心。张军想都没想就再次发来一个客户的资料。经过确认核实，再次无误。张军劝他说：“我们手上不缺客源，你手上不缺‘公主’，如果我们合作，还愁赚不到钱吗？”

2013 年 10 月 11 日，郭安答应合作：“价格怎么算？”“四百元一次，我们拿一百五十元，你拿一百元，剩下一百五十元给‘公主’。”见对方如此爽快，郭安也不再讨价还价：“行！那这个钱怎么给你？”“汇到我银行卡上，每天有多少个‘老板’的资料我这边也会记录下来，一天一汇。”

为了保障自身安全，找来更多客源，李明宇等人想出了一个好主意：在别人的 QQ 号上发布陪聊信息，这样一来，即使有什么事，也很难查到他们身上。很快，他们通过淘宝专门购买被盗的 QQ 号、陌陌号、微信号。每天都要购买几十个被盗账号，按批发价的话，每个账号大概数十元。账号盗来后，显示发布一些露骨的照片。如果有客户感兴趣，张军便会记下对方的 QQ 号或者微信号，交给胡鹏等人代聊跟进，直至把客户引上钩。

2013 年 11 月 2 日，张军告诉李明宇：“陌陌上有个叫‘流浪艺人’的顾客说他在东莞，希望有当地的‘公主’跟他先语音聊天，他怕我们是骗他的。”在李明宇的安排下，“流浪艺人”的资料很快传到东莞的“公主”张琴手里。没过多久，张琴那边就传来消息：“这个‘流浪艺人’说自己在东莞下面的一个镇上，问我们能不能上门服务，如果一个小时之内到，价格可以翻倍。”

李明宇听张琴这么说，赶忙打开随身携带的记录各地“堂主”的资料，查询确认当地有无“公主”，并让张琴继续和“流浪艺人”聊。几分钟后，张琴告诉李明宇：“‘流浪艺人’说派过去的‘公主’不能是东莞市的，那边查得紧，不安全，还说‘公主’要长发、纯情，年龄在二十五岁左右。”

经过筛选，李明宇终于为“流浪艺人”找到了满意的“公主”，仅花了半个小时。之后，“流浪艺人”成了他们的忠实客户。

凭借良好的“口碑”和快捷的速度，李明宇的“网络公主联盟”迅速壮大，光“堂主”就有十八个，他们掌握着上万名“公主”的资料，“公主”网络遍布大连、赤峰、江西、湖北、浙江等地。之后，他们为经常出差的顾客，量身打造了“公主速递服务”。如果你是“网络公主联盟”的老顾客，那么不管你到了哪个城市，只要“网络公主联盟”能覆盖到的地方，便有优先选择权，并承诺一个小时之内“公主”上门服务。

2013 年 12 月 13 日，“网络公主联盟”的老顾客“天尚”在网上留言：“出差江西南昌，有无公主作陪。”对于这些老顾客，李明宇一向十分重视，他立即把资料传给下面的“堂主”。可反馈来的资料是南昌并无分点，暂无“公主”。

时间过去了半个小时，这不仅仅是错失一个顾客的事，还关系到“网络公主联盟”的声誉。李明宇发话道：“立即从南昌寻找一名公主，一定要满足客户需要。”很快，不仅“堂主”们在想办法，“公主”们也在积极想办法。半个小时后，其中有一名“公主”留言道：“有姐妹刚好去南昌看朋友，愿意接单。”李明宇这才放了心。

2014 年 2 月，东莞开始了大面积的扫黄打非行动。东莞作为“网络公主联盟”的一个重要“堂口”，这次行动给李明宇他们带来不小的损失。为了安全起见，李明宇跟下面人说，这段时间减少联系，有事只在 QQ 上说，而且必须确保聊天的 QQ 一个星期换一次，“公主”和顾客接头时也得特别注意。

安排好一切后，李明宇决定由他留在重庆镇守大本营，而张军、胡鹏则回到老家湖北荆州，发展新的根据地。

一条不起眼的“陪聊信息”，牵出特大网络招嫖案

2014 年 3 月，海宁市公安局在网上发现有人通过 QQ、微信、陌陌等聊天工具，大肆发布“陪聊信息”。但因为这些账号用几天

便不再用，给警方的调查带来很大难度。

半个月后，通过连日来的监控，海宁市公安局的民警发现一个名叫“幽香女人”的QQ号经常发一些露骨的照片和“陪聊信息”，言语颇为挑逗。通过特殊技术手段的跟踪，警方很快确定“幽香女人”的行迹。

3月18日，海宁市公安局在市内某宾馆将正在与人交易的“幽香女人”抓获。“幽香女人”正是“网络公主联盟”旗下的“公主”许小菲，也是海宁“堂主”郭安的得力干将。

通过对许小菲的审讯，负责侦办这起案件的海宁市公安局巡特警大队副大队长黄健中得知，与许小菲她们进行交易的“老板”资料，都是由“堂主”郭安通过网络和电话提供的。

根据许小菲的供述，海宁警方发现这起网络卖淫嫖娼案错综复杂，波及面广泛，涉及全国十多个省市，作案人员众多。海宁市公安局向上级有关部门汇报，成立专案组立案调查。

专案组收到消息，称在海宁市区某宾馆发现郭安的踪迹。根据报案人提供的相关消息，郭安被当场抓获。郭安供述：“最先与我接头的是一个叫张军的人，之后每次与我跟进信息的好像都不是一个人，我们彼此之间从来没见过面，钱也是通过银行汇款，但有一点我可以肯定，像我这样的负责联络人，绝对不止一个。”

根据郭安的供词，专案组召开紧急会议，迅速调整侦查方向，决定以郭安为突破口，查找网络嫖娼案的幕后者。侦查员先后赶赴上海、西宁、重庆等十余个省市，与当地警方协作侦查，调查曾与郭安联系或者接头的“网络公主联盟”人员。

专案组决定先从抓捕各地的“堂主”和“公主”开始，与各地警方积极配合，多路出击抓捕涉案人员。

2014年4月20日，湖北省荆州市沙市区金港花园，胡鹏正在QQ上与“老板”交谈：“老板哪里的？我们价格公道，服务过关……”突然房门被强行打开，黄健中带领着专案人员进入室内对张军、胡鹏等五名代聊犯罪嫌疑人进行抓捕。房内涉案的五名犯罪嫌疑人、涉案的几台正在谈生意的笔记本电脑、一个记录老板信息的记账本和散落摆在桌面的七八部手机，皆被带回。

经过对张军等五名代聊犯罪嫌疑人的审讯，专案组人员基本理清了该组织的情况：先由张军等五名代聊犯罪嫌疑人在网上负责发布信息，招揽客户并将客户的信息传送给重庆的“盟主”李明宇，再由“盟主”按照地域范围分配给各省市的“堂主”，最后由各地的“堂主”传给手中负责的“公主”进行交易。这个“网络公主联盟”不受地域、场所限制，充分利用了互联网络覆盖广、可远程操控的特点，人员众多，跨省作案，组织复杂，成员之间互不见面，经常变换“总部”地址和手机号码。

2014 年 6 月 11 日，海宁市公安局协同重庆巫山县、湖北荆州市、广东惠州市的警方展开第二次统一的逮捕行动，共逮捕十一名犯罪嫌疑人，并根据犯罪嫌疑人的口供，对其同伙进行搜捕和抓获。

2014 年 7 月，“网络公主联盟”的幕后操纵人——“盟主”李明宇被逮捕。而后，专案组人员根据从李明宇住处搜出的账本上记录的信息，对剩余同伙进行逮捕。

截至 2014 年 7 月 13 日，警方共抓获涉案人员九十七名，其中三十一人被追究刑事责任、六十六名被治安处罚。至此，这个跨省最广、组织人员最多的“网络公主联盟”被彻底摧毁。

由于涉案人员众多，案情复杂，此案还在进一步审查中。

（原载《民主与法制》2014 年第 32 期）

死刑的证明

何家弘

狱情之失，多起于发端之差，定验之误。

——宋慈《洗冤集录》

一、神秘的打工妹

在湖南省西部的怀化地区有一个麻阳县，它位于云贵高原东北端的雪峰山与武陵山脉之间。那里峰峦起伏，林木茂密，河流纵横，水源丰富，素有“松柏参天无尽头，山高水清常年流”之说。麻阳境内有大小溪河二百多条，都从山岭间汇聚流入锦江——当地人又称为麻阳河。麻阳境内南北西三面都是山峦，中部是一片平原，向东地势渐低。锦江的主流从西南流入麻阳县境内，从南向北穿过平原，在平原的北端回流向南，形成一个河湾，再向东流出麻阳。河湾处水道宽阔，中间还形成了多处沙洲，马兰洲就是其中之一。在雨水充沛的季节，这些沙洲四面环水，成为岛屿，但是在水少干旱的季节便有土路与河岸连接。沙洲上生长着多种植物，还栖居着多种鸟类，那荒野中隐含了几许神秘。

麻阳是一个山区小县，人口只有几十万，其中以苗族为主，约占人口的百分之七十。不过，这里的苗民在与汉族地区的经济文化交流中逐渐融合，人们普遍使用汉语，风俗基本相通，被称为“熟苗”。苗族人的传统是“依山而居，聚户为寨”，所以苗寨多分散于偏远山区，道路崎岖。当地苗乡流传着一首民谣：人人都说山道难，哪比我乡茅路险，阿妹扯破绣花裙，阿哥磨烂铁脚板。不过，麻阳县的锦江平原是贵州高原通向江南的交通要冲，商业相当发达，自古便有“湘西门户”之称。位于锦江河湾处的高村镇是个商旅古镇，在宋代即得名“富州城”，如今是麻阳县政府所在地。河水穿城而过，两岸居民一般都坐渡船往来。在马兰洲的上游处就有一个相当繁忙的漫水渡口，大概得益于漫水村内那座香火旺盛的龙王庙——代表着苗族盘瓠文化的盘瓠庙。高村镇内街道纵横，商铺林立，颇有繁华的边城风貌，因此一些贵州人也到这里经商或打工。

1987 年 4 月 27 日清早，一位家住麻阳县城的老人在晨练时看见马兰洲附近的河边漂浮着一个塑料编织袋。他捞上来打开一看，里面竟然是一条人腿！他随即报警。派出所的警察首先赶到现场，然后是县公安局刑警队的现场勘查人员。经过一番勘查和搜索，警察又在河边发现了被肢解的六个尸块，包括头颅、躯干、手臂、腿脚等。法医判断死者是一名女性青年。

小小的麻阳县城发生了如此耸人听闻的杀人碎尸案，这一消息不仅惊动了当地的居民，也惊动了当地的领导。当时正值中国刑事司法发展的一个特殊时期。中央政府推行“改革开放”政策之后，经济的发展促生了一些社会问题，许多地区的犯罪率急速增长。1983 年 8 月 25 日，中共中央政治局做出了《关于严厉打击刑事犯罪活动的决定》，要求全国各地的政法机关“从重从快严厉打击刑事犯罪活动”。9 月 2 日，全国人大常委会颁布了《关于严惩严重危害社会治安的犯罪分子的决定》和《关于迅速审判严重危害社会治安的犯罪分子的程序的决定》。前者规定对严重危害社会治安的犯罪“可以在《刑法》规定的最高刑以上处刑，直至判处死刑”①；后者则规定对严重犯罪要迅速及时地进行审判，上诉期限也由《刑事诉讼法》规定的十天缩短为三天。上述决定拉开了“严打”这一“运动式执法”的序幕。在这种大形势下，上级公安机关的领导对麻阳县发生的这起重大恶性案件十分重视，要求麻阳县公安局在一个月内侦破此案。于是，麻阳县公安局成立了“4·27”特大杀人碎尸案的专案组，由局长挂帅，刑警队主办，派出所协办，大张旗鼓，查缉凶犯。

经过分析讨论，专案组认为本案为“情杀”的可能性较大，“仇杀”和“财杀”的可能性较小。于是，侦查工作主要从两个方面展开：其一是派出侦查人员到县城及周边地区调查访问，寻找可能与该杀人案有关的嫌疑线索，特别是那些有“不正当两性关系”的人；其二是通过各地的公安派出所和乡镇政府，了解失踪人员的情况，以求查明死者的身份。

由于整个麻阳县公安局当时只有一辆吉普车，侦查人员外出调查访问只能骑自行车或者坐公交车。一周时间过去了，侦查工作进展缓慢，但是也取得了一些成效。在当地走访的侦查人员从漫水渡口的船工王铭政等人口中得知，他们曾经在水面上看到过漂浮的尸块。侦查人员去上游巡查，但是未能找到这些漂浮尸块的来源。家住锦江南岸马兰村的一个村民说，他曾经在一天夜晚听到马兰洲上有女人呼救的声音，听上去很惨。侦查人员到马兰洲上勘查，但是

① 在“严打”期间，轻罪重判的现象屡见不鲜。例如，1983 年，西安市一名叫马燕秦的中年妇女因组织地下舞会而被指控为“乱搞两性关系”，被法院以流氓罪判处死刑；1984 年，二十岁的北京人牛玉强因抢帽子、砸玻璃、打架而被法院以“流氓罪”判处死刑缓期二年执行，他也成为中国以“流氓罪”被判刑的最后一人。

因为近期下过大雨，也未能发现任何可疑的痕迹。侦查人员还根据群众举报发现了几个“乱搞两性关系”的人，但是女方都还健在，显然与本案无关。不过，侦查人员在各地报来的失踪人中发现了两个值得关注的对象：一个是当地女青年詹金莲；另一个是外地女青年杨六妹。

詹金莲就是高村镇人，家住河的南岸，距离马兰洲不远。其母汤凤英到公安局报案说，她的女儿在外边交了一个男朋友，后来就失踪了，已经一月有余。她一直担心女儿被人给害死了。那天听一个渡船佬说，河里有漂浮的女尸，而且尸首都分家了，惨不忍睹，她就跑到公安局查问，她相信那个尸体就是她的女儿。侦查人员经过调查，确认詹金莲是失踪人，而且外貌特征与死者相似，就请法医进行了血型鉴定。死者的血型是 A 型，但詹金莲的血型是 O 型，因此这个死者肯定不是詹金莲。

杨六妹是县城里广场旅社的服务员。两名侦查员找到了报案的该旅社经理刘阔园。这位刘经理三十多岁，言谈举止都很老到。侦查人员从他的口中得知，杨六妹是位于麻阳县西南的贵州省松桃县人，家里姐妹七个，她排行老六。因为家庭生活困难，她很小就外出打工。她的五姐也曾经在广场旅社做过服务员，去年 10 月辞职回家了。去年 12 月，杨六妹经五姐介绍，一人来到麻阳县城，但是只住了几天就回去了。今年春节过后，杨六妹又来到麻阳，就在广场旅社当上了服务员。刘经理说，他并不知道这个女子的真实姓名。当时农村居民还没有发放身份证[①]，外地人来打工，自己报个姓名就可以了。她的五姐在旅社工作时说自己叫“杨小燕”，大家都叫她“小杨”。杨六妹来了之后，大家也叫她“小杨”，或者叫她“六妹”。这个“小杨”的长相不错，人也聪明，来到麻阳

---

① 中国大陆地区从 1984 年开始在北京试行居民身份证制度。1986 年 4 月 6 日，国务院批转公安部“关于颁发居民身份证若干问题请示”的通知，同年公布了《中华人民共和国居民身份证试行条例》，开始对居民实施户口证件化管理，但全国各地颁发居民身份证的过程持续到二十世纪九十年代。

的时间不长，但是认识不少人，有时晚上也跟人出去玩耍。大概一个月前，她没打招呼就不来上班了。不过，刘经理当时也没在意，因为这种外乡妹子经常是说走就走，不足为奇。后来听说河边发现了一个青年女子的尸体，他觉得此事不该隐瞒，就报告了公安局。

根据刘经理的描述，侦查人员认为“小杨”的外貌特征与死者相像。但是，由于尸体残缺不全，颧骨骨折，面部损伤严重，尸块上也没有特殊的疤痣，所以无法进行辨认。另外，发现的尸块上没有任何衣物，只有一个在当地相当多见的塑料编织袋，无法作为确认死者身份的依据。虽然侦查人员已知死者的血型是 A 型，但是没有找到“小杨”的血样和毛发，也就无法进行比对。

在讨论案情的时候，多数专案组成员都认为死者就是“小杨”。为了进一步核实身份，侦查人员打电话给贵州省松桃县公安局，请求对方协助查找“杨小燕”或“杨六妹”。两天之后，松桃县警方告知“查无此人”。本以为侦查工作已经见到曙光，没想到这个神秘的“小杨”又成为无根的线索。有侦查员提出一个疑问：那个刘经理会不会说谎？

侦查人员到广场旅社及周边地区进行调查，询问了旅社的一些工作人员，也询问了周边的一些居民。侦查人员了解到，这个“小杨”交往的人很多也很杂，有男有女，有打工的也有做生意的。有时，她晚上还跟男人出去，可能是去干“那种事情”。“小杨”还对别的服务员说过，她不想当服务员了，打算跟人合伙去做药材生意。侦查人员还听说，刘经理以前就认识这个“小杨”。去年杨小燕回家时，就是刘经理把她送回去的。

侦查人员到高村镇派出所了解刘经理的情况。得知此人一年前承包了广场旅社，但有时还兼做些药材生意。侦查人员在派出所还了解到一个情况：这个“小杨”是在派出所挂了号的女人。曾经有男人因为她打架，闹到了派出所。派出所还专门派过一名警察去找她，让她最好离开麻阳。看来，这个“小杨”还真是个“有戏”的女人！

上级下达的“限期破案令”到期了，但是案件还毫无眉目，麻阳县公安局的领导感觉压力很大。他们决定以这个神秘的“小杨”在麻阳的交往关系为线索，坚持“专群结合”的侦查工作方针，一方面发动群众，提供可疑的人或事的线索；另一方面动员警力，摸底排查，查找作案嫌疑人。一时间，当地大约一半的警力都投入到该案的侦查之中。

二、可疑的杀猪哥

几个月的时间过去了，侦查工作取得了一些成效，但是没有实质性突破。侦查人员再次询问刘经理，后者承认他去年确实去过“小杨”的家。当时他要到松桃去办事，就顺路把五姐送回了家。在那里，他见到了六妹，后者说也想到麻阳打工，他就说可以安排。侦查人员调查之后认为，刘经理为人正派，待人热情，而且家庭和睦，没有作案动机，跟“小杨”也没有单独的交往。于是，侦查人员排除了刘经理的嫌疑。

1987 年 10 月，侦查人员根据刘经理提供的地址找到了“小杨”的家。她确实是贵州省松桃县人，家住瓦溪乡炉坪村，1968 年出生，真名叫杨晓荣。他们找杨晓荣的家人核实了“小杨”的身份，并且提取了杨晓荣的衣服和毛发样本，还提取了杨晓荣姐妹的毛发样本。后来经法医鉴定，杨晓荣的血型为 A 型，与死者相同。这使专案组更加确信死者就是杨晓荣——“小杨”。不过，从杨晓荣的交往关系上查找嫌疑人的工作毫无进展，几个与“小杨”交往过的人都被排除了。该案的侦查工作陷入了僵局。

当时，无论是理论还是实践，中国的犯罪侦查都处于一个很低的发展水平。1979 年，公安部三局组织编写了《刑事侦查学》，成为我国第一本系统介绍侦查学知识的专业教材。同年，司法部和教育部联合组织编写高等学校法学教材，作为这套教材之一的《犯罪侦查学》于 1982 年出版，成为我国第一部体系比较完整的高等学校侦查学教材。然而，这些理论研究的成果和人才培养的成效不会立即在犯罪侦查实践中得到体现，特别是在麻阳县这样偏远的小县城。

“4·27”特大杀人碎尸案的专案组成员既缺乏犯罪侦查的理论修养，也缺乏侦破这类复杂的无名碎尸案的实践经验。不过，在巨大的破案压力下，他们也在“边干边学”，一方面查看有关的书籍，另一方面请教上级专家。例如，专案组的侦查人员就在统编教材《犯罪侦查学》中得到了启发。该书第十六章第三节专门讲述了“侦查无名尸体案件的方法”，并且在介绍侦查无名碎尸案件的方法时讲道：“应根据尸块上呈现的痕迹，判断肢解工具，根据罪犯肢解尸体的手法，推测罪犯是否具有某种职业技能。”①

在专案组讨论案情时，有人就提出，本案中肢解尸体的手法比较专业，因此作案人应该是经常用刀的人。具备这一特征的人主要有两类，一类是外科医生，一类是屠夫。在麻阳这个小县城，外科医生不多，但是屠夫可不少，因此应该把侦查重点放在当地的屠夫身上。

从审查“小杨”的关系人转回无名尸体，这为侦查破案提供了新的思路。正所谓山重水复疑无路，柳暗花明又一村。通过一段时间的摸底排查和调查访问，一个嫌疑人进入了侦查人员的视野。

此人名叫滕兴善，三十九岁，苗族，小学文化，家住与县城隔河相望的马兰村。滕兴善当过兵，复员回来之后与邻村的詹金花结婚，生有一女一子。滕家兄弟五人，滕兴善排行老二，婚后仍与父母住在一起。滕兴善虽然性格有些粗鲁，又喜欢饮酒，但是夫妻关系开始还不错。后来，因为婆媳不和，夫妻也经常吵架。他是个孝子，有时就遵从母命去打老婆。1982 年，两人协议离婚，五岁的女儿随母，三岁的儿子随父。不过，大人分开了，两个孩子还时常在一起玩耍。滕兴善是个屠夫，在村头开了个小肉铺。有人告诉侦查

---

① 周应德主编：《犯罪侦查学》，法律出版社 1982 年版，第 303 页。

人员，滕兴善一个人很寂寞，有时就过河到城里去饮酒作乐。据说，他还曾经到广场旅社去“找过女人”，也曾经把女人带回家来过夜。侦查人员到马兰村去调查的时候曾经见过滕兴善，他们感觉滕兴善见到警察时神情紧张，好像心中有鬼。经过分析，专案组认为滕兴善既有作案动机，也有作案条件，实属重大嫌疑，决定采取行动，正面突破。

1987 年 12 月 6 日，侦查人员在马兰村的肉铺里抓捕滕兴善，带回县公安局。按照当时的习惯做法，公安局没有采用刑事拘留，而是决定对他收容审查。根据事先确定的方案，侦查人员采取了侧面迂回的审讯策略。

侦查员对滕兴善说：“这次把你找来，主要是查你的男女关系问题。你有没有在外面搞过女人?”滕兴善说：“我虽然离婚了，但是一直很守规矩，绝没有这种作风问题。”侦查员说：“有人听你在肉铺里讲过，你现在还有女人嘛。”滕兴善说：“我那是在吹牛。”侦查员说：“有人还看见半夜有女人从你的家里出来。这也是吹牛吗?”滕兴善不说话了。在侦查员的反复追问下，滕兴善终于承认自己在县城里认识一个女人，交往了一段时间。侦查员问他：“那个女人叫什么名字?”滕兴善吞吞吐吐地说：“我也不知道，是个外地人。”侦查员说：“你都带她回家睡觉了，还能不知道她叫什么?”滕兴善又不说话了。侦查员又问：“你去过广场旅社吗?”滕兴善说：“去过。”侦查员问：“那个女人是广场旅社的吗?”滕兴善说：“我也不知道。”侦查员拿出杨晓荣的照片，让滕兴善辨认。滕兴善犹豫半天才说：“有点儿像。”这时，侦查员脸色一变，严厉地让滕兴善交代杀人的事实。滕兴善傻了。

在接下来的审讯中，滕兴善的回答相当混乱。一会儿说他根本没有在外面搞女人，那是他编出来的故事；一会儿说他带回家过夜的女人就是他原来的老婆；一会儿又说他确实在县城的酒馆里认识了一个女人，但不是照片上那个人。不过，他一直不承认自己杀过人。侦查人员轮番上阵，采用了各种“手段”，几天之后，滕兴善终于“认罪”了。

据滕兴善“交代”，他在广场旅社认识了一个贵州来的女孩儿，名叫“小杨”，两人有了那种“暧昧关系”。1987 年 4 月下旬的一天晚上，他把“小杨”带回家，发生关系之后，“小杨”走了。他发现自己放在枕头下面的钱不见了，怀疑是“小杨”偷走了，便起身去追。他一直追到马兰洲上，才把“小杨”抓住。“小杨”拒绝把钱还给他，还拼命地呼救反抗，他只好将“小杨”活活捂死。然后，他回家取来一把刀和一把斧头，还有一个编织袋，把“小杨”的尸体肢解成六块，分别扔到河里。

据说，滕兴善那天一瘸一拐地回到监室后，摸着自己伤痕累累的手脚，对同室关押的成功良说：“他们这样整我，轮流审问，连打带骂，不让睡觉，谁能受得了呀？我顶不住了，只好承认自己杀了人。”说完之后，他失声痛哭。成功良宽慰他说：“你别着急，政府不会冤枉好人的。”滕兴善边哭边说：“你犯的是赌博，关几天就可以出去，而我这个罪是要掉脑袋的！”

滕兴善交代了作案经过之后，侦查人员带着他去提取作案工具。回到家里，滕兴善对家人说：“我没有杀人！政府不会冤枉我的。”按照侦查人员的要求，他在自家指认了一把刀，又到弟弟家指认了一把斧头。侦查人员给他照了相，然后带着他和凶器回到公安局。

“4·27”特大杀人碎尸案发生八个月之后终于“告破”，麻阳县公安局的领导非常高兴，专门摆了两桌庆功酒宴。上级领导接到报告之后也来电祝贺，并决定对专案组人员进行表彰。不过，专案组的侦查人员还不能休假，因为本案的调查取证工作还没有结束。

三、复原的石膏像

中国素有偏重口供的司法传统。古代的司法裁判就有“断案必取输服供词”和“无供不录案”的规则。“文化大革命”让中国人尝到了“逼供信”的苦头，因此在 1979 年制定的《刑事诉讼法》

中就明确规定“严禁刑讯逼供”，而且规定：“对一切案件的判处都要重证据，重调查研究，不轻信口供。只有被告人供述，没有其他证据的，不能认定被告人有罪和处以刑罚；没有被告人供述，证据充分确实的，可以认定被告人有罪和处以刑罚。”但是在实践中，侦查机关往往把获取认罪口供作为破案的标志。于是，在犯罪案件发生之后，侦查人员就千方百计去查找嫌疑人，找到嫌疑人之后就竭尽全力去拿下认罪口供，拿下口供之后再想方设法补足有关的证据。这就是“由供到证”的侦查路径。

“4·27”特大杀人碎尸案专案组在拿到滕兴善的认罪口供并提取了作案工具之后，开始补充收集相关的证据。他们知道，本案的关键问题之一是死者身份的认定，血型相同只是一个种属认定结论，不是人身同一认定的结论。因此，他们需要更为有力的证据来支持死者就是杨晓荣的结论。经咨询有关专家，他们得知可以通过颅骨复原技术和颅像重合技术来确认无名尸体的身份。①

所谓“颅骨复原技术”，就是通过对颅骨的三维扫描以及对头部软组织厚度的测量和推算，进行相貌复原。复原的相貌可以制成模拟画像或石膏像，供有关人辨认。自二十世纪七十年代以来，中国的公安机关就开始在侦破杀人碎尸案、掩埋多年的白骨案、高度腐败的无名尸体案等疑难案件中使用该项技术。

所谓“颅像重合技术”，就是通过照相技术将待查颅骨和怀疑与该颅骨属于同一个人的照片进行重合比对，以便确定待查颅骨的身源。该技术由辽宁省铁岭市公安局213研究所的技术人员在借鉴外国研究成果的基础上发明。1982年，该所所长兰玉文领导的颅像重合科研小组因攻克了“鉴定颅骨身源新技术”而获得国家发明二等奖。1985年，兰玉文所长和助手们又研制成功世界上第一台“TLGA－1颅骨身源鉴定仪”，解决了计算机程序控制颅像重合鉴定的难题，获得了国家科技进步三等奖和国际发明博览会“尤里卡”

① 当时，英国和美国的法庭科学家已经发明了人身同一认定的DNA检验方法，但是在中国还鲜为人知。

金奖。

通过湖南省公安厅的联系，麻阳县公安局派人把无名尸体的头颅和杨晓荣的照片送到铁岭市公安局213研究所进行“颅像重合”与“颅骨复原”。1988年1月23日，该研究所出具了第97号鉴定书，对麻阳碎尸案死者颅骨和杨晓荣照片的比对结果是“相貌特征相符”，只是“有些部位不太一致”。该研究所还根据颅骨制作出死者的复原石膏像。

收到鉴定书和“颅骨复原”的石膏像之后，麻阳县的侦查人员又来到贵州省松桃县，找到杨晓荣的几个姐姐。她们看了石膏像之后，都认为很像六妹，特别是牙齿略有些稀疏的特征。至此，侦查人员认为已经收集了证明死者就是杨晓荣的充分证据。

该案中另外一个关键问题是证明滕兴善的杀人分尸行为。侦查人员把在滕兴善家提取的刀和斧头送到广州中山医科大学法医物证鉴定中心，后者没有在刀和斧头上检验出血迹，但是在斧把上发现了一根附着的毛发，经检验血型为A型，与死者相同。然后，侦查人员又把斧头送到湖南省公安厅的刑事技术部门进行检验。经过痕迹比对鉴定，该斧头在实验样本上形成的砍痕与尸体肱骨上遗留的砍痕吻合。有了这些证据，专案组认为可以侦查终结了。

麻阳县公安局刑警队撰写了“破案经过”之后，把案件移送公安局预审科审查。预审科随即提请检察院批准逮捕。1988年9月2日，麻阳县人民检察院作出了批准逮捕滕兴善的决定。然后，公安局预审科制作了破案报告和起诉意见书，把案件移送检察院审查起诉。

由于该案涉及故意杀人罪，可能判处无期徒刑以上刑罚，所以按照审判管辖的规定，麻阳县人民检察院把案件移送与怀化地区中级人民法院同级的湖南省人民检察院怀化地区分院。检察官柳晖和古剑君审查案卷材料之后，到看守所提审了滕兴善。滕兴善对检察官说自己没有杀人，也不认识杨晓荣，那些口供都是警察逼着说的。检察官告诉滕兴善，本案的证据很充分，希望他能够真心悔罪，配合司法机关的工作，争取宽大处理。1988年10月26日，检察院作出了就滕兴善故意杀人案提起公诉的决定。

怀化地区中级人民法院的董鸣秋法官负责审理本案。他阅读了案卷材料之后，向领导做了汇报。领导认为本案影响重大，决定到当地法院公开审判，而且要事先作好准备，当庭宣判。董法官和另外两名代理审判员组成合议庭，董法官任审判长。他们认真研究了案情并起草了判决书，决定于 12 月 13 日在麻阳县人民法院开庭审判。

12 月 6 日，法庭书记员把湖南省人民检察院怀化地区分院湘怀检刑起字（1988）第 33 号起诉书的副本送交被告人滕兴善。按照法律规定，被告人可以委托律师或者亲友等担任其辩护人，也可以不委托。但是在这种可能判处死刑的故意杀人案件中，如果被告人没有委托辩护人，法院一般也会为其指定辩护人。书记员告诉滕兴善，法院可以帮助他找律师。滕兴善不知道律师是干什么的。经书记员解释之后，他才同意法院为他去请一名律师。他对法官说，他相信政府是不会冤枉他的。

四、指定的辩护人

中华人民共和国在成立之后全面废除了国民党政府的法律制度。1950 年 12 月，新政府发布了《关于取缔黑律师及讼棍事件的通报》，解散律师组织，停止律师活动。1954 年颁布的新中国《宪法》规定“被告人有权获得辩护”，律师制度开始恢复。1957 年颁布《律师暂行条例》时，北京、天津、上海、沈阳等城市都成立了律师事务所或法律顾问处，十九个省市自治区成立了律师协会，全国已有将近三千名律师。但是，自 1957 年下半年开始的“反右”政治运动导致了新中国律师制度的夭折。“文化大革命”结束之后，中国又开始重建律师制度。1979 年颁布的《刑事诉讼法》就律师辩护作出了明确规定。1980 年 8 月 26 日，全国人大常委会通过并颁布了修订后的《律师暂行条例》。1979 年恢复律师制度时，全国只有几百名律师。1981 年，中国的律师达到六千多人，一些省市自治区开始成立律师协会。1986 年，司法部举办了中国第一次律师资格考试。1987 年 7 月，全国第一次律师代表大会在北京召开，成立了中华全国律师协会。此时，全国已有律师事务所和法律顾问处三千多个，专职律师和兼职律师两万多人。① 不过，这些律师大部分集中在中国东部的大城市中。湖南省于 1983 年成立律师协会，只有律师一百多人。本案发生时，怀化地区还没有律师协会，麻阳县还没有律师。对于那些居住在偏远农村的人来说，“律师”还是一个陌生的概念。

滕兴善在看守所已经关押了一年。在过去的三百多个日夜中，他无数次问过自己：这一切究竟是怎么发生的？天地良心啊，他确实没有杀人！他根本就不认识那个叫“杨晓荣”的女人！公安人员为什么不相信他的话？他不相信公安人员会陷害他，因为他也认识那几个人。往日无冤，近日无仇。但是，那几个人为什么那么凶狠？他忽然想到了漫水村的“龙王庙”。去年春天，他和几个乡亲路过龙王庙，有人进去拜盘瓠神，他没进去，还笑话别人去拜狗。难道是他得罪了盘瓠神吗？小时候，他就听老辈人讲过盘瓠神的故事。据说，盘瓠神是狗变来的，但是苗家人都信奉盘瓠神。他不信神，却落到这种叫天天不应叫地地不灵的处境。也许，这就是他的命！被抓进来之后，他本来相信自己是不会被冤枉的。但是他发现，他的事情对公安人员是说不清楚的。后来，他的案子到了检察院，他希望检察官能相信他的话。他见到了检察官，但是他感觉检察官和公安是站在一边的。再后来，法官又来了，态度挺好的，但是他感觉法官和公安也是站在一边的。现在又有了律师，律师真的

① 参见孔庆云主编：《律师实务的理论与实践》，中国人民公安大学出版社 1987 年版，第 1～7 页。另外据全国律师协会发布的《中国律师行业社会责任报告（2013 年）》显示，截至 2012 年年底，中国律师（不含港澳台地区）数量为 232384 名，每 1 万人口中平均拥有 1.6 名律师。其中，人口律师比最高的是北京市，每 1 万人口中拥有 11.7 名律师；人口律师比最低的地区是西藏，每 1 万人口中拥有 0.6 名律师。（http：//www. acla. org. cn）

会帮他吗？他问了同监室的人。别人告诉他，律师也是国家干部。[①]他仍然会说，政府是不会冤枉好人的，但是声音却越来越微弱了。

在法院开庭审判的前一天，滕兴善见到了他的辩护律师。那是怀化地区法律顾问处的代荣钢律师。由于看守所没有空闲的会见室，代律师和滕兴善就站在监室外的院子里谈话。会见的时间不长，代律师已经在法院看过案卷，了解案件的基本情况，因此对滕兴善讲的话都不太感兴趣。他问了滕兴善当兵的经历和婚姻家庭等情况之后说，这个案子的证据很多，都对滕兴善不利，因此辩护的难度很大，但他保证会尽力。分手之后，滕兴善隐约地感觉，律师和公安也是站在一边的。回到监室，他默默地望着墙壁，别人问他，他也没有回答。他是个男人，还当过军人，他不能哭！

1988 年 12 月 13 日，怀化地区中级人民法院在麻阳县人民法院的审判庭公开审理滕兴善故意杀害杨晓荣一案。那是一栋尖顶的灰黑砖建筑，山墙上写着“麻阳县人民法院审判庭”十个大字。滕兴善的兄弟很早就来到法庭，坐在前排。滕兴善被捕之后，他们曾经到公安局去要求会见，但是警察说不能见。[②] 因此在过去的一年中，他们一直没有见过滕兴善。此时，法庭里已经坐满了人，但门口还

---

① 1980 年《律师暂行条例》第 1 条规定：“律师是国家的法律工作者。”1996 年《律师法》第 2 条规定：律师是“为社会提供法律服务的执业人员”。2007 年修订的《律师法》第 2 条规定：律师是“为当事人提供法律服务的执业人员”。在 1993 年开始的律师体制改革之前，律师事务所都是国家所有制，律师享有国家工作人员的编制并领取国家工资。改革之后，一些地区成立了集体所有制的合作制律师事务所以及个人所有制的合伙制律师事务所和个人律师事务所。据全国律师协会发布的《中国律师行业社会责任报告（2013 年）》显示，截至 2012 年年底，中国（不含港澳台地区）律师事务所数量为 19361 家。其中，合伙所是最主要的执业机构形式，共为 13835 家，占律师执业机构的 71.5%；个人所数量为 3993 家，占律师执业机构的 20.6%；国资所数量为 1504 家，占律师执业机构的 7.8%。（http：//www.acla.org.cn）

② 当时仍适用 1954 年的《中华人民共和国劳动改造条例》。该条例第 56 条规定：“犯人接见家属每月不许超过二次，每次不许超过三十分钟……未决犯接见家属应当经过原送押机关或者审判机关批准。”1990 年 3 月 17 日国务院第 52 号令颁行的《中华人民共和国看守所条例》第 28 条规定：“人犯在羁押期间，经办案机关同意，并经公安机关批准，可以与近亲属通信、会见。”

有人要进来，法警只好让后来者站在门边。

审判长宣布开庭之后，两名法警把被告人滕兴善从旁门带进来，法庭里出现一阵骚动，还有人大声喧哗，审判长连忙让法警维持秩序。滕兴善坐到被告人的椅子上之后，审判长简单询问了被告人的姓名、年龄等基本情况，宣布了合议庭组成人员、书记员、公诉人和辩护人的姓名，告知了被告人的基本权利，然后宣布开始法庭调查，让公诉人宣读起诉书。

检察官站起身来，照本宣科地宣读了起诉书，指控滕兴善故意杀害杨晓荣，并且肢解分尸，抛尸灭迹，其行为已经构成我国《刑法》第 132 条规定的故意杀人罪，且手段特别残忍，情节特别恶劣，社会危害性极大，必须依法严惩。

然后，审判长让被告人陈述事实经过，强调要如实陈述。滕兴善说自己根本没有杀人，根本不认识那个叫杨晓荣的女人，以前的交代都是乱讲的。审判长问他，审讯笔录上的签名是不是他写的。滕兴善说，是他写的，但那是公安逼着他写的。审判长问公诉人有没有问题，公诉人说没有。审判长又问辩护人有没有问题，辩护人也说没有。审判长让书记员摘要宣读了案卷中公诉方提供的一些证据之后，就宣布法庭调查结束，进入法庭辩论阶段。

审判长首先请公诉人进行陈述。检察官再次强调，本案事实清楚，证据确实充分，滕兴善杀人分尸，抛尸灭迹，手段特别残忍，情节特别恶劣，社会危害性极大，必须依法严惩。

检察官坐下之后，审判长让辩护人发表意见。代律师说，本案中指控滕兴善有罪的证据很多，他不想评论。他只想提请法庭注意，滕兴善曾经为国家服过兵役，表现一直很好，而且这次是被害人先拿了他的钱，事出有因，激情杀人，请法庭在量刑时予以考虑。

审判长见双方都已发表意见，就让被告人做最后陈述。滕兴善站起身来，结结巴巴地说，自己真的没有杀人，他相信政府不会冤枉好人。他反复地重复这两句话，审判长只好打断他，让他坐下。法庭里的人们议论纷纷。

审判长在法警的帮助下恢复了法庭的秩序。然后他说，因本案事实清楚，证据确实充分，决定当庭宣判。于是，他站起身来，另外两名法官以及检察官和律师也随即站了起来。法警让滕兴善再次站起来，又让法庭内旁听的人都站起来。审判长清了清嗓子，大声宣读了怀化地区中级人民法院〔1988〕刑一初字第49号《刑事判决书》："被告人滕兴善故意杀人案，经湖南省人民检察院怀化分院向本院提起公诉。本院依法组成合议庭，于1988年12月13日在麻阳县人民法院审判庭，由公诉人柳晖、古剑君出庭支持公诉，依法进行了公开审理。现查明：1987年4月下旬的一天晚上，被告人滕兴善与同其有暧昧关系的贵州籍女青年杨晓荣在其家奸宿后，发现丢失现金，怀疑系杨盗走，便追赶杨至马兰洲上，将杨抓住，杨呼救挣扎，被告人将杨活活捂死。随后用刀和斧头等工具将杨的尸体肢解成六块，分别抛入锦江河中灭迹。被告人滕兴善于1987年12月6日被抓捕归案……被告人滕兴善犯故意杀人罪，判处死刑，剥夺政治权利终身。根据最高人民法院依法授权高级人民法院核准部分死刑案件的规定，本判决经报请湖南省高级人民法院核准后生效。如不服本判决，可于接到本判决书的第二天起，三日内向本庭提出上诉状及其副本二份，上诉于湖南省高级人民法院。"

判决书宣读完毕，审判长宣布庭审结束。滕兴善依然站在原地，愣愣的，不知所措。法警给他戴上手铐，连拉带架地把他押出了法庭。法庭里乱哄哄的，有人在喊叫，有人在说笑，但是隐约中似乎也有人在哭泣……

五、迟到的申诉状

审判这一天，詹金花没有到法庭去旁听。一来她觉得自己的身份不合适，二来她要在家照看孩子。去年滕兴善被抓走之后，老滕家乱成一团，她就把八岁的儿子接回自己家，让他跟姐姐住在一起。姐弟二人也听说了父亲的事情，因为受不了外人的冷言冷眼，所以就经常躲在家里，不出去与同伴玩耍。金花一再对孩子们说，你们的牙老子[1]是好人，不会干坏事的。金花确实不相信滕兴善会杀人，更不相信他会把人大卸八块。虽然滕兴善是个屠夫，看上去很粗鲁，但是金花知道，他其实是个心地善良的人。他孝敬父母，这是做人的根本。婆媳关系不好，婆婆有时会逼着他去打媳妇，他把媳妇拉到屋里，噼里啪啦打一阵子，但是都打在了床上和凳子上。即使不得不打在媳妇身上时，他下手也是很轻的。后来，在老人固执的要求下，他们不得不离了婚，但是金花并不怨恨丈夫，因为她知道丈夫也是没有办法。这样一个人，能去杀人吗？

金花在家干活儿，一直心神不安，眼皮也不停地跳动。中午，去县城旁听审判的邻居回来了，告诉金花，滕兴善被判了死刑。金花当时就傻了，泪水不住地流出眼眶。邻居劝了一阵子，也就走了。金花的父母听说了，也过来劝。金花终于停止了哭泣，想了想，就说要去老滕家看看。父母不同意。金花说要去商量商量，能不能救滕兴善，为了救人，她不管那么多了。虽然她与滕兴善离婚了，但她对前夫还是有感情的。

金花走进老滕家的堂屋，只见滕兴善的父母兄弟都在，但是大家都不说话，只有滕母在哭泣。滕父看见金花，皱着眉头问，你来干啥？金花早有思想准备，就说，都这时候了，别的话都不用说了，就说怎么救兴善吧。她觉得，得去找个懂法律的人来帮忙。大哥滕兴奔说，今天上午在法庭外面，他看见了滕叶叔。他以前就听说滕叶叔在外面做律师，这次不知为什么也回来了。滕父说，滕叶是他的堂兄弟，可是这些年没有什么来往。金花说，这事不能等，今天就去找吧。她愿意跟大哥一起去县城。滕父说，今天太晚了，明早再去吧。

第二天清早，詹金花和滕兴奔坐船过河，来到县城，在滕叶家见到了这位年过半百的律师。二人说明来意之后，滕律师说，他知道这个案子。老滕家几百年来出了这么个杀人犯，也是家族的羞

---

① 湖南方言，父亲。

耻。他认为，法院的判决有理有据，事实很清楚，证据很充分，翻案的可能性很小。再说，法院已经给滕兴善指定了辩护律师，他不便再插手这个案子。滕兴奔说，今天上午他去法庭旁听了，那个律师说的话都不在点上，好像根本就不是在帮兴善说话。此时，站在一旁的金花“扑通”一声跪到滕叶面前，含着眼泪说：“老叔，我家兴善肯定是冤枉的！你就做个好事，救救他吧！”滕律师有点儿心软了。金花又说：“我和兴善夫妻多年，我敢拿自己的脑袋担保，兴善绝对没有杀人。兴善是个老实人，他能杀猪，但是他绝对不敢杀人，他绝对干不出那种伤天害理的事情。”受金花这一番话的影响，滕律师答应帮忙。他过几天要去怀化办事，可以先去找辩护律师了解案件情况。

通过熟人介绍，滕律师找到怀化地区法律顾问处，得知滕兴善已经决定上诉，顾问处另外委派了周先锋和曾光福律师作为他的二审辩护人。滕律师找到周律师，说了自己的来意。周律师说：“这个案子不可能翻，上诉也就是走个程序。”滕律师说：“我也知道这个案子很难翻，但还是想看看案件的材料，受人之托，自然就应该尽力。”周律师说：“我可以把法院的判决书和律师阅卷时复制的材料给你看，也希望你能给我们的二审辩护提出一些好的意见。但是要做就得快，因为这个案子肯定会在春节前判。”

滕律师查阅了有关案件材料之后，发现了一些疑点。首先，根据滕兴善的口供，他是用手把杨晓荣捂死的。而警方的尸检报告说，死者颧骨骨折。这说明死者的头部遭受过钝器打击，用手捂嘴是不可能造成颧骨骨折的。第二，滕兴善指认的刀和斧头上都没有死者的血迹，只是斧把上附着的一根头发的血型与死者相同，而这并不能肯定那刀和斧头就是杀人凶器。第三，颅像重合专家的鉴定结论中写明送检的颅骨与杨晓荣的照片有些特征不符，这个结论并不能肯定死者就是杨晓荣。

发现这些疑点之后，滕律师信心大增，便把自己的看法告诉了周律师。周律师对他提出的疑点很感兴趣，但是并不完全赞同。他说，公安机关曾经对那把斧头做过砍痕鉴定，证明它就是分尸的工具。另外，铁岭公安局213研究所的鉴定结论基本上还是肯定了死者就是杨晓荣，而且杨晓荣的家人也对复原的石膏像进行了辨认。至于颧骨骨折的问题，现在也不能完全排除是在摔打或者抛尸的过程中造成的可能性。滕律师没有争论，因为他也知道，仅凭这些疑点是不可能说服二审法院推翻原判的。他决定再去麻阳了解情况，希望能够找到对滕兴善更为有利的证据。

新年前夕，滕律师回到麻阳县。他走访了一些马兰村的村民。大家都说滕兴善是个好人，待人诚恳，乐于助人。很多人还表示，如果滕律师牵头写一份“村民意见”，证明滕兴善不会杀人，他们都愿意签名。在走访中，滕律师还得到了一些很有价值的线索。

根据村民的指点，滕律师找到了在漫水渡口划渡船的船工王铭政。后者证明当年案发前他们几名船工都曾经在河水中看到过漂浮的尸块。当时还有人说过应该去报警的话，但是都没有去做。不过，后来警方来人调查时，他们都讲了这个情况。滕律师认为这个证言很重要，因为警方认定的“杀人抛尸”现场是马兰洲，而马兰洲是在漫水渡口的下游。按常理，尸块在河水中只能从上游向下游漂浮。如果马兰洲是杀人抛尸的现场，那么尸块就绝不该出现在漫水渡口。

滕律师还听村民讲到，案发那段时间雨多水大，麻阳河中那些沙洲连通岸边的小路都被淹没了，村民只能坐船到沙洲上去。他看过案卷材料，按照侦查人员认定的事实经过，滕兴善在夜晚追杨晓荣到马兰洲上，先将其捂死，然后再回家取来刀斧碎尸。如果当时河水淹没了小路，那么杨晓荣和滕兴善就只能从水中游到马兰洲，或者坐船去马兰洲，而这显然都是不可能的。于是，滕律师专门跑到湖南水文总站陶依水文站，请该站工作人员出具了一份证明：“1987年4月下旬，麻阳降大雨，锦江河涨水。从滕兴善所居住的马兰村，到‘杀人抛尸现场’的马兰洲上，唯一的一条枯水时可以通行的小路，此时已完全淹没在洪水中。”

经过半个多月的奔波，滕律师认为自己找到了足以证明滕兴善无罪的证据。于是，他认真起草了一份申诉状。在列举该案上述疑点的基础上，他得出以下结论：第一，本案被害人杨晓荣有百分之八十的可能性尚在人间，而被杀者有百分之九十的可能性不是杨晓荣。第二，本案中的证据不能证明滕兴善是杀人者，反而能证明滕兴善不会杀人，也无条件杀人。他还指出了办案人员存在的一些问题：一是不深入调查；二是不认真研究；三是求功心切，非法逼供；四是目无法纪，草菅人命。他最后写道："希望中院冷静，高院认真，实事求是，为时也还不晚。反之，迁就中院，朱笔一点，冤杀者死不瞑目，办案者将依法追究，后果不堪设想——望三思。"① 在这份申诉状的后面，上百名当地村民都留下了签名。

1989 年 1 月 24 日，滕律师带着这份申诉状离开麻阳。考虑到时间紧迫，他没有再去怀化法律顾问处，而是直接赶往长沙，把申诉状交给了湖南省高级人民法院的有关人员。走出法院大门的时候，他松了一口气，似乎已经完成了一项神圣的使命。

六、死刑的核准权

死刑是人类历史上最古老的刑罚手段。杀人偿命，自古以来就是天经地义的事情。作为剥夺人的生命权的刑罚，死刑具有最严厉的惩罚性、最有效的遏止性和最强大的威慑性。但是，死刑与人类社会的文明发展背道而驰，不符合日渐强盛的人道主义潮流。二十世纪中期以来，世界上许多国家都相继废除了死刑，一些没有废除死刑的国家也严格限制死刑的适用。

在中国，死刑的存废是一个很有争议的问题。即使在法律学者中间，也是有人主张保留，有人主张废除。就中国的文化传统和现实国情而言，要在短期内废除死刑显然难以得到民众的支持，而保留死刑就是一种相对合理的选择。但是，严格限制死刑的适用，少用和慎用死刑，这应当是中国死刑制度顺应国际人道主义潮流的基

---

① 参见新浪网（http://www.sina.com.cn）金陵编写：《"杀人碎尸者"被毙 16 年后"被杀者"仍健在》（来源于《新快报》），2005 年 6 月 16 日。

本趋势。于是，越来越多的学者赞同渐进式或分阶段废除死刑的观点。一方面，立法要逐渐减少可以判处死刑的罪名；① 另一方面，司法要坚持“少杀慎杀”的刑事政策，逐渐减少死刑的适用，而且要采用更加文明、更加人道的死刑执行方法。

在死刑的执行方法上，世界各国也有不同的传统。中国古代最常用的方法是斩头和铡头，此外还有更为残酷的斧剁、剜心、火烧、油炸、车裂、千刀万剐、五马分尸等。外国人使用最多的是火刑和绞刑，此外也有溺死、钉死（在十字架上）和乱石砸死等方法。随着近代科学技术的发展，一些国家采用了新的执行死刑的方法，如枪决、电椅、毒气室等。自新中国成立以来，法院长期采用枪决的方法执行死刑，但是二十世纪八十年代之后也在探索替代的死刑执行方法。②

为了保障死刑适用的公正性和准确性，中国的法律在“两审终审”的原则基础上，就死刑案件规定了专门的复核程序。根据《刑事诉讼法》的有关规定，判处死刑缓期二年执行的案件由高级人民法院核准；判处死刑立即执行的案件由最高人民法院核准。无论被告人是否提出上诉，判处死刑的案件都应自动进入复核程序。1983年，为了“从重从快”打击严重危害社会秩序的刑事犯罪，最高人民法院把杀人、强奸、抢劫、爆炸以及其他严重危害公共安全和社会治安等案件的死刑核准权下放给了高级人民法院。这种做法在一定程度上放松了死刑案件的复查和管控。由于各省市自治区的高级人民法院一般是死刑案件的二审法院，所以核准权的下放就使得死刑案件的二审与复核变成同一个法院的职权，本来为严格控制死刑

---

① 中国1979年颁布的《刑法》中有68个罪名可以判处死刑。全国人大常委会于2011年通过的《刑法修正案（八）》取消了其中的13个死刑罪名。

② 中国1979年颁布的《刑事诉讼法》规定，死刑采用枪决的方法执行。1996年修订的《刑事诉讼法》规定，死刑采用枪决、注射等方法执行。1997年3月28日，云南省昆明市中级人民法院首次采用注射方法执行死刑。2001年9月13日，最高人民法院召开全国法院采用注射方法执行死刑工作会议，要求全国各地的省会城市和中心城市的法院切实推进注射方法执行死刑工作的开展。

适用而设置的死刑复核程序就变得徒有虚名了。[①] 滕兴善一案就是在这样的社会历史背景下进入了二审程序。

一审判处死刑之后，滕兴善在看守所里享受了“单间”的待遇。他躺在不见天日的小屋里，浑浑噩噩地睡了一天一夜。他确实太累了。醒来之后，他看见门口站着一个监管警察，连忙爬起来，揉着眼睛，有些不知所措。警察没有训斥他，而是用平和的语气对他说，你该吃饭了。他这才看到警察的手里还端着一个大碗。他慌忙地接过碗来，愣愣地看着警察。警察没有说话，转身走出去，锁上了铁门。他走到门边，向外看了看，然后慢慢地退回床边，狼吞虎咽地吃起饭来。他也确实饿了。

吃完饭后，滕兴善坐在床边。他的大脑恢复了正常运转。他觉得，假如判死刑后就这样过日子，那也不错。不用干活儿，没人打扰，还有警察送饭，就好像神仙过的日子！但他知道，判死刑的人是要被枪毙的。只要“砰”的一声，他就什么都不知道了。他拿起一支筷子，顶在自己的太阳穴上，闭上眼睛。过了一会儿，他放下筷子，轻轻叹了口气。

挨枪子是什么感觉？他当兵的时候，有一次训练投手榴弹，是实弹，一个战士扔偏了，差点儿把他炸死。后来连长说，当兵，就不能怕死，但也不能白死，更不能死在自己人手中。要说他那次就差点儿死在自己人手中，这一次呢，看来他真的死在自己人手中了。指导员说过，军人做事绝不能马虎，因为出一点儿差错就会要人命的。他也算是捡回一条命的人了。但这次的差错是什么呢？

听法官说，那些证据都能证明这事就是他干的。为什么这么巧？难道这一切都是命中注定？这是谁的差错？为什么落在他的身上？难道他自己也有差错吗？或许，在警察开始审查男女关系的问题时，他不该说谎。他和金花离婚是父母的意思，他没有办法。离

---

① 2007年，为了保证死刑适用的公正性和准确性，最高人民法院又收回了上述案件的死刑核准权。目前，所有判处死刑立即执行的案件都要上报最高人民法院复核。

婚后，他们两人有时还会见面，金花有时也会偷偷到他家来睡觉。警察审问的时候，他不愿说出金花，就编了个外地女人。他听说过河里发现女尸的事，但是从来也没想到那事会安到他的头上。早知有杀人嫌疑，他就不会编什么外地女人的故事了。假如他当时不编那个瞎话，警察就不会把他当成杀人犯了吗？还有，警察后来审问杀人的事，他要是能顶住就好了。死不承认，警察能定他罪吗？他太软了，真对不起军人的称号。但是，那些人下手也太狠了，他实在是顶不住了，所以就胡乱承认了。这是他的错吗？再说，他后来对检察官和法官都讲了真话呀，为什么他们都不相信呢？人都说政府绝不会冤枉好人，可自己确实是被冤枉了。“冤枉”这两个字好像堵在了他的胸口，使他喘不过气来。他两步走到门口，手拍铁门大声喊道：“我冤枉！我冤枉……”

两名监管警察跑过来，喝令他不要喊叫。那个送饭的警察还对他说：“你冤不冤，在这里喊也没用，得到法院去说。你不是上诉了吗？那就等着二审吧。律师已经联系过了，明天就来。你就等着吧，还有希望呢。”滕兴善愣愣地站了一会儿，慢慢地退回床边。

第二天上午，律师果然来了。警察给滕兴善戴上手铐和脚镣，然后押送他走出监室。来到院子里，冬日的阳光虽不强烈，但是照在脸上仍使他有些眩晕。他仰起头来，眯着眼睛，慢慢地走着。他已经多少天没有见到太阳了！那阳光照在身上，暖暖的，感觉很舒服。他真舍不得那阳光。但是，院子不大，他很快就走进了前排房的阴影之中。

会见室不大，中间有一道矮墙和铁栏杆分割成南北两个半间。南边有两把木椅，北边有一把铁椅，都固定在地面上。铁椅上还有扣板和手脚的锁固装置。警察让滕兴善坐到铁椅上，扣上桌板，但是没有上锁。这时，铁栏杆外面的门打开了，走进来两位中年男子，后面还跟着一个警察。

两名律师先做了自我介绍。他们也是怀化地区法律顾问处的，一位姓周，一位姓曾。他们已经了解案情，而且准备了委托书和上诉书。他们简单问了几个问题，就让滕兴善在委托书上签字。滕兴善用期盼的目光看着律师问道："我这个案子还能翻过来吗？"周律师说："很难，主要因为有你的口供。"滕兴善辩解道："我那是胡乱说的。"他看了一眼门边的警察，没敢说警察打人。周律师说："我们会尽力的。你看，在上诉书中，我们已经指出了公诉方证据中的一些漏洞和疑点。不过，你的期望不能太高。我们的目标是让省高院改判为死缓。"滕兴善问："什么是死缓？"周律师说："就是死刑缓期两年执行，只要你不犯新罪，就不会执行死刑了。"滕兴善又问："那我就不会被枪毙了？"周律师点了点头。

回到监室，警察给他摘下了械具，滕兴善感觉心里也松快了一些。他就是不想死。俗话说，好死不如赖活着。他有父母，还有子女，都需要他。另外，还有金花呢！离婚后，他没有再娶，金花也没有再嫁，因为他们心里都有个想法，过些年，他们还可以走到一起。所以，只要不被枪毙，他就还有希望。说不定，法官还会判他无罪呢！省里的法官水平高，一定能查明他的冤情。他躺在床上，想象着律师在法庭上为他辩护的情景，也设计着自己在法庭上要讲的话。他后悔自己在一审法庭上没能把事情说清楚。他是第一次面对那么多人讲话，太紧张了。这次他有经验了，话不能太多，但是要说清楚。他慢慢地闭上了眼睛——

……突然，门边传来开锁的声音，他连忙坐起来，只见管教警察走了进来。警察说，你家里有人来看你了。什么？他有些不相信自己的耳朵。你家里来人看你啦！快走吧！警察给他戴上手铐和脚镣，又带他来到会见室。他坐在铁椅上，向外面的门口张望着，心里猜测着谁会来看他。是母亲，还是大哥？外面的门开了，一名警察带着詹金花走了进来。他瞪大了眼睛问，你怎么来啦？金花说，我来看你，就想告诉你，你的案子能翻，你肯定能回家过年。大家都等着你回去杀猪呢！他笑了，忙说，我还要烧一大锅猪肉，让你们娘仨好好吃上一顿……

心里有了希望，看守所的日子也就不那么难熬了。滕兴善每天背诵自己要在法庭上说的话，还不断修改补充。他还在心中计算着过年的日子。快了，还有不到一个月就该过年了！可是，怎么没有法院的消息呢？他实在忍不住了，就问管教警察。警察说，法院的事情，他们也不清楚。不过，根据以往的经验，法院二审不一定开庭，法官一般都采用书面审理的方式，然后再到看守所来宣判。滕兴善心中的希望又变得有些黯淡了。

1989年1月22日，两名警察来到滕兴善的监室，告诉他法院来人了。滕兴善从警察那严肃的表情上获得了不祥的预感。警察给他戴上械具，然后带他来到看守所的提审室。湖南省高级人民法院的两名法官核实了他的身份之后，郑重宣读了法院的裁定书——

> 1989年1月19日，湖南省高级人民法院作出了〔1989〕刑一终字第1号《刑事裁定书》：……本庭确认：原审判决认定的犯罪事实清楚，证据确实、充分，定罪准确，量刑适当，审判程序合法。上诉人滕兴善对杀人、碎尸的犯罪事实是其主动交代的，并能与科学检验、鉴定结论相符，且提取了部分物证证实，其上诉提出“没有杀人，以前的交代是乱讲的”的理由经查与事实不符。滕兴善杀人、碎尸手段残忍，情节特别恶劣，后果极为严重，罪该处死。依照《中华人民共和国刑法》第一百三十二条、第五十三条一款和《中华人民共和国刑事诉讼法》第一三十六条（一）项的规定，并经本院审判委员会讨论决定，裁定如下：驳回上诉，维持原判。本裁定为终审裁定。根据最高人民法院授权高级人民法院核准部分死刑案件的规定，本裁定即为核准上诉人滕兴善死刑，剥夺政治权利终身的裁定。

法官的裁定书还没有宣读完，滕兴善就已失声痛哭。两名警察不断地劝阻。宣读之后，法官问滕兴善对法院的裁定有什么意见。滕兴善哭着说：“我没有杀人！我是冤枉的！”法官答应回去后会把他的意见向领导反映，然后让他在法院宣判笔录上签名并按了手印。

法官走了。滕兴善又被押回监室。此时，他好像已经平静下来。警察给他解除械具后，他问道："我什么时候死？"警察说："省高院的人应该是今天把死刑执行令交给了中院。按规定，中院应该在七天内执行。"他又问："我还能见我家里的人吗？"警察说："按规定，法院的人会通知你们家的人。"

警察走了，铁门关上了。滕兴善站在门边，在心中计算着——今天是腊月十四，过七天就是腊月二十一。如果能再等两天就好了，腊月二十三，他就能和灶王爷一起升天了！什么升天？是被枪毙！想到此，他颓然坐到了地上。

滕兴善在痛苦的折磨中等待着家人，等待着死刑。这样的等待实在难熬！有时，他希望时间过得快一些。有时，他又希望时间过得慢一些。有时，他设想自己怎么逃出去。有时，他又真想一头撞死。他觉得，自己就要疯了！七天过去了，家人没有来，死刑来了。

1989 年 1 月 28 日上午，滕兴善被押到行刑场。法院负责指挥行刑的人先对他验明正身，然后又问他有没有遗言和书信。滕兴善大声说："我没杀人！我冤枉！"司法警察制止了他的挣扎，执行了枪决。

怀化地区中级人民法院按照规定公布了滕兴善被执行死刑的消息，并且通知滕兴善的家人来收埋尸体和领取遗物。家人没有把滕兴善的尸体埋在自家的坟地，而是埋在了山里。因为滕兴善是被枪毙的，必须远离祖先的墓地。

滕叶律师从长沙回到麻阳之后，听说滕兴善已经被执行枪决了。这位年过半百的老律师不禁仰天长叹，泪水流出了眼眶。

滕兴善的父亲得知这个消息之后又气又闷，吃不下饭，睡不着觉。儿子的尸体掩埋之后便一病不起，没过多久就去世了。又过了两年，滕兴善的母亲也离开了人世。

七、归来的被害人

滕兴善被执行死刑的消息传到了被害人杨晓荣的家乡。不过，在贵州省松桃县的那个山村里，这个消息既没有引起人们的欢乐，也没有引起人们的悲痛。杨晓荣家很穷，父母生下了七个女儿。杨晓荣很早就外出打工，很少回家。前年听说她死于非命时，父母姐妹还伤心了一阵子，但很快就过去了。这次听说杀人犯被枪毙了，家人也没什么可高兴的。事情早就过去了。死者已经死了，活着的人还得活着。只有与杨晓荣关系最好的五姐杨桂仙还为她流下了几滴眼泪。

几年过去了。就在家人已经将杨晓荣淡忘的时候，杨家收到了一封奇怪的来信。信封上写的收信人地址是“贵州省松桃县瓦溪乡炉坪村关子门组”，收信人是杨晓荣的母亲“熊佳诚”；寄信人地址是山东省鱼台县周堂乡钱赵村，没有写寄信人姓名；里面的信纸上只写了歪歪扭扭的几个字：“妈妈、五姐，我要回家”，署名是“杨晓荣”。

一开始，杨家母女都被这封信吓坏了。母亲以为是女儿的冤鬼要回来，家人会大难临头，连忙趴在地上磕头，请求神灵保佑。几个姐妹也担心有人借“老六”的名义来敲诈或者报复。后来经过分析，她们认为那信纸上的字可能真是老六写的。老六没上几年学，成绩也不好，不会写信，很可能是她求人帮忙写的信封。如果是这样的话，那就说明老六还没死。经过一番商量，家人决定让老五的丈夫张昌禄到山东去找杨晓荣。

1992 年秋天，张昌禄拿着那封信，还带了家人的照片，来到山东。几经周折，他终于在鱼台县周堂乡钱赵村的赵景游家找到了杨晓荣。见面后，他让杨晓荣辨认姐妹的照片，后者辨认无误。据杨晓荣讲，她是 1987 年被人贩子以“做药材生意”的名义拐卖到了山东赵家。头两年，赵家人不让她与外人联系。后来，她给赵家生下了一儿一女，才有了与外人联系的机会。赵家人主要是想要孩子，现在对她也不错。她说过想回家，赵家人也不太反对。

张昌禄回到贵州之后，把这些事告诉了杨家母女。熊佳诚就很想把六女儿救回来。五姐给杨晓荣写了信。杨晓荣也回了信，还寄来了两个孩子的照片。后来，两家人达成了让杨晓荣回家的协议。1994 年年初，山东赵家的人把杨晓荣送到了湖南省吉首市，然后杨晓荣自己回到了贵州松桃县的老家。

杨晓荣回来后，家人悲喜交加。杨晓荣讲述了自己这些年的遭遇。家人也谈到了当年湖南麻阳的杀人案，但是很简单，杨晓荣没有追问，家人也就不再提了。那毕竟是外人的事情。没过多久，杨晓荣嫁给了同村错巴井组的刘韧善，又开始了新的生活。

当时，瓦溪乡的农村还没有家庭户口簿。以前的户口管理由乡政府办公室负责，从 1992 年开始改由乡公安派出所管理。当时的农村户籍管理比较混乱，主要依靠村民自报。农村人生活中一般都不需要户口证明，所以家庭中增减人口时往往也不去政府报告。杨晓荣当年“被杀害”的时候就没有注销户口，因此这次“生还”也没有再报户口。假如不是后来的一次偶遇故人，此事大概也就这样画上了句号。

1994 年的冬天，麻阳县城广场旅社的刘阔园经理到贵州松桃县做榉木生意，偶然地见到了杨桂仙。闲谈之中，杨桂仙说她的六妹一直还活着。刘经理大吃一惊，忙问：“你不是开玩笑吧？”杨桂仙说：“是真的，我六妹还活着。”然后，她讲述了家人收到杨晓荣的信以及杨晓荣被拐卖和回家的经过。刘经理说：“这可是件大事。当年法院判了那个杀猪的滕兴善杀死杨晓荣，给枪毙了。现在杨晓荣没死，那滕兴善不就是被冤杀了嘛！”他问杨晓荣现在何处，想去见见。杨桂仙说，六妹又嫁人了，就在错巴井，我带你去找她。

刘经理见到杨晓荣，感觉她的变化很大。杨晓荣听了滕兴善的故事，也很震惊。她没有想到自己的失踪竟然搭上了一条无辜的生命。她告诉刘经理，自己根本不认识滕兴善那个人，更谈不上和他有什么“暧昧关系”。她很气愤，表示要给麻阳县的法院写信，要求撤销当年关于她与滕兴善“有暧昧关系”而且已经被滕兴善

"杀害"的错误判决，还要求给她恢复名誉，赔偿损失。最后，三个人都为滕兴善的命运感叹了一番。刘经理是个热心人，他表示回去后一定要把这事告诉滕兴善的家人。

从贵州回到麻阳，刘经理跑了两次马兰村才找到滕兴善的家，见到了大哥滕兴奔。他把自己在贵州见到杨晓荣的事情讲述一遍。滕兴奔并没有像刘经理想象的那么激动。沉默了一阵子，滕兴奔才对刘经理说，这事得跟家里人商量商量。刘经理说，如果需要帮忙，可以去找他。滕兴奔连忙表示感谢。

滕兴奔把刘经理讲的事情告诉了三个兄弟。大家商量之后，都认为此事不宜声张。第一，滕兴善的案子是政府定的，他们家如今再去找后账，就等于跟政府作对，恐怕还会惹来别的麻烦。第二，打官司就需要钱，请律师也得花钱，穷人家只有过日子的钱，哪有打官司的闲钱！第三，反正老二已经死了，这事也过去了，没有人再提了。就算政府同意给翻案，人也活不过来，没有太大的意思。总之，这事不能再折腾。家人决定此事不对外人讲，但是滕兴奔认为应该告诉詹金花，因为那边还有滕兴善的两个孩子呢。

滕兴奔找到詹金花，把事情经过讲了一遍。詹金花听了，忍不住又哭了一阵子。滕兴奔知道金花这些年一人拉扯两个孩子，很不容易，就耐心地劝慰，直到金花停止了哭泣。临走前他叮嘱说，两个孩子都年轻，最好先别告诉他们，以免生事。金花点点头说，她也是这样想的。

滕大哥走后，金花愣愣地坐在屋里。她想不明白，这件事究竟是怎么发生的。政府那么多有本事的人，为什么就把案子判错了？麻阳县那么多人，为什么这冤枉就落在了兴善的头上？兴善是个多好的名字呀！当年结婚的时候，她还对滕兴善说过，我就是冲着你的这个名字才嫁给你的。滕兴善也确实是个心地善良的人。人都说善有善报，恶有恶报。滕兴善怎么没有善报呢？难道这都是他杀猪惹的祸？好像听老人讲过，行善的人就不能杀生。杀猪也算是杀生吗？

金花觉得心里憋屈。她真想找政府的人去讲理，但是思来想去，她认为还是滕大哥说得在理。咱们是穷老百姓，别跟政府闹别扭！这主要也是为孩子们着想。滕兴善死后，金花曾在他的坟前立下誓言——不管他是不是有罪，自己都要把两个孩子养大成人，就算是夫妻一场的情分。现如今，女儿十七岁，儿子十五岁，就快成年了。但是，两个孩子的脾气都很怪，越来越不听话。这大概也是父亲的死给孩子心里留下的阴影吧！滕大哥的话是对的，如果她把父亲冤死的事情告诉了孩子，那姐弟俩还说不定会惹出什么麻烦呢！

金花从屋里出来，向西走去。出了村，她沿着弯曲的小路走到山边，来到一处陡峭的山崖下。在一棵松树的旁边有一个长满荒草且几乎被雨水漫平的小土丘。那土堆前面立着一块粗糙的小木牌，上面有五个已经很难辨识的黑字——滕兴善之墓。金花跪倒在木牌前面，瞪大眼睛望着那夹杂着荒草的黄土。她的眼睛模糊了，大颗的泪珠滴落在木牌旁边的泥土上……

八、漫长的昭雪路

滕大雁和滕小辉是在“杀人犯”的阴影中长大的。父亲被抓走那年，滕大雁十岁，滕小辉八岁。在学校里，许多同学都远离他们，有些同学还向他们吐口水，骂他们的父亲是杀人犯。每当这个时候，大雁就会站到小辉的前面，用自己的身体遮挡着弟弟。姐弟俩感到很委屈，不想去学校了，但是母亲坚持让他们上学。有一次，同学骂小辉，小辉忍不住，就回骂了。两个男孩子上来打小辉。大雁看见了，连忙跑过来保护弟弟，结果是姐弟俩让几个同学打了一顿。老师训诫的时候，姐弟俩一言不发。事后，他们跑到一个没人的地方，抱头痛哭。第二天早上，姐弟俩照常离家，但是没有去学校，而是跑到父亲的坟头前，坐了一天。上学受欺负，再加上家里贫穷，大雁和小辉在断断续续地读完小学之后，就都回家务农了。

随着年龄增长，滕大雁和滕小辉开始在农闲时到县城去干一些零活儿，家里的日子也逐渐好了起来。那时候，一些农村人开始到经济发达的广东去打工。1998年春节过后，滕大雁也跟着同村人来到了珠海。经过同乡介绍，滕大雁进了一家手袋厂做工。她很珍惜这个机会，工作十分努力，还受到过嘉奖。但是有一天，人事部经理过来对她说："你被解雇了。"滕大雁问："为什么?"那个经理说："因为我们知道了，你是杀人犯的女儿!"滕大雁无言以对，只好默默地离开。后来，她又找到了一份工作，但是干了一段时间之后又被解雇了。几年的时间里，她在珠海四处奔波，干的都是最辛苦而且报酬最低的工作。看到一些老乡的发展与升迁，她无话可说，但是内心总感到很不平衡。看到一些女伴找到了男友，她的心中也会感到难言的凄楚。她既不比别人傻，也不比别人笨，但是生活中的机遇总是离她很远。她知道，这一切都因为她的头上顶着一个"杀人犯女儿"的恶名。

2004年年初，滕大雁回老家过年。有一天，她和母亲谈起自己在珠海的遭遇，便忍不住抱怨起来。她说："都怨你！要不是你当年离开我爸，他也不会到外面去找女人，也不会去杀人。都是你的错!"詹金花愣了一下，然后伤心地哭了。大雁感觉自己的话说得有些过分，便劝慰母亲。金花止住了哭泣，慢慢地说道："有件事情，我也该告诉你了。当年那个杨晓荣根本没有死，你爸是冤枉的!"大雁瞪大了眼睛问："你说什么?!"金花便把十年前刘阔园从贵州带回的消息讲了一遍。大雁愤怒了："都十年了，你为什么到现在才告诉我!"金花说："你大爷不让我告诉你们。我也觉得，政府定的事情，跟你们说了又有什么用?再说，咱们家没钱，也不敢跟政府作对，只好忍了。这些年，这事憋在我的心里，你以为我好受吗?"大雁沉默了。看着母亲脸上的皱纹和头上的白发，她似乎一下子明白了母亲的心。母女二人抱头痛哭。

滕小辉在外面听见哭声，便走进来询问。大雁就把事情讲了一遍。小辉听完之后，当即就要去找法院算账，被金花拦住了。大雁经过这些年在珠海的闯荡，长了见识，就对弟弟说，这事不能蛮干，必须走法律程序。过去像咱们这样的穷人家不可能去跟政府打官司，但现在不一样了。中国在进步，也要搞法治了，老百姓可以到法院去告政府。经过一番商量，他们决定先去找那位刘经理了解情况，然后再去怀化找个律师，通过法律程序为父亲洗刷罪名。

滕大雁找到了刘阔园经理，详细地询问了杨晓荣的情况。然后，滕大雁找人帮忙写了一份申诉材料。其中写道："当年案卷材料中的被害人杨晓荣于 1987 年 3 月在麻阳务工时失踪，以此推论其为死者。实际上杨晓荣当时被他人拐卖至山东省鱼台县农民赵景游为妻，1992 年在为赵景游生育一双儿女后才与贵州省家里的亲属联系上，后来返回了贵州老家……"

滕大雁带着这份申诉材料，找到怀化市法律援助中心，提交了刑事申诉法律援助申请。她表示，父亲滕兴善当年就曾多次反复表明自己没有杀人，而当时该案的相关定案证据也是漏洞百出，存在严重问题。可父亲最后仍被认定为杀人凶手，最后还被执行枪决。作为儿女，一定会将父亲的冤屈申诉到底，还父亲一个清白。法律援助中心审查材料之后，决定受理，并指派律师周凯颂作为特别授权的刑事申诉代理人。周律师在调查核实了相关材料之后，代理滕大雁向湖南省人民检察院提出了申诉。

2004 年 7 月 23 日，湖南省人民检察院决定受理滕大雁的申诉。在随后的一年时间里，该院申诉处的检察官走访了湖南、贵州、山东、广东、重庆、北京、辽宁等省市的十几个市县，核实了滕兴善故意杀人案的有关情况，补充收集了大量的证据，包括杨晓荣的母亲和姐妹的证言。调查结果表明，当年法院在滕兴善故意杀人案中认定的被害人杨晓荣，是贵州省松桃县瓦溪乡炉坪村关子门组村民熊佳诚的六女儿，1987 年年初到湖南省麻阳县广场旅社打工之后被人拐卖到山东省鱼台县周堂乡钱赵村的赵景游家。1992 年，杨晓荣在给赵家生下一对儿女之后通过写信才与贵州家人取得联系。1994 年，杨晓荣返回老家，后来与同村的刘韧善结婚。2000 年全国人口普查的时候，当地派出所的户籍民警发现杨晓荣没有在刘韧善家落户，便为其填写了常住人口登记表并发放了公民身份证。后来因没有生育，杨晓荣又与刘韧善离婚，到清镇市打工。2002 年，杨晓荣与当地人刘帆结婚，次年生下一个女儿。由于瓦溪乡的农村居民户口从1992年开始才由公安派出所管理，所以当地有关部门没有杨晓荣以前的户籍变更记录。DNA鉴定结论强力支持杨晓荣是熊佳诚的生物学女儿，二人之间存在亲子关系的概率高达99.9985%。申诉处的复查结论是：现在活着的贵州省松桃县瓦溪乡炉坪村关子门组的杨晓荣与原案案发前失踪的该同一地址的杨晓荣确系同一人。

2005年6月13日，湖南省人民检察院向湖南省高级人民法院发出了湘检发控申建字〔2005〕1号《检察建议书》，并移送了该院复查时收集的相关证据。该建议书指出，湖南省高级人民法院〔1989〕刑一终字第1号《刑事裁定书》中认定的杨晓荣被滕兴善杀害并分尸、抛尸的事实确有错误，建议省高院启动审判监督程序，对该案予以重新审判。

2005年6月9日，滕大雁和滕小辉的代理人周凯颂律师也向湖南省高级人民法院提出了申诉，要求法院对滕兴善一案进行再审。6月13日，湖南省高级人民法院作出〔2005〕湘高法刑监字第15号决定，对滕兴善一案进行再审。10月25日，湖南省高级人民法院依照审判监督程序对滕兴善故意杀人案做出再审判决。该院〔2005〕湘高法刑监字第15号《刑事判决书》在概述了该案事实和证据情况之后宣告：依照《中华人民共和国刑事诉讼法》第二百零六条和第一百八十九条（三）项之规定，经本院审判委员会讨论决定，判决如下：一、撤销本院〔1989〕刑一终字第1号刑事裁定和湖南省原怀化地区中级人民法院〔1988〕刑一初字第49号刑事判决；二、宣告原审被告人滕兴善无罪。本判决为终审判决。

“滕兴善故意杀人案”改判之后，当年办理该案的主要责任人员受到了“党内警告”的处分；滕大雁、滕小辉姐弟获得了国家赔偿款和补偿款共计666660元。

2006年1月1日，最高人民法院规定对案件重要事实和证据问题提出上诉的死刑第二审案件，一律开庭审理。2007年1月1日，最高人民法院收回所有案件的死刑核准权。

后记

2001年5月11日，我在北京参加了以“死刑”为主题的“中国－欧盟人权对话”，并作为中方专家在会上做了“死刑与民意”的发言。当时，我不赞成中国废除死刑，主要理由是中国的绝大多数民众都不赞成废除死刑。为了准备发言，我还在中国人民大学法学院的课堂上进行了一次关于中国是否应废除死刑的问卷调查，不赞同废除死刑的学生占87%，赞同废除死刑的学生占13%。2013年4月25日，我应邀到法国驻华大使馆参加“死刑问题论坛”，并做了“刑事错案与死刑”的主题发言。我认为，当下中国还无法立即废除死刑，但是我们应该努力促进死刑的废除，应该让更多的同胞认识到死刑的弊端。由于我国的刑事司法中存在着可能导致错判的误区，我们不能保证所有死刑判决都是正确无误的。因此，中国应该废除死刑。2013年10月12日，为了纪念“世界反对死刑日”（10月10日），我又在中国人民大学法学院的课堂上做了一次关于中国是否应废除死刑的问卷调查，不赞同废除死刑的学生占40%，赞同现在废除死刑的学生占16%，赞成通过渐进的方式在二十年内废除死刑的学生占44%。

在本文中，滕兴善是真名，其他人都使用了代称或化名。本文的写作主要依据了滕兴善案的判决书等案卷材料，同时参阅了郭欣阳著《刑事错案评析》（中国人民公安大学出版社2011年版）第438～445页和“百度百科”（http://baike.baidu.com）中的“滕兴善”词条。

（原载《时代报告·中国报告文学》2014年6月号）

念斌案：用谎言掩盖谎言

侯兆晓

念斌案可以说是家喻户晓了，八年冤狱，四次死刑判决。2014 年 8 月 22 日，念斌被无罪释放，理由并不像佘祥林案、赵作海案那样因为“亡者归来”“真凶被抓”，而是因为疑罪从无。

如果念斌案没有一个不屈不挠的姐姐，如果没有张燕生等律师的坚持，如果没有中央巡视组进驻福建，如果没有京港毒物专家的鼎力相助，念斌恐怕无法吃到今年中秋的月饼了。

有人戏说，佘祥林案、赵作海案是老天爷实在看不下去了，才让亡者归来，才让真凶现身；而念斌案则是诸多的“机缘巧合”。如果仅靠老天开眼、机缘巧合才使冤案得以昭雪，显然不是公平正义的本来含义。

念斌案就像一个硬币，一面是具有“疑罪从无”的标本意义，一面则是“真凶尚未抓到大小官员已邀功领赏”“集体负责集体不负责”“证据造假的诸多荒唐”“错案追究制形同虚设”等种种反思。

念斌虽被释放，但念斌案远未结束。

一年里，最怕的是死牢铁门响起

自由来得太突然

2014年9月4日，记者联系上念斌的姐姐念建兰时，她正带着弟弟念斌在北京一家医院做全面检查。五千元的住院费是律师张燕生垫付的。

念建兰说，这几天不方便，等检查得差不多，会和记者联系。

9月6日，念建兰突然打来电话，见面地点约在医院附近的一家小餐馆。八年的牢狱生活，腰椎间盘突出、前列腺炎、胆囊炎、肌肉萎缩等诸病缠身，坐井观天式的牢狱生活让念斌与现实已经脱节，连过马路都需要姐姐帮助。

近两个小时的采访，腰疼令念斌坐在凳子上不停地变换着姿势。

8月22日到9月6日，念斌获得自由仅仅有半个月的时间，其间他仅仅见到了已经十二岁的儿子，孩子对他很陌生。案发的时候，孩子只有四岁，尚不懂事。

八年间，周围的人跟儿子说，爸爸去了国外工作，很长时间回不来。年纪尚小的时候，张燕生律师就让助理模仿念斌的口气从北京给念斌的儿子写信。孩子懂事以后，就让朋友从国外给他写信，尽可能地不让他生活在阴影中。

时间长了，逐渐懂事的孩子也开始怀疑。为了打消孩子的疑虑，张燕生律师在会见念斌时录了一段念斌说给儿子的话，刻成光盘寄给儿子。

儿子立即给念斌写了一封信——

“爸爸你在那边还好吧？你自己要保重身体，我会听妈妈的话，好好学习……妈妈有时也告诉我说，爸爸在外面，回来不容易，所以没有回来，可是他是爱我们的。可是怎么说我也不相信，因为都是他们嘴上说的，我没有感觉到爱。可这次不一样，我这次亲耳听到了，你不知道我心里有多高兴，但是你要什么时候回来呢？好希望你早点儿回来。”

周围的人用善意的谎言尽可能地让孩子生活在阳光里。

八年里，因受不了儿子入狱的打击，念斌的父母相继离世，念斌现在最大的愿望就是到父母的坟前告诉父母，自己是冤枉的。

八年前，念斌曾打算到国外去投奔亲戚，做服装生意，然而一切都因一场人为的冤案弄得支离破碎。

采访结束时，念斌一只手搭在姐姐肩膀上回医院，脸上露出难得的笑容。

祸起一顿晚餐

2006年7月27日，吃过中午饭，丁云虾就在食杂店睡午觉。

中午一点四十分的时候，孩子的爷爷买了十四筐鱼饲料，从十四筐有鱼的饲料当中挑了一些杂鱼送到丁云虾的店里，因为当时她的丈夫已经去世了，这样爷爷有时候就会对他们孤儿寡母给予一些照顾。

丁云虾的房东叫陈燕娇，她就把爷爷送来的鱼给单独分出来，洗干净，首先用铁锅把鱿鱼用开水烫了一下放在碗里，其他的杂鱼放在锅里煮，做成了酱油煮杂鱼。

下午两点到四点所有人都在睡觉，只有两个孩子在玩。

在两点半的时候，他们家楼上的邻居有一个十二岁的男孩儿，到过这个现场，这个男孩儿的母亲也进入过现场。

四点到五点钟的时候，丁云虾用高压锅煮了白米稀饭，房东也给自己家做了地瓜稀饭，当天晚饭是各家吃各家的稀饭，但是他们却一起吃了酱油煮杂鱼和青椒炒鱿鱼。

丁云虾因为当时在看店，等她过来的时候，鱿鱼被吃完了，所以她没有吃到鱿鱼，只吃了一些杂鱼。

两个多小时以后，丁家的两个孩子，还有房东的两个孩子都相继出现了中毒的症状，到28日的凌晨他们把孩子送到医院以后，丁云虾的儿子和女儿先后死亡了，一个是在凌晨两点多去世的，还有一个是在凌晨五点多。

这个案件有意思的是，公安机关到现场非常快，他们在六点钟就到了现场，开始进行现场勘查，他们当即就做出了刑事立案，到底死因是怎么回事儿都搞不清楚，但是刑事立案已经做出来了。

经过当时的物证检验，首先说死者是死于氟乙酸盐，说是在铁锅里边发现了氟乙酸盐的成分。再接着，他们取下了丁云虾邻居念斌家的门把（其实现场门把非常多），而且写出了一份倾向于氟乙酸盐中毒的分析意见书，接着他们就把念斌给抓走了。

念斌被抓了以后，很快就作出了“有罪”供述：因为两家货摊摆在一块儿，有一个人来买香烟的时候，被丁云虾给叫走了。就是因为一包香烟的生意被丁云虾抢了，念斌就从家里拿出毒药投到了丁云虾他们家的水壶里，导致多人中毒。其实，在这之前念斌买过老鼠药，本来是放在货架子上面药自己店里老鼠的，因为怀恨在心，就把剩余的老鼠药倒在矿泉水瓶子里兑上水，潜入丁云虾的厨房从水壶嘴里倒入，当天晚上就出现了中毒死亡的结果。

警察很快就宣布破获了重大案件，而且还在他们村子的街道上大张旗鼓地宣布。当时丁家和丁家的婆家非常愤怒，很快纠集了几百人冲到了念斌的家里，把衣服被子拿出来在室内给烧了，好好的一个家给砸了个稀巴烂。然后，念家人就全部逃离了小岛。

仇恨远未消弭

福建省平潭县是坐落在一个小岛上的小县城，一顿再平常不过的晚餐夺走了念斌邻居丁云虾两个孩子的生命，关系很好的两家邻居也成了仇敌。

八年的审理中，几乎所有参与的律师和专家都挨过丁家的追打，甚至连前去采访的记者都未能幸免。

念斌的家人落荒而逃，八年里，再也没有踏上这个小岛一步，辗转流离，生活在恐慌和无助中，念斌的至亲也相继去世。

令念建兰不解的是，念斌已经被无罪释放，丁云虾家族并没有想象中要求公安机关缉拿真凶的迫切感。念斌当年被抓就是因为水壶中、铁锅中、门把上检测出毒物——氟乙酸盐（历经八年周折，氟乙酸盐已经被否决），而现场还查出有毒鼠强，为什么当时不去检测毒鼠强？既然氟乙酸盐已经被否决，为什么丁家和公安机关不去开棺验尸，不去追查是谁投放的毒鼠强？在×××家（死者家楼上邻居）查扣到四包装在封好的信封中的鼠药和一瓶鼠药水，经检验有毒鼠强成分，为什么不去追查这个人？当地警方到底在隐瞒什么，顾忌什么？

念建兰还得到消息，念斌被释放后，丁家开始闹事，要求当地有关部门将丁云虾贩毒被判刑的叔叔减刑，要求补偿住房一套等，就是不提追查真凶一事。

念斌从小信奉基督教，从内心深处，他早就原谅了丁家对自己家的打砸，因为他理解一位失去两个孩子的母亲内心的痛苦。但是，令他难以释怀的是，当年第一次对他刑讯逼供的翁其锋等人，拿锤子击打他，拿竹签刺他的肋骨……然而这些人仍然穿着警服安坐在自己的岗位上。

念家姐弟说，我们现在需要的是抓到真凶，还我们一个彻底的清白。即使不要国家赔偿，也要将违法办案者绳之以法，要不然，还会出现很多个被冤屈的“念斌”。

其中一年最怕铁门凌晨响起

2011年，念斌再次被判处死刑后，上报最高人民法院死刑复核期间，差不多有一年的时间。念斌最担心的就是每天凌晨五六点钟的时候牢房的铁门响，因为他知道，死刑复核是书面审，最后的结果往往没有任何征兆。这个时间段，门响就意味着自己该上路了。这个时间段，已经是死刑犯上路的不成文的惯例。

八年期间，有一个杀了人的犯人跟他住在同一个牢房，就是在这个时间点被执行的，那天他想跟这个人说：朋友，走好！可是他没有说出口。因为一个随时可能死的人对一个马上就要死的人说什么都是多余的。

在这一年的时间里，念斌每天都睡不好，他担心自己的冤情没有解决之前就不明不白地走了。

八年里，只有半年的时间，念斌没有戴工字型的手铐脚镣，其余的时间一直都戴着，睡觉只能弓着腰，根本伸不开。

有一次，因为没有遂了有关人的意，念斌手铐之间的铁环被去掉了，手与脚之间的距离也被缩短了。念斌的活动更加不自由，连取饭、刷牙、洗澡都无法完成。因为手腕的肌肉萎缩，手铐松了，又被重新换了更小的手铐。

这件事情无疑加重了念斌的痛苦，后来跟会见的律师说了，才重新加长了手腕之间、手与脚之间的距离。

在狱中，有两件事情令念斌看到了希望：一件事情是，最高法死刑复核时来了一个法官会见了他，告诉他，死刑复核是不相信口供的，是重证据的；另一件事情是，今年最后一次开庭，控方证据漏洞百出，辩护律师提出有力的证据。庭审后的第二天，律师会见他时，他第一次在狱中笑了，照片中，念斌的笑容很灿烂。

律师坚持六年的意义

2014年9月5日晚7点，“中国影响性诉讼论坛——念斌案与中国刑辩”在清华大学明理楼举行。论坛尚未开始，阶梯会议室里已经座无虚席，连过道里、窗台上都是人。

念斌案已经有了阶段性的结果，与会者关心的不仅仅是念斌个人的结局，更多的是对念斌案的反思。

几大质疑一一被揭开

念斌的口供说，他是通过水壶嘴投的毒。警方的检测也是由此开始。那么毒源到底是不是来自于水壶？这是张燕生律师和她的团队当时提出来的第一个质疑。

张燕生律师说：“检察院指控是在水壶里，用水壶中的水煮了鱿鱼又煮了稀饭，导致他们吃了稀饭中毒。我们接触这个案件时，就发现当事人都在说吃了鱿鱼中毒。这样我们就把所有人吃过的饭做了一个比对表，又把所有中毒的症状都做了比对，我们发现投毒和不中毒之间存在着很多的问题。我们通过这个比对把中毒的结果的严重程度做了这样一个对照图，这些都是提交给法院的。我们首先用中毒的结果和吃了陈家的白薯稀饭来进行比对，发现这个中毒的结果和陈家稀饭没有太大关系。然后又用跟中毒的结果和杂鱼螃蟹进行比对，也发现并没有必然的联系。同时又和丁家的稀饭进行比对，也发现没有关系。因此，我们得出结论：稀饭当中不含有有毒物质，中毒和丁陈两家的稀饭都没有因果关系。

“我们又把中毒的结果和鱿鱼进行比对，发现中毒的结果和吃鱿鱼是完全成正比的，吃得多的中毒重，吃得少的中毒轻。丁云虾没有吃鱿鱼，就没有出现任何的症状，这个症状我们是结合医院的诊断记录来进行判别的，因此得出来的结论是中毒和鱿鱼有关。那么，按照逻辑学的原理，同一壶水不能导致截然相反的结果。两个人都分别用了这一壶水，不可能同样的水倒在鱿鱼里就有毒，倒在稀饭里就没有毒，这是不合逻辑的。我们以此可以完全推翻毒源来自这壶水的结论，因此也可以否定这个毒源来自于念斌所用的娃哈哈矿泉水瓶子。

“由此可以得出结论，鱿鱼当中的有毒物质和水壶里的水没有任何关系，原来认为把毒投在水壶里是错误的。

“第二个质疑是对水壶所展开的一系列争议。首先是从水壶嘴去投毒，本身就是一个很离奇的投毒手段。同时还出现了很奇怪的检验报告。这个水壶没有毒，但是水壶里的水却有毒，那么这个水壶里的水到底来自于何处？”

2009年，张燕生律师对询问笔录做了比对表以后，发现陈燕娇这个最关键的证人少了三份证言，法官说肯定没做，不可能有这些证言。最后，这个法官还真去调取了陈燕娇被隐匿起来的三份证言，这三份证言都证明陈燕娇那天下午煮鱿鱼不是用水壶里的水，而是用红塑料桶里的水。

经过大量的调查取证，张燕生律师发现所有修改的笔录都和水壶有关，而和水壶有关的材料都和当时的案件主办人员翁其锋有关。

同时张燕生律师还发现一个很奇怪的问题——大量涉嫌造假的证言全部和水壶有关。既然刷洗干净的铁锅都能检出毒物，为什么全是水碱且未经清洗的水壶却检不出毒物来？

当时的2006年，我们国家关于微量的物证检验手段，就是一克的毒品分成五百亿分之一份，都能检出，为什么没有经过清洗的水壶里面布满了水垢没有查出?！因此，足以证明水壶不可能是毒源所在的地方。

在法庭上，出庭做证的警方还出了荒唐的一幕：警方进行检测的水壶和高压锅到底是什么时候提取的？

警方一会儿说是7月28日，一会儿说8月8日，后又改成8月9日，又说记不清了，最后又说想起来了。这次开庭时他们全部出庭发誓，是8月9日的凌晨去检验的高压锅。其实律师们通过一个录像，发现这个高压锅8月10日的凌晨还在案发现场。等警方出去以后，律师们就把这个录像在法庭上播放，当时全场鸦雀无声。当时审判长半天没说话，过了一会儿说请辩护人把这个时间节点告诉法庭，这个部分都被法庭在当庭采纳了。

念斌案具有标杆意义

相对于佘祥林案、赵作海案的“亡者归来”，张高平、张辉叔侄案的“真凶被抓”，张燕生律师觉得念斌案的“疑罪从无”意义更大。

“这个案件应当是开启了给法律人普法的时代，这么多年的普法，我认为都是让老百姓遵纪守法的普法。但事实上我认为真正的普法应当是对法律人，包括对于公检法人进行大量的普法工作，他们最需要普法工作。通过这个案件，我还发现公检法相互配合的原则应当被废除，一个司法程序不可能是公检法三家进行配合。另外还有对法官的选任，特别是对司法良知的呼唤。看到一个猫一个狗卡在了管道里都会被解救，一个活生生的人大家都知道他是冤枉了，我们的司法人员竟然如此冷漠，这么多年我最深刻的感受就是，司法的良知哪儿去了。”张燕生律师说到最后有些激动。

北京大学法学院教授陈瑞华举了一个例子来说明中国无罪辩护的艰难。

中国无罪宣判的数字来源有两个，一个是最高人民法院公告，一个是最高人民法院的其他网站。通过网站上的一些数字，比如选取三年的数字，看看无罪判决有多少。

一是2005年，根据最高人民法院公告，该年中国四级人民法院生效判决的以被告人的人数为单位，是84万多人，宣告无罪的人数是2162人，无罪率0.26%。84万多人宣告无罪的是2100多人，这个数字显然非常低。二是2010年，该年数字在缓慢地变化，全国法院生效判决的人数超过100万人，宣告无罪的人数是999人，第一次低于1000人，无罪判决率0.099%。三是最新的数字来自于2013年，根据最高人民法院2014年第二期公告刊登的官方数字，2013年全年生效判决的人数超过110万人，无罪人数825人，无罪率再创新低，达0.071%。

尽管数字不断创下新低，但是这个数字不代表辩护的水平，也不代表无罪判决就那么少，因为很多案件在公安侦查阶段就被撤销了。无罪的数量要从两个角度来理解，一个是判无罪的，一个是按无罪来处理的。除此以外实践中还有一些相当于无罪的，比如“实报实销”，如关三年判三年。这种情况一般的理解，在法学研究中发现这都是事实不清、证据不足，迁就公安、检察机关挤压的时间，避免国家赔偿。列举这些数字和情况，说明一个什么问题呢？中国律师的刑事辩护就生存在这样的氛围中，中国的法院宣告无罪非常困难，一个不敢判无罪的法院，律师的无罪辩护怎么采纳？

“在当前这种辩护环境下，在真凶没有抓到之前，单凭强有力的证据说话，最终法院判决念斌无罪，这确实是了不起的律师努力的结果。”陈瑞华说。

无罪判决难在何处

为什么在中国无罪判决那么少？为什么中国的法院对律师的无罪辩护那么难以接纳？这反映了我国司法体制中很深层次的多方面的问题。

过去，很多人将此理解成一个诉控程序问题，是一个证据规则问题，这固然有道理，但今天看来它跟整个司法体制、社会大环境、政治经济有很深的关系。

陈瑞华说：“念斌这个案件的侦破过程，让我想起了当年云南杜培武案件。念斌案与当年云南的杜培武案件尽管发生的时间不一样，但在有些方面具有惊人的相似之处。公安宣告破案后，迅速把它炒作成一个精品案件。在宣告为精品案件的同时，有关破案人员很快就立功嘉奖接受表彰了。

“在表彰的主席台上坐着公检法的领导，本来谁都可以坐上那个主席台，唯独法院院长不能去。结果当地的法院院长也坐上了主席台，当时杜培武案件刚刚移交法院。

“拿杜培武案为例，公安机关在一个案件刚刚侦破的时候就把一个案件在社会、在政治上给定罪了。我们认为这违反了无罪推定原则，但是无罪推定这个原则目前只成立在司法程序中。我们整个社会治理方式、考核机制、奖惩机制根本不尊重什么无罪推定。案子一告破，破案的成为功臣，查没的物品宣布为赃款赃物，这就等于说没有生效的法院判决就把一个人当成罪犯。那么，在这样的过程中还有什么公正审判？法院会承受多大的压力？马上要召开的四中全会要谈审判独立，我现在开始反思，过去的研究只能解决一部分问题，而现在是社会整个管理方式的问题，是社会的价值观出了问题。”

陈瑞华还对目前公检法在程序配合上出现的问题谈了自己的看法。

陈瑞华认为，宪法规定法院是审判机关，检察机关是法律监督机关，而公安机关在现实中的地位要比宪法规定的高得多。公安局局长一度可以是政法委的领导，而法院院长是政法委的委员。公安局局长到法院视察工作，法院领导要向他汇报工作，这种体制下怎么让法院独立审判？怎么可能独立审判？

另外，检察机关的法律监督权是宪法赋予的，但是检察机关还有立案侦查权。如果法官贪污腐败了当然可以追究，但是能让同级检察官来抓吗？同级检察院既是侦查机关又是公诉机关，在很多刑事案件中是控方，让其抓同级法院的法官，法院还有独立性可言吗？要抓法官可以，可以交给上一级检察机关，以示严格执法，对司法官员要慎重。

这几年曾经发生了这样的案例，法院判了无罪，第二天一个法官就消失了，被检察院抓走了，检察院说因为你把有罪给判无罪了。所以中国律师在这样一个司法大背景下做无罪辩护的艰难程度超出我们的想象，有时候一个律师做无罪辩护等于挑战整个政法体系。念斌这个案件不就是这样吗？律师们挑战的是福州的公检法司，挑战的是福州市政法委。律师们把整个案子扳过来，这个体制逼着公检法一致对外。正因为困难，这个案件能辩护成功才显得非常宝贵。

其实，从这个意义上说，律师的坚持，正是其对于司法公正的信心。

念斌案的反思

2014年8月22日，念斌案水落石出以后，我就有一种做这个新闻的冲动。

这种本能的冲动源于：一个没有任何作案动机的人蒙冤被抓；各种受“命案必破”、“速战速决”立功心理指使的警方漏洞百出地编造荒唐的证据；冤案查明，用纳税人的钱可以买单，办案人员仍高枕无忧地坐享立功邀赏之成而无任何追责；一个社会舆论反响如此强烈的冤案最终仍是不了了之，那些没有掀起波浪的冤案岂不是更加为所欲为？

拿张高平、张辉叔侄案为例，浙江有关方面曾表态要对有关责任人员一查到底，可是最终仍然是没了下文。

著名法学家、中国政法大学终身教授江平认为，张氏叔侄案暴露出了错案追究制的最大漏洞，就是行政签字审批制。一个刑事案子被办成错案、冤案，背后有层层领导的签字审批，最后发现出事了，究竟该追究谁的责任？追办案人员的责任？这不公平，因为不是他个人决定的。追究每一级签字领导的责任？这也不现实，牵扯的面太广了。正是这种行政审批制度，导致冤假错案的责任最终无法追究。

念斌投毒案历经八次审理十次开庭，被告人念斌先后四次被法院判处死刑立即执行，三次被撤销判决，最高人民法院六次批准案件延期审理，以致该案成为新刑诉法实施以来最受关注的悬案之一。

近年来，冤假错案出现不少，从佘祥林案、赵作海案到张氏叔侄案。作为一个“疑罪从无”的典型案例，念斌案既没有佘祥林、赵作海案中的“亡者归来”，也没有张氏叔侄案中用 DNA 比对找到真凶。从这个意义上讲，念斌的无罪释放更具有纯粹的法治标本意义。

“疑罪从轻、留有余地”的司法潜规则，往往是滋生冤假错案的主要“元凶”。有的案件定罪证据不够，甚至自相矛盾，但是，司法机关担心放纵犯罪，就硬着头皮判下去，只是量刑上留有余地，判得偏轻一些。尽管早在 1996 年刑事诉讼法就规定了“疑罪从无”的原则，但司法实践中，不少司法机关一直在按“疑罪从轻”的潜规则办案，这实际上是对“疑罪从无”原则的变相歪曲。

值得欣慰的是，审理念斌案的法院坚守“疑罪从无”理念，念斌案的最大特点就是疑罪从无。近日，最高人民法院在面向外国驻华使节的开放日上，对念斌案等热点话题进行了回应。最高人民法院新闻发言人孙军工回应称，此案的处理彰显了人民法院作为国家审判机关在坚持疑罪从无的理念。人民法院在坚持严格地依照诉讼法的规定、加强对证据采信的审核力度的基础上作出了这样一个结论。

最高人民法院副院长黄尔梅近日在部分省区法院贯彻“六刑会”精神重点工作座谈会上也强调，要将法律面前人人平等、证据裁判、疑罪从无、庭审中心等理念和原则，不折不扣地落实到刑事审判工作中，切实把好事实证据关、定罪量刑关和诉讼程序关。

江平在评价念斌案时说，办案人员盲目追求结案率，就难免出现错案。发现错了，能够比较及时地纠正，这是应该肯定的。反映在司法理念上，主要是在司法实践中要真正坚持“疑罪从无”，但这恐怕还有很多工作要做。

当然，念斌案并没有终结。真凶并没有被抓到，相关办错案的人员仍然在职。如果真的出现念斌姐弟俩担心的局面——有关部门只是拿一张支票买了念斌八年的牢狱之灾，而有关人员无法被追责，那么普通民众怎么不担心无妄之灾随时会降临到自己头上？民众又怎么能“在每一起司法案件中都感受到公平正义”？

（原载《民主与法制》2014 年第 27 期）

环境诉讼立案何其难

李　蒙

党的十八届三中全会通过的《中共中央关于全面深化改革若干重大问题的决定》指出，建设生态文明，必须建立系统完整的生态文明制度体系，实行最严格的源头保护制度、损害赔偿制度、责任追究制度，完善环境治理和生态修复制度，用制度保护生态环境。

制度建设必须依靠法治保障。2014 年，大修之后的《环境保护法》被称为“史上最严环保法”。7 月，环保法庭又走进最高法院，环境公益诉讼再次成为热门话题。

其实何止环境公益诉讼，环境私益诉讼立案也是难上加难！一边是法院不愿为环境诉讼立案，一边是近年来环境污染群体性事件呈多发态势，并且以 30% 的速度迅猛增长。而环境诉讼本来可以成为环境博弈的平台，起到定纷止争、多方共赢的作用，防止群体性事件的发生。

让群众走进法院，而不是走上街头，环境诉讼的大门应当向人民群众敞开。只有开门立案，才能将环境保护纳入法治化轨道。

武汉锅顶山环境诉讼难立案

2014 年 6 月 23 日下午，张细姣、任瑞等五人来到湖北省武汉市汉阳区法院申请立案。他们都是武汉市锅顶山垃圾焚烧污染受害者，住在锅顶山附近的昌南花园小区，而被告有两个：一个是武汉博瑞环保能源发展有限公司（以下简称“博瑞公司”），于 2012 年 12 月 29 日至 2013 年 12 月 17 日非法运营锅顶山生活垃圾焚烧项目；另一个是武汉汉氏环保工程有限公司（以下简称“汉氏环保”），于 2012 年 7 月至今运营锅顶山医疗垃圾焚烧项目。

博瑞公司被湖北省环保厅评价为“日夜焚烧垃圾、严重污染环境”；汉氏环保不按要求建立二噁英监测点，任意排放毒、害物质却无任何监测数据。这两个垃圾焚烧厂周围的居民罹患多种呼吸道疾病、皮肤病和癌症，身心饱受摧残，生活苦不堪言。几位受害最严重的居民率先来到法院起诉，要求被告停止侵害并进行民事赔偿。

立案庭的一位副庭长看完起诉书后，对他们说：“你们凭什么说你们的受害与垃圾厂有关，雾霾不是同样有害吗？你们做过侵害鉴定吗？这样的事情应该找政府，找法院没用。”经过一番交涉，副庭长走了，另一位法官答应留下居民的资料，表示要向上级领导汇报，由领导定夺。

法院收下的材料里，有五名受害家庭的患病情况：

王金泉家离汉氏环保医废垃圾厂的烟囱六百米，2013 年 8 月 9 日，他二十四岁的儿子王成因急性呼吸窒息综合征、肺部感染、白血病死亡。

十一岁的小姑娘花叶蕊，她家离汉氏环保医疗垃圾厂的烟囱的直线距离只有三百一十米，花叶蕊的睡房朝西的一个窗户正对着两家垃圾厂。2013 年 10 月底，她被诊断出骨髓病变，经多次化疗无效，于 2014 年 5 月截肢，现仍继续化疗，目前医疗费已达二十多万元。

任瑞的儿子黄嘉宸只有三岁，2011 年年底被确诊为右中间段支气管炎性肌纤维母细胞瘤、右侧阻塞性肺炎、右中叶不张，分别在武汉、上海、北京等地动过九次手术。为给小孩儿治病，全家老少备受煎熬，心力交瘁。

张细姣一家四口，有三人患肺部呼吸道疾病和皮肤病。

二十五岁的肖龙飞患肺部支气管炎、右肺中叶硬结灶，久治不愈。

患病的当然不止他们五家，小区里太多居民患肺部呼吸道疾病和形形色色的怪病，尤其是小孩儿病得多。

一位小区居民告诉记者，他家小孩儿的咽喉里长出了一个长长的瘤子，张开嘴都看得见，到处求医都不知道是什么病，后来小孩儿到陕西西安外婆家待了半年，瘤子自然消失了。

6 月 24 日，张细姣等人接到汉阳区法院立案庭的电话，说他们要请示上级法院，七天内等通知。这是个令人忐忑的消息，因为张细姣等人知道，汉阳区政府是支持受害居民们将环境污染维权纳入法治轨道的，多次表示希望居民们去法院起诉，而到了武汉市政府这个层级，态度就截然相反了。汉阳区法院是否立这个案要去请示武汉市法院，那就凶多吉少了。

七天后，也就是 6 月 30 日，下午 4 点，张细姣、任瑞接到电话，让她们去汉阳区法院听候答复。对于当天在法院里发生的事，两人是这样回忆的——

两人赶到法院，发现法院门口十几个警察严阵以待，还有两名防暴警察在大厅守候。过完安检，在一位女庭长和三名警察“陪同”下，两人随身物品全部“被存放”，看来是防止她们录音录像。全程有警察在对讲机中实时联络、协调：“她们在开箱，她们在取身份证……”到了办公室门口，警察一拥而上，再次对两位女居民摸身检查。男警察有些不好意思，领导在旁催促：“摸，摸，摸。”

经过层层严密检查后，立案庭庭长、副庭长，一男性工作人员，另加两名警察，共五人，他们将两名原告关进一间小屋内告知：“经请示上级法院，研究决定，不符合《民法通则》第一百一十九条，不予立案。”

两人多次要求法院依法出具不予立案裁定书。庭长说：“我现在不是已经告诉你们了吗？另外我们以后也不再答复别人，更不会给任何人立案。”说完，在多名警察陪同下，一起走了。

《民法通则》第一百一十九条是这样规定的：“侵害公民身体造成伤害的，应当赔偿医疗费、因误工减少的收入、残废者生活补助费等费用；造成死亡的，并应当支付丧葬费、死者生前扶养的人必要的生活费等费用。”

受害居民们大惑不解：这怎么就成了不给他们立案的法律依据呢？

两座垃圾焚烧厂的五大违法之处

昌南花园小区建成于2005年，而四百米之隔的汉阳锅顶山生活垃圾焚烧厂也在2005年正式立项，2006年年底开工建设，2012年年底点火运行。由汉氏环保运营的医疗垃圾焚烧厂，开始时很隐蔽，躲藏在生活垃圾厂后面，周围小区居民根本不知道它的存在。直到2013年年底生活垃圾焚烧厂暂停焚烧垃圾，居民们却还能闻到阵阵臭味，闻着味道找过去，才发现生活垃圾焚烧厂后面还隐藏着一个医疗垃圾焚烧厂。

垃圾焚烧所产生的二噁英、重金属、飞灰等污染物对人体有极大危害。国际癌症研究中心已将二噁英列为一级致癌物，大气中二噁英类物质的来源主要是城市废弃物的焚烧。二噁英并不是一种单一物质，它包括210种化合物，这类物质非常稳定，熔点较高，是无色无味的脂溶性物质，所以非常容易在生物体内积累，对人体危害极为严重，极易致癌。一盎司（28.35克）二噁英就可以杀死100万人，相当于氰化钾（KCN）的1000倍，这是迄今为止化合物中毒性最大且含有多种毒性的物质之一。

武汉下辖武昌、汉阳、汉口三镇，同武昌、汉口相比，汉阳的经济发展落后一点儿，所以垃圾焚烧厂当初选址就选在了汉阳。但汉阳毕竟也在高速发展，2000年汉阳区被规划为“山水田园城”，2008年又被定位为“宜居汉阳”，计划打造一批高端住宅及商圈，原有的化工产业陆续搬迁到三环外。按照2012年9月发布的《武汉市主城区控制性详规导则批前公示》，锅顶山所在的永安堂地块及其周边被规划为居住、区级商业中心等，已经处于汉阳区的中心位置。在如此繁华的汉阳区中心，在离汉阳区政府仅仅几条街之隔的地方，锅顶山垃圾焚烧厂就像一个流着脓水的大疮疤，长在汉阳区这张大脸的腮帮子上。

这两座垃圾焚烧厂，到底有哪些违法之处呢？

（一）违法选址

《危险废物集中焚烧处置工程建设技术规范》要求：焚烧厂内危险废物处理设施距离主要居民区以及学校、医院等公共设施的距离应不小于800米。但这两个垃圾焚烧厂，400米处有两个幼儿园，800米处有一所小学，1公里处有一座大学，它们离汉阳繁华区王家港商圈仅仅2.2公里。800米内常住人口，达到3.12万人。

而这两个垃圾焚烧厂的环评报告，各自划定了匪夷所思的防护距离：生活垃圾厂距离居住区为300米，医疗垃圾厂为350米，该区域以内居民需要搬迁。300米、350米到底是什么距离呢？汉阳区一位区领导答复，是焚烧锅炉爆炸时的安全距离。

原来当初的环评报告，只考虑焚烧炉爆炸时不炸死居民，而对垃圾焚烧产生的环境污染的防护距离，根本未予考虑。3.12万人的健康，难道不在环评报告的考虑范围内吗？

而即使是350米的防护距离内的居民，在两座垃圾焚烧厂点火运行时，也并未完成搬迁。武汉市政府称，已经将16亿元的搬迁费用给了汉阳区政府。垃圾焚烧引起的搬迁，为何不是企业买单而是纳税人买单？直到中央电视台《经济半小时》频道将生活垃圾厂曝光，搬迁工作才真正引起重视，但也只是在 350 米的范围内。其实该搬迁的是居民，还是这两座垃圾焚烧厂呢？

（二）违法批复

《武汉汉氏环保工程有限公司有害废物焚烧处理中心迁建工程项目环境影响报告书》表明：上述项目距郭家湾、花园湾等村庄仅 70 米（涉及 420 户，1260 人），距杨湾、张湾仅 178 米（涉及 230 户，690 人）……项目 600 米范围内涉及 2070 户，6510 人……就是这样的一份报告书，却被武汉市环保局在 2009 年 8 月批复通过。

其实不仅仅是锅顶山垃圾焚烧厂周围的居民的身体健康受影响，全武汉市居民的身体健康都因此受影响。因为垃圾焚烧排放到大气环境中的二噁英可以吸附在颗粒物上，沉降到水体和土壤中，然后通过食物链的富集作用进入人体。两个垃圾厂距汉江取水口分别为 1200 米和 1900 米，距武汉市的琴断口、宗关两个水厂 800 米和 1900 米，这两个水厂分别承担汉阳、汉口两区约 200 万人口的生活供水任务，汉江更是武汉市民的饮用水源地。

琴断口、宗关两个水厂取水后均要经过反应沉淀、过滤等多层工艺进入封闭的地下清水库，最终出厂，但反应沉淀池是全露天式的，过滤池是仅有屋顶的半露天式。两个水厂按国家标准进行日常水质监测，但二噁英、飞灰等物均不在监测范围内。也就是说，两个水厂供应的武汉市市民饮用水，被锅顶山垃圾焚烧厂排放的飞灰污染，垃圾厂排放的二噁英最终将沉积在武汉市民的体内。

（三）违法开工

按《建设项目环境保护管理条例》规定，建设项目经环保验收合格后，方可正式投入生产或使用，未经验收或验收不合格，主体工程投入使用的，由审批环评报告的环保主管部门责令停止生产或使用，可处以 10 万元以下的罚款。《危险废物集中焚烧处置工程建设技术规范》及《生活垃圾焚烧处理工程技术规范》规定，工程竣工验收前，严禁焚烧线投入使用。而锅顶山这两个垃圾焚烧厂，却运营得有声有色。其依据是《突发公共卫生事件应急条例》。2012 年 7 月，武汉市政府召集相关部门以专题会议形成一份文件，决定采取“应急避险”的方式，先焚烧处置。

一位官员说，武汉市目前只有锅顶山这一处医疗垃圾焚烧厂，如果不让这个厂焚烧医疗垃圾，武汉市的医疗垃圾就无法处理，“医疗垃圾属于危险废物，如果长期不处理将会产生严重的危害”。

“武汉的‘应急避险’明显违法。”全国律协环境与资源法委员会委员夏军称，应急条例仅适用于公共卫生突发事件，如突然发生造成或可能造成有损于公众健康的重大传染病疫情、群体性不明原因疾病、重大食物和职业中毒等事件。日常处置垃圾行为不是应急避险，“这是地方政府为自己的不作为找借口”。

锅顶山的居民们也觉得市政府“应急避险”的说法经不起推敲。“难道在锅顶山的垃圾焚烧厂建成之前，武汉市就不处理医疗垃圾吗？难道医疗垃圾就必须焚烧，不能做填埋处理吗？即便是应急避险先焚烧，也应该告诉居民们是应急避险两年，还是二十年，还是永远。武汉市是不是要永远应急避险？难道我们的健康和生命就不重要吗？一定要牺牲我们去避免那些尚未发生的危险吗？”

（四）违法运营

两项目除了未经环保验收、擅自投入试运行外，污水处理设施运行也不正常。其中，生活垃圾厂在线监控未运行，垃圾渗滤液违规转运处置；医疗垃圾厂将生产污水直接外排，收集的危险废物露天存放，没有启用固体废物污染防治设施。为此，湖北省环保厅勒令两项目关停整顿。

2013 年 10 月，两项目又被国家环保部列入七十二家全国环境违法企业名单，并公开通报责令整改。汉阳锅顶山垃圾焚烧发电项目（以下简称锅顶山项目）未经批准擅自投入试生产，将飞灰交给无危险废物经营许可证的单位处理。然而，至今生活垃圾厂停产，医疗垃圾厂一直在全线运行。

武汉市环保局 2009 年对医疗垃圾厂的环评批复提出：“焚烧炉调试前，必须在厂址区域下风向最近敏感点及最大落地浓度点，各设一个大气二噁英监测点。”但至今还没建成。武汉市环保局乃至湖北省环保厅，均对二企业做过处罚，但似乎没有改变什么。

全国肿瘤防治研究办公室副主任陈万青分析，目前，国内关于这种污染与健康损害关联的研究相对偏少。不过，垃圾焚烧厂产生的二噁英等污染物，是国际上已经有定论的致癌物。有定论的污染物甚至致癌物，不用研究就能肯定其对健康的危害。如果能检测到空气中含有这类物质，无须做大量深入研究，就能断定支气管哮喘疾病与其有关。

（五）没有资质

根据《危险废物经营许可证管理办法》第六条和《医疗废物管理条例》第二十二条的规定，从事医疗废物集中处理活动的单位，应当向县级以上人民政府环境保护行政主管部门申请领取经营许可证。而运营医疗垃圾焚烧项目的汉氏环保公司，并未取得相关许可证。

依法维权，再难也要走下去

2013 年 6 月，最高人民法院、最高人民检察院颁布了《关于办理环境污染刑事案件适用法律若干问题的解释》，明确“非法排放、倾倒、处置危险废物三吨以上”的情形为“严重环境污染”，可追究刑事责任。同时明确规定“行为人明知他人无经营许可证或超出经营许可范围，向其提供或委托其收集、储存、利用、处置危险废物，严重污染环境的，以污染环境罪论处”。

锅顶山的这两个垃圾焚烧厂，非法排放的危险废物远远不止三吨，但并没有人因此被追究刑事责任。反而是周围受害居民，因抗议垃圾焚烧对他们造成的不法侵害，而被拘留。

2014 年 3 月 15 日至 4 月中下旬，锅顶山垃圾焚烧厂周边的受害居民们围堵医疗垃圾焚烧厂大门，搭建帐篷昼夜守候，“24 小时没间歇，在三场大雨中也撑着伞坚持围堵垃圾焚烧厂”，要求其迁走。第一天就有数十名警务人员赶到，拆除帐篷，双方发生冲突。程懿星、岳忠义等五位居民代表及一名居民被带至汉阳区永丰派出所。其中，两人被武汉市公安局汉阳分局处以行政拘留五日。

之后，居民排成三层“人墙”封堵焚烧厂正门，而近百名着工作装的城管人员冲击“人墙”，直到开出一条道路，十八辆运送垃圾的厢式货车疾驰进入厂区。如此反复一个多月，维权活动没有任何进展。

堵门不成后，居民们想到走司法程序试一试。这一想法得到了汉阳区政府的支持，暗示如果在汉阳区法院起诉，区政府将协调法院帮助立案。居民们进京与北京义派律师事务所签订了委托协议。北京市义派律师事务所又邀请包括北京理工大学徐昕教授、北京首信律师事务所杨学林等律师，自然之友、自然大学等环保的非政府组织，共同组建团队，代理、帮助居民维权。

“这个民事诉讼法院不予立案，我丝毫没有感觉到意外。”代理律师王振宇说，“在民事方面，去立案的五位居民并不是诉讼代表人，其他两百余名居民正准备去法院递交诉状、立案。如果汉阳区人民法院仍然是既不立案又不给下裁定，等于非法剥夺了老百姓的诉权。对此，老百姓有权投诉、检举或控告，也可以去武汉市中级人民法院要求立案。

“法院不予立案，不但明显违法，而且非常不明智。这等于在关闭一扇理性、有序解决纠纷的大门。由环境民事纠纷而引发的社会事件已经够多了，不知道为什么有些领导人、有些机构仍然不吸取教训。”

“这只是个开始，”王振宇律师说，“下一轮法律行动马上就要进行，不排除将湖北省环保厅、武汉市人民政府等行政机关告上法庭。新修订的环保法明年就要实施，我也想测试一下，这样一部被称作‘史上最严的环保法’是否能在湖北省落实。”

据悉，民事诉讼是计划中的第一轮法律行动中的一部分。同时开展的还包括：

一、通过政府信息公开申请，进一步调查取证、明确有关部门的责任。

受害居民分别向武汉市人民政府、武汉市环保局、湖北省环保厅提出了一系列的政府信息公开申请，申请公开的信息包括：有关医疗垃圾焚烧厂的立项、环评、开工的批复、验收、检测信息，医疗垃圾焚烧厂的排放数据、飞灰产生量及转移联单信息、自建污水处理装置信息、经营许可证、危险废物经营许可证，等等。

有了律师和环保组织的专业指导，信息公开申请工作变得专业、高效。下一步，受害居民在已掌握的信息基础上，将对两座垃圾焚烧厂的污染问题和各级政府的监管责任进行更加深刻的追问，自然也会保留向相关政府部门提起行政复议和行政诉讼的权利。

二、提起行政诉讼，将武汉市公安局汉阳分局告上法庭。

几位在前期维权活动中受到行政处罚的居民，已经将武汉市公安局汉阳分局告上法庭，要求判令撤销被告作出的行政处罚决定书，向当事人公开道歉。汉阳区法院立案后，一直处于延期审理的状态。

三、对武汉市环保局提起两起行政复议申请。

居民们已经对武汉市环保局提起了两起行政复议申请，一是要求撤销医废垃圾焚烧厂的环境影响报告的批复，二是要求武汉市环保局履行职责。

“武汉市人民政府的‘应急处置’之说，至少从表面来看，是医疗垃圾焚烧项目得以运营的关键因素。”王振宇律师表示。

他认为，所谓“应急处置”，根据《突发公共卫生事件应急条例》，是指对突发公共卫生事件的临时处置。而突发事件，是指突然发生，造成或者可能造成社会公众健康严重损害的重大传染病疫情、群体性不明原因疾病、重大食物和职业中毒以及其他严重影响公众健康的事件。其中，“突然”是指事先没有预料，“发生”是指危机已经开始，二者是缺一不可的判断要件。显然，医疗垃圾每天都在产生，所谓疫情和疾病并未出现，当然不存在所谓的“突发公共卫生事件”。另外，根据该条例第二十七条规定，省、自治区、直辖市启动突发事件应急预案，由省、自治区、直辖市人民政府决定，并向国务院报告。“武汉市人民政府的‘应急处置’，在实体和程序方面，都存在违法嫌疑。”

武汉市环保局是否有责任呢？在居民的行政复议申请书中写道：“武汉市环保局要求汉氏设监测点并将监测结果向其备案。而直至2014年4月28日，武汉市环保局在向陈文楚作出《关于陈文楚申请信息公开的答复》中，仍然声称：‘……二噁英监测结果报告……无法提供数据’。也就是说，汉氏环保并未设置监测点，当然也就没有备案监测结果。如此明显的违法行为，武汉市环保局置若罔闻，毫无疑问，这是监管失职。即便武汉市人民政府确实决定由医疗垃圾焚烧厂‘应急处置’医疗垃圾，武汉市环保局作为环境主管机关，在工作范围内拥有相对独立的权力，其履职依据应当是法律法规，至少应当是政策、红头文件。而所谓的人民政府‘开会研究’不在上列，不应作为行政行为的依据……”

受害居民虽然对法院拒不立案感到失望，但他们已经下定了决心：不达到让违法污染环境的医疗垃圾焚烧厂停产搬迁的最终目的，依法维权的行动绝不会停止。也有部分居民向记者反映，一个违法项目之所以得到政府如此强力支持，是因为“有后台”和“巨大的利益输送”。

中石油十八年抽取沙漠地下水引发生态危机

掌高兔村位于陕西省靖边县海则滩乡，面积52平方公里，人口1500多人。原本地处毛乌素沙漠南沿，20世纪30年代，30多平方公里的沙漠荒无人烟，但经过几代人的努力，沙漠都种植上了沙柳和杨树，成了水源涵养地。新中国成立后，这里成了水草丰美、在整个靖边县自然条件最好的村子。村里有大小湖泊18个（当地人称为海则），面积4300多亩，河流两条近40公里，从来都不缺水。毛乌素沙漠年降雨量平均只有三四百毫米，年蒸发量却达到1800到2000毫米，本来是天然的烘干炉，但掌高兔村因为有丰富的地下水资源，直到20世纪90年代中期还是宜居之地。

但是，今天的掌高兔村，地下水因人为抽取下降了10多米，全村的海则都干涸了。许多村民现在回忆起童年时的海则，脸上都浮现出幸福的表情：“这片水面当年有一平方公里，水可以浇地，可以养鱼，旱涝保收。海则还是天然的割草场，到处都是芦苇，草可以喂牲口，也可以晒干了当烧柴。一到夏天，大家都到海则里来游泳。芦苇荡里还有许多水鸟在里面，所以全村人都不养鸡，想吃蛋就到海则里去掏水鸟蛋……”

美好的田园生活一直持续到 20 世纪 90 年代。随着陕北油气田的不断开发建设，1990 年，天然气“陕五井”打成特大气井的消息被国内各大媒体争相报道，表明靖边的天然气储量极为丰富，大规模开采进入倒计时。1993 年，中国天然气股份有限公司长庆油田分公司（以下简称长庆油田）在掌高兔村打下了五眼 350 至 450 米深的深水井。1997 年，长庆油田抽取掌高兔村的地下水用于下属的靖边采气一厂、天然气净化厂、甲醇厂、发电厂等单位的工业用水和生产、生活用水，掌高兔村的噩梦从此开始了。

失水的村庄有多惨?

中石油长庆油田为北京、天津、西安、银川等几十个大中城市提供天然气能源，靖边的天然气储量已探明的达 4097 亿立方米，天然气的开采、净化和运输都需要水，但是否一定要抽取掌高兔村的地下水呢？村民们给出了否定的回答。靖边和临近的横山、内蒙古自治区乌审旗等旗县，几千万、上亿立方米储量的水库比比皆是，无定河、黑河、芦河、杏河等河流的流量都可以满足长庆油田的用水，为什么一定要抽取地下水呢？

国家的用水政策是，北方缺水地区限制取用地表水、严禁使用地下水，但中石油却在毛乌素沙漠里抽取地下水来做工业用水。用掌高兔村村民的话来说，长庆油田就是觉得农村的地下水便捷、无偿，想怎么抽就怎么抽，“就是农民好欺负，咋抽你也没办法”。

1993 年，当村民们听说长庆油田要打井抽村里的地下水，立即进行了抗议和抵制。但 12 月 21 日，由靖边县土地局、公安局、水保局、水资办，海则滩乡政府，掌高兔村委会六个单位内部达成协议，同意长庆油田抽取地下水，并且动用民警驱散阻挡打井的农民。村民们觉得很奇怪，村民和长庆油田都不在场，那六个单位咋就达成协议了呢？就这样，在村民不情愿的情况下，“领导做主”

打下了五眼水源井。

当时有请来的水利专家跟村民对话，信誓旦旦地说："地表水、浅层水和深层水就像瓷碗盛水，既不渗也不漏。如果你们不信，我敢跟你们签合同。"村民们嗤之以鼻，感叹"专家都是坐在家里研究"。原来，早在1991年、1992年，长庆油田的勘探部门就在掌高兔村打下数以千计的百米深的探孔，事后并未加填封堵，这些探孔穿透沙层、土层、石层形成漏斗，早就把掌高兔村的地层打成筛子了，各层的地下水早已流通，哪里还有什么"瓷碗盛水"？

1997年，长庆油田开始抽取掌高兔村的地下水。对于抽水量，双方各执一词。长庆油田称，每天用水量平均2750吨。掌高兔村民称，从1997年到2005年，每天抽水约4000吨；2005年陕京天然气二管线、靖西二管线开通后，每天抽水达到约4000吨到6000吨。抽水越多，时间越长，地下水水位下降得越多。到底下降了多少？也是各执一词。村民们说，水位下降了12米。长庆油田则认为没有那么多，而且认为水位下降的原因较多，降水量大幅下降、榆林市其他用水户取水也是地下水位下降的原因。

1998年，掌高兔村的海则水面明显缩小，全部失去灌溉功能，村民开始上访反映。到2010年，已经基本干涸。海则过去每亩年产鱼30斤，减半捕捞可年产鱼6万斤，18年下来，村民损失仅此一项达到七八百万元。海则每亩产水草1000斤，除去深水处不长草，年产值起码上万元，18年损失近20万元。

2000年，村民家里的水井开始打不上水，引起了村民的恐慌。除了不断打更深的井，别无他法。随着地下水水位的不断下降，村民的井也打得越来越深。从第一代海则、马槽井，到1998年开始打多管井、流沙井，到2003年开始打100至150米的深井。2007年，开始打200至300米深的深井，现在最深的有450米的深井。

打这些井花了多少钱？有村民估算，深井97眼485万元，地埋管5万米41万元，马槽井255口50万元，多管井277眼33万元，流沙井15眼9万元，机械设备277台68万元。

2003年，树木开始死亡。这些年死亡的柳树25700多棵，经济价值约700多万元；杨树75000多棵，经济损失约750多万元。而这些树的生态价值则无法估算。还有20万棵树，是半死不活的状态。三万亩灌木林死亡。果园灭失四五百亩，多年损失超过千万元。

从2004年开始，部分庄稼被旱死。为了抗旱，村民不断增加浇水次数，从开始的每年五六次，增加到2000年的每年十来次，2003年的每年十四五次，2005年的每年十六七次，2008年后的每年20多次，算上电费、增施化肥、人力、畜力、机械投资，也在一二百万元。为什么需要浇这么多水？因为水一浇下去就被干土吸走了，农作物根本来不及吸收。必须把土浇饱和了，农作物才能吸收。即使如此，还是荒芜了四五百亩耕地，损失几十万元。

掌高兔村原来人均4亩湿地，亩产400至800斤，种植玉米、高粱、洋芋、稗子、燕麦、黑豆、荞面、糜子、谷子、萝卜等许多品种，如今6000亩湿地已全部弃耕。水浇地也只能种玉米，种别的都不能成活。玉米也从以前的谷雨后期落籽，改变为清明落籽才能成活。生物多样性被严重破坏。菜园也大量荒芜，损失起码四五十万元。

过去，畜牧业是掌高兔村的重要收入来源，1995年，村里大牲畜700多头，小牲畜5400多只。而到了2008年，大牲畜锐减到24头，小牲畜增加到一万多只。小牲畜怎么还增加了呢？因为改变了品种。以前村里养的是纯种细毛羊，体格高大，产肉产毛率高，而现在养的全是山羊，体格小，产肉产毛率低，数量虽翻了番，经济效益却不到以前的三分之二。

改细毛羊为山羊，是因为山羊吃的饲草少，细毛羊吃得多。村里的1.5万亩天然草场消失殆尽，没有那么多饲草给羊吃了。以前细毛羊是放养，现在山羊是舍养，被迫将277亩农田改变成人工种草地，耕地年收入因此减少三四百万元。俗话说，鸡生鸡，羊生羊，算上牲畜的孳息率，这18年来掌高兔村在畜牧业上的损失，也超过了千万元。

协商不成，起诉不立案

2005年，终于酿成大规模群体事件。4月28日，掌高兔村150名村民涌进了长庆油田采气厂，拉闸断电，冲突一直持续了7个多小时。靖边县政府被迫出面调停。6月17日，靖边县县委书记马乐斌主持各方召开协调会，最后决定，由长庆油田采气厂和县政府及当地村民共同筹资，打深井取深层水。从2005年到2007年三年间，长庆采气厂每年出资15万元，县政府每年安排5万元，不足部分由村民自筹。11月28日，靖边县委再次召开专题会议，决定在掌高兔启动电力与水源井工程，架设高压线、变压器，安排建设资金150万元。其中，长庆油田第一采气厂解决50万元，县政府另外安排100万元。

2007年年底，掌高兔村一、三、四和五队部分社员1000多人，成立了黄土地农牧产品购销专业合作社（以下简称黄土地合作社），法人代表是刘玉德。刘玉德等人以该合作社的名义，以书面形式向陕西省及榆林市相关部门反映情况，要求长庆油田公司对掌高兔村村民做出合理补偿。

对此，长庆油田委托地质矿产部地质工程勘察院完成了《长庆油田分公司第一采气厂靖边掌高兔水源地水资源论证报告》，称1998年后，当地地下水位持续下降以及海则水面进一步萎缩，是自然原因和人为因素共同作用的结果，其中人为因素占58%。

2009年6月17日，靖边县水利局在西安召开了《论证报告》专家评审会，认为长庆油田采气厂建设项目取用水合理。长庆油田据此认为，公司对掌高兔村取水对当地农民生活、生产用水影响不大，无须再补偿。

协商不成后，2010年11月，黄土地合作社委托律师，拟定起诉状，要求长庆油田停止采水行为并予以巨额经济赔偿。12日，两位律师来到西安，手持立案材料到陕西省高级人民法院立案庭，要求立案。立案法官看到损失明细中上千位社员的手印，吃了一惊：“是群体性案件呀。”

然后，立案法官提出质疑，先是质疑分公司怎么能做被告。两位律师解释，民事诉讼法和最高法院《关于使用〈中华人民共和国民事诉讼法〉若干问题的意见》中有明确规定，分公司可以作为诉讼主体。法官又说："那你们应该去长庆立案。"两位律师告知，长庆是家公司，不是行政区划。法官又问，诉讼标的一个多亿，合作社怎么可能有一个多亿？律师解释，诉讼标的是根据被告有侵权行为以来计算的数值，是否准确要经过实体审理，必要的话还要进行评估鉴定。法官最后扔下一句话："我这关都没过，还想评估鉴定，没有财产证据就不能立案。"随后法官离开了立案窗口。

一个小时后，这位法官又回来，告知先把合作社的土地证交一下，看能否立案。律师答，合作社所在地区，所有土地都没有发土地证，现在立案也跟土地没有直接关系，我们有能反映合作社受损的证明。法官说，没有土地证就不能立案。律师最后要求，不立案的话，请出具不予受理裁定书。法官说："我这关都过不了，没办法为你出具裁定书。"

地下水污染状况堪忧

除了地下水被连续抽取了18年，对于地下水被严重污染，掌高兔村的村民们也很担忧。从1997年开始，长庆油田天然气净化厂抽取地下水对天然气净化处理后，产生的工业废水，又被用高压泵抽入800米深的渗井，又把靖边及周边的几十个集气站随天然气排出的含油、含酸的有毒污水，每天用汽车拉入净化厂打入渗井。

刚开始抽地下水的前两年，村民曾向靖边县政府反映，希望将净化厂使用后的废水放入村里的海则，让其自然渗透，主管水利的一位副县长说："污水有毒，不能再利用，只能排到800米深的地下去。"现在污水已经连续打入800米深的地下18年，造成了什么样的地下水体污染，污染浓度已经加深到什么程度，面积有多大，都是未知数。加之掌高兔村的地下水位在不断降低，一旦发生了污水倒灌，水质恶化，人、畜还能使用吗？

对于村民的这一疑问，长庆油田表示，800米深的回注段是侏罗系直罗组底砂泥岩地层，其富水性弱、水质差，人畜根本不能引用；其顶部为约200米厚的侏罗系砂泥岩互岩地层，岩性致密、渗透性极弱，不会发生倒灌造成上层地下水污染。

对这一说法，掌高兔村村民也难以相信，地下岩层构造非常复杂，不可能完全勘测清楚，怎么就能拍胸脯保证说不会渗透和倒灌？之前长庆油田勘探时打了上千个探洞，如今农民们又打了几百口井，地下早已经千疮百孔，万一污水发生渗透和倒灌，后果不堪设想。

村民们说，靖边县青阳岔镇石油开采时也是800米深，结果地下水体全部被破坏，采油单位花巨资从几十公里外引水供人畜饮用，就是一个例证。2010年夏，在掌高兔村四组探煤的打井也是800米深，在600米左右时突然漏浆，这就说明地层不是铁板一块，可能有洞，也可能有缝。地下800米的排污井不是安全深度，6公里为半径也不是安全距离，地下水污染有它的长期性、潜伏性，甚至是永久性和灭绝性。

地下水被连续18年大肆抽取，又存在着潜在的污染危机，到底该怎么办呢？刘玉德对记者说："半夜睡觉都会惊醒，睡不着坐起来胡寻思，村子里的人拉话说的也都是这事。我们想不通啊，中石油赚了那么多钱，全国几十个城市都在用着我们陕北的天然气，我们村子却因此受了这么大的损失，怎么就不应该得到补偿呢？况且自然生态被彻底破坏了，怎么补偿都无法弥补。你是《民主与法制》的记者，我问问你，法律能管这事儿吗？"

农民的林地到底属于谁？

除了被中石油长庆油田连续18年大肆抽取地下水，掌高兔村村民发愁的另一件事，是村里的林地这些年来一直在被随随便便地划走，如今已所剩无几了。水没了，地没了，林子没了，还会有掌高兔村这个村子吗？

2014年7月10日，记者来到陕西省靖边县海则滩乡掌高兔村实地调查，在村民的指引下，来到靖边能源化工综合利用产业园区（以下简称能化工业园区）环园道路及绿化防护带项目的施工现场，看到四台挖掘机正轰鸣着向沙地中的树木和柠条、沙棘等灌木开进，这些灌木不断地被黄沙淹没，高举着的掘斗正一米米地将黄沙挖移……

旁边围观的掌高兔村的村民有三十多人，但他们都没有上前阻止。究其原因，是 2013 年 3 月 25 日的那次阻拦施工行动，导致 100 多名警察抓捕了 30 多个村民，使村民们心有余悸了。村民们告诉记者，乡上的领导说，不闹事，就给几万元补偿；闹事就抓人，一分钱补偿也不给……

正在施工的这块林地到底属于谁？黄土地农牧产品购销专业合作社（以下简称黄土地合作社）的法人代表刘玉德对记者说："要知山中事，须问打柴人，掌高兔村的人最清楚掌高兔村的事。"

这个黄土地合作社成立于 2007 年，是掌高兔村 1 组、3 组、4 组和 5 组部分村民成立起来的，已经发展到千人以上的规模。刘玉德原来是乡里的工作人员，后因妻子有病而退职在家，文化水平比一般农民高得多，写文章文从字顺，对土地政策和法律法规都钻研得很透。他向记者讲述了掌高兔村土地问题的来龙去脉和不断被侵占的过程。

掌高兔村的土地史

靖边县是革命老区，革命政权建立很早。根据 1931 年颁布的《中华苏维埃共和国土地法》，掌高兔村于 1936 年进行土改，当时的政策是"山林、鱼塘、果园、桑田、芦苇地、荒山及其他可分土地，按适当比例折合普通土地统一分配"，"但土地所有权属于地主的经省以上人民政府批准收归国有"。因掌高兔村没有地主，只有农户之间平均分配，各得其所，耕者有其田，村土地被分配归农户私人所有。

这一政策一直延续到 1962 年《农村人民公社工作条例》出台后，一切土地才归公，也就是归"经济核算单位"生产队所有，村土地归村集体所有。1995 年《确定土地所有权和使用权的若干规定》里再次重申《农村人民公社工作条例》和《土地改革法》已确权的集体土地所有权。也就是说，掌高兔村的土地归村集体所有，在法律上是没有疑义的。

掌高兔村的土地勘界，是在 1957 年完成的，并有 1957 年 10 月 8 日乡政府会议记录为证，省、市、县勘界办都存有勘界图，现在的卫星定位仪地界之差不超过 50 厘米，东南西北四至都标得清清楚楚，掌高兔村一共有 52 平方公里土地。当刘玉德将 1957 年的乡政府会议记录拿出来给记者看时，记者感受到一种震撼，农民对土地的感情是多么炽热，土地在农民心目中的分量是多么重，1957 年的一张纸，至今仍被完好保存。

靖边县柳树湾国有林场是 1969 年 11 月建立的，原来的军管苗圃（当时称陕建水保师 14 团苗圃）和杨桥畔劳改农场都被移交给了靖边县政府，成立了柳树湾国有林场。柳树湾国有林场的地其实也属于农民，占用了海则滩乡和黄蒿界乡两个乡的土地。当初军管苗圃和杨桥畔劳改农场成立时，它们的负责人来要地，说是要建立苗圃和农场，当时全国都还没有完整清晰的产权概念，陕北农民厚道，也听党的话，热爱解放军，一寻思：既然是部队和农场要地建苗圃和农场，那就给你一块吧，村里就答应了。虽然答应了，给的也只是土地使用权，而不是土地所有权，土地所有权还是归村集体，应该是当时各方公认的。

到了 20 世纪 80 年代，人民公社解体，柳树湾林场工人的工资从财政全额拨款变成差额拨款，工人每人分了一块苗圃地，没有工资，于是一哄而散。之后的 20 年，林场的厂房都拆了，村民们以为林场已经不存在了。但这个本来只有土地使用权名存实亡的柳树湾国有林场，到了 2013 年，突然又冒出来了，而且似乎是把土地使用权也拿到手了，林场土地也成了国有的了。

1980 年后，国家进行了林权改制，将“分田到户”翻版到集体林区，形成“均山到户”的林业“三定”，即稳定林权、划定自留山、确定林业生产责任制。1984 年年底，全国 95% 的集体林场完成了山权和林权的划定工作。

在全国范围内，靠植树造林为生的农民一般都拿到了土地使用证和林权证，但在榆林地区，除了横山县，其他县市都没有进行这项工作。这本来是政府工作的懈怠疏失，如今却成了政府侵占农民林地的有利条件：农民手里没有土地使用证和林权证，你怎么证明林地是你的呢？不是你的，那自然是国家的，也就是政府的，政府想怎么用就怎么用，不用给你补偿。要补偿，顶多补偿农民一点儿土地附着物的损失，也就是说，政府认为，地不是你的，树是你种植的，补偿你树就行了。

1998 年，国家实行扶贫移民工程，靖边县占用了掌高兔村 1200 亩林地，移民 160 户，七八百人。这些林地上的树木被砍伐，改成耕地，供移民耕种。掌高兔村的村民回忆，有一些移民刚入住或者还没入住，就变卖土地房屋，捞了一笔钱就走了。村民们看到自己的土地被别人倒卖，心里很不平衡，想要回自己的土地，但县政府一直没有答应。后来，县政府又让沙石峁林场占用掌高兔村的 1200 亩林地，也是用来移民，砍伐树木开荒到 400 亩的时候，因掌高兔村的村民向上级不断反映，陕西省林业厅对此进行了制止，才保住了 800 亩林地。

2003 年 10 月 14 日，在县林业局局长、海则滩乡乡长主持下，柳树湾国有林场场长和掌高兔村村支书、村主任、会计等 40 名村民开会，会议只有一个议题：要求掌高兔村村民 4 组与柳树湾林场划清地界。村民们一听就急了：咱村的地界 1957 年就划清了，现在还划什么地界？大家一哄而散。

事隔五六年后，村民 4 组组长刘雨新有一天到村委开会，无意中看到了一份《林地边界协议书》，签订的日期正是“2013 年 10 月 14 日”，签订双方正是柳树湾林场与掌高兔村村委会，县林业局和海则滩乡政府作为协调单位也盖了公章。根据这份协议，掌高兔村四五千亩的林地被划归柳树湾林场。

4 组村民们都不承认这份协议，认为是村委会成员与柳树湾林场“私下”签订的，是无效的。他们很想问问：村民祖祖辈辈种植的林地，凭啥无缘无故划给林场呢？还不给任何补偿。其实当初林场也只有土地使用权，土地所有权也应该归村集体所有。他们到靖边县冲裁委员会申请撤销这份协议，仲裁委员会不予受理，也不出具不予受理通知书。

2009 年，靖边县交通局在掌高兔村陕蒙岔道口建超限检测站，占地 20 亩。农民要求有偿使用，与交通局发生矛盾，交通局就说这 20 亩地是沙石峁林场的土地，不肯补偿。建超限站耗时两个月，动用警力及其他人员近千人维持秩序，抓捕农民 30 多人，四人被关七天。后来，交通局补偿了 3492 棵杨树的钱给农民，可树下面的土地却说成是归林场所有，未给任何补偿。以后就形成了惯例，政府想占用哪块地，就说那块地是林场所有，不给任何补偿，顶多补偿农民栽种的树木。

2013 年 3 月 9 日，掌高兔村 4 组村民正在自己的一万多亩林草地上种树，突然看到几辆铲车毁林毁草，开向纵深。村民们停下手中的活儿，从四面八方奔向铲车，并进行阻拦，一连十多天，甚至通宵有人值守在铲车旁。县林业局负责人说，林业局要种植樟子松，打造县政府的后花园，这是在建设防火通道，并出示了政府的文件。村民们还是不同意，因为在这些林地上村民们早就种上了树，在村民已经造林的地方林业局再造一次林，将来土地必然又是林业局的了。

这场冲突前后历时一个多月，动用警力及其他人员近千人，抓捕农民 60 多人。其中，肖治、樊世军被关了两天一夜，张岐、樊世荣、张月玲、王世梅被关了五天。村民们称，警方自始至终都没有出示任何手续。记者到靖边县公安局、海则滩派出所采访，派出所说该案案卷已经交给了公安局，公安局说不清楚是否收到了案卷，都拒绝谈案情，甚至连案号也不愿意透露给记者。但警方坚称，他们肯定向被抓村民出示了手续，在司法程序上没问题。

林业局这次打造的“万亩樟子松基地”，其中有四五千亩是在 2003 年柳树湾林场与掌高兔村那份“协议”签订的林地范围里，但村民们并不承认那份协议，想讨个说法；还有四五千亩不在那次“协议”签订的林地范围里，这另外四五千亩到底是柳树湾林场所有，还是掌高兔村所有，村民们也想讨个说法。想讨说法，就是不知道到哪里去讨。

环园道路还是跑马圈地?

2014 年 6 月开始，靖边能化工业园区开始施工建设“环园道路及绿化防护带项目”，与掌高兔村村民发生林地纠纷。在施工现场，村民多次阻拦施工，理由还是：林地是我们的，工业园区凭啥来施工？而能化工业园区的施工负责人称，这个项目手续齐全，有立项、规划设计、林业审批等手续。能化工业园区向记者出示了靖边县发改局《关于靖边能源化工综合利用产业园区环园道路及绿化防护带项目初步设计的批复》，对建设地址、建设规模及内容、道路设计、绿化设计、项目概算投资等都做了规定，但并未涉及土地性质和树木采伐许可证是否发放等问题。

能化工业园区负责人称，这个项目涉及的林地是林场的，跟掌高兔村村民没有关系。对于林地是否需要改变土地性质才能划归能化工业园区的问题，答复称，园区的土地变性问题随产业项目走，在项目审批的过程中会完成土地变性。目前的这个环园道路施工和建设绿化防护带，都不涉及林地变性问题，林地还是林地，没有变性。还说，这次施工是建设绿化防护带，是造林，而不是毁林，没有毁林。

靖边林业局一位工作人员称，环园道路施工确实没有办理采伐许可证，因为施工现场的树木少，只是修条路，砍伐很少量的树木，不需要办理采伐证。而在靖边县发改局的那份“批复”中，写有“修建环园道路总长 28.46 公里，道路宽 6 米，道路两边种植宽 22 米的绿化防护带”，砍伐的面积应接近 0.8 平方公里。

靖边县政府称，村民反映的问题确实存在，主要是林权权属争议，县委、政府已经成立调查组正在调查。目前施工的项目是消防通道、绿化通道和环园区道路，这些占用林地都给补偿，而且补偿款已经在海则滩乡政府的财政账上了。这些审批手续都已经获得了，已经向国家林业局、陕西省林业局、榆林市林业局报批了，对于砍伐、毁林等所有手续都包括在这里了，就这个审批手续就可以了，像能化园区这种重点项目，有一个审批手续就可以了。

在掌高兔村的村民眼里，这个所谓的环园道路的项目，无非就是“跑马圈地”，目的是在道路建成后，里边的地就属于能化工业园区了，跟村民们再没有任何关系了。而他们祖祖辈辈在上面种植的林木，也就跟着易主了。

据《新京报》报道，陕西靖边县北三社地下蕴藏着巨额财富——700平方公里的煤海，可是被三家民营公司获得其中580平方公里的煤炭探矿权，此后随即转让，三家公司获利超百亿。在刘玉德等掌高兔村民看来，就是因为靖边县发现了煤田，让他们的地成了“刀俎之肉”，目前靖边县政府规划建设的靖边能源化工综合利用产业园区征地40平方公里，地下都是丰富的煤炭资源。

掌高兔村的林地到底在哪里？如今，村民们对这个问题已经很迷茫。在他们看来，只要是政府想用这块地，就宣称地是林场的，这样就不用给农民补偿了。农民如果阻拦，就会被抓。农民们想走司法程序，法院、仲裁委员会都不受理，连不受理的手续都不给。

也就是20世纪30年代，掌高兔村四分之三的土地还是沙漠，经过祖祖辈辈几代人的努力，村民们植树造林，防风固沙，开垦荒地，建设家园，过上了水草丰美、绿树成荫的美好生活。但现在，地被随便侵占，树木被肆意砍伐，连地下水都被抽干了，农民的利益没有任何保障，生态环境日益被破坏，村子也渐渐荒芜起来……

党的十八届三中全会通过的《中共中央关于全面深化改革若干重大问题的决定》指出：“健全自然资源资产产权制度和用途管制制度。对水流、森林、山岭、草原、荒地、滩涂等自然生态空间进行统一确权登记，形成归属清晰、权责明确、监管有效的自然资源资产产权制度。建立空间规划体系，划定生产、生活、生态空间开发管制界限，落实用途管制。健全能源、水、土地节约集约使用制度。”

掌高兔村村民祖祖辈辈在这里植树造林，土地使用证和林权证本来早就应该发放给他们。但现实却是，政府该发证却不发，不发还说这些林地都不属于农民，这符合党中央的生态文明制度建设的政策吗？

开门立案，环境保护才能纳入法治化轨道

环保法庭有了，依然立案难

今年4月24日，《环境保护法》在十二届全国人大第八次会议修订通过，将于2015年1月1日起施行，这部修订后的《环境保护法》被称为“史上最严环保法”。7月3日，最高人民法院环境资源审判庭宣告正式成立，同时也发布了《关于全面加强环境资源审判工作为推进生态文明建设提供有力司法保障的意见》（以下简称《意见》）。《意见》指出，高级人民法院要设立环境资源专门审判机构，中级人民法院应当根据环境资源审判业务量合理设立审判机构，案件数量不足的地方，可以设立环境资源合议庭。此外，在环境资源审判中，将探索建立与行政区划适当分离的环境资源案件管辖制度。

将环境保护纳入法治化轨道，是多年以来一直在提倡的环境保护工作的指导方针，但一直步履蹒跚。早在20世纪80年代初，国内从事环境法研究的许多学者都呼吁建立环保法庭，直到今年“两会”，全国人大代表、湖北得伟君尚律师事务所合伙人蔡学恩在多次提案呼吁在最高法院设立环境资源庭后，终于等到最高法院的回复，“最高法院特别重视，目前正在着手研拟成立”，人们才看到了希望。在“两会”作最高法院工作报告时，院长周强也表态要建立环境资源专门审判机构。

其实，在此之前，我们国家的环保法庭已经建立了不少。自2007年全国第一家环保法庭在贵州省清镇市人民法院正式成立以来，到2014年5月初，全国已有16个省、直辖市设立130多个环境保护法庭、审判庭、合议庭或者巡回法庭。但是，立案难、案件

少，大部分环境资源庭形同虚设。

最高法院环境资源审判庭首任庭长郑学林亦表示："据我了解，从 2011 年到 2013 年，全国各级法院受理的涉及环境资源类的刑事、民事、行政案件，年均不足三万件，对于我们全国法院系统 1100 多万件案件来讲，这个案件量确实是比较少的。"

案件少，并不是受害群众的起诉少，而是大多数环境诉讼都被卡在了立案环节，也就是法院不予立案。比如在湖北武汉锅顶山和陕西靖边掌高兔村的两个案例中，受害群众不是没有起诉到法院，而是法院不予立案。

不予立案的原因是什么呢？北京公众环境研究中心主任马军说："由于环境公益诉讼被起诉的对象往往是在地方甚至整个区域内有影响力的大企业，受制于地方政府保护，而且部分地方法院在没有明确法律规定的情况下也不愿贸然审理这类案件，诉讼经常被法院拒绝，环境公益诉讼的作用被极大制约了。"

在这次最高法院设立环保法庭的新闻发布会上，新闻发言人孙军工着重谈到"环保公益诉讼立案难"的问题。公益诉讼的确立案难，2013 年，中华环保联合会环境法律中心督查诉讼部提起八起环境公益诉讼，但无一立案，法院给出的理由均是"原告主体不适格"。颇有讽刺意味的是，原来的《环境保护法》修订草案中引起争议最大的一个条款，便是中华环保联合会为环境公益诉讼的唯一适格主体。

无论武汉还是靖边的案例，都不是公益诉讼，而是私益诉讼。环境私益诉讼立案尚且难于上青天，何况公益诉讼呢？

开门立案，才能有效化解环境群体性事件

一边是法院不愿为环境诉讼立案，一边是近年来全国环境污染群体性事件呈多发态势，并且以 30% 的速度在迅猛增长。

在本期报道的武汉和靖边的案例中，群体性事件也都有发生，甚至发生了多次，不过规模较小，还没有造成全国影响。但如果环境问题迟迟得不到解决，谁能保证不激化成影响较大的群体性事件呢？

环境污染问题之所以容易积累官民矛盾，首先是对于此类问题，公众参与的程度非常有限，而政府又在碎片化、散沙化的群众意见表达中难以找到谈判对手，双方缺乏基本的沟通平台，而环境诉讼其实就可以创造这样一个平台。没有谈判对手，政府怎么让公众充分参与到环境项目的全过程，包括立项、环评、审批等各个环节呢？确实是没有办法。而不满的民意一旦积累，政府与民意之间的沟通渠道也难以畅通，往往是各说各话，直到矛盾积累到爆发的程度。

而通过环境诉讼，在法院的组织调解下，就可以搭建一个政府与公众沟通的平台，公众聘请的律师也就成了可以代表公众利益的谈判对手。这样的谈判对手，可以包括律师，包括某一环境领域的专家学者，也可以包括环保组织的代表。

律师是群众聘请的，群众自然会信任，律师与群众的沟通不会有太大的问题，律师还能起到向群众普及法律知识、客观理性地看待问题的作用，他们的话，群众也比较听得进去。对于政府来说，可以将律师看作是群众的利益代表。由于律师懂得法律，政府与律师的对话就可以在法律和政策的范围内展开，具有比一般群众更多的共同语言，通过谈判协商达成一致的可能性就大增。

除了律师，在一场环境诉讼中，专家学者的出场也往往是不可避免的。一个涉及环境的项目，从立项、环评到审批各个环节，政府也会请相关领域的专家学者，但这些专家学者往往不容易取得公众的信任，群众会觉得他们收了政府的好处，替政府说话，不客观公正。虽然有这些专家学者的参与，但因为缺乏足够的公众参与，群众会觉得政府还是在暗箱操作，里面一定有什么隐情，政府难以赢得群众的信任和谅解。

而群众自己聘请的专家学者就不一样了。因为是自己请的，所以群众对他们是信任的，他们的学术观点和立场，也会更多地从公众的角度出发，因而也会有更强的社会公信力。政府热情欢迎他们参与到环境项目里来，通过与他们的沟通交流，可以弥补项目原有想法和计划的不足，也可以赢得更多的公众信任，何乐而不为？